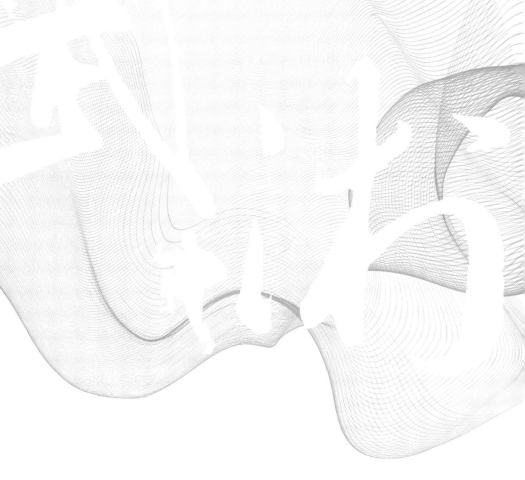

武术精准传播研究

——基于"文化走出去"视角的考察

庹继光 著

中国社会科学出版社

图书在版编目（CIP）数据

武术精准传播研究：基于"文化走出去"视角的考察／庹继光著.
—北京：中国社会科学出版社，2019. 10
ISBN 978 - 7 - 5203 - 5191 - 1

Ⅰ.①武…　Ⅱ.①庹…　Ⅲ.①武术—文化传播—研究—中国
Ⅳ.①G852

中国版本图书馆 CIP 数据核字（2019）第 216547 号

出 版 人	赵剑英
责任编辑	周晓慧
责任校对	无 介
责任印制	戴 宽

出　　版	中国社会科学出版社
社　　址	北京鼓楼西大街甲 158 号
邮　　编	100720
网　　址	http://www.csspw.cn
发 行 部	010 - 84083685
门 市 部	010 - 84029450
经　　销	新华书店及其他书店

印　　刷	北京明恒达印务有限公司
装　　订	廊坊市广阳区广增装订厂
版　　次	2019 年 10 月第 1 版
印　　次	2019 年 10 月第 1 次印刷

开　　本	710×1000　1/16
印　　张	16.5
插　　页	2
字　　数	231 千字
定　　价	86.00 元

目　　录

绪论　武术全球传播的使命

武术全球传播从来就不是一个新话题。早在 20 世纪 30 年代初国内出现"土洋体育之争"时，武术就被许多人士当成抵制西方体育"入侵"的重要工具，武术已经在自觉地向外传播了，为此武术一度被尊为"国术"；1936 年柏林奥运会期间，中国武术代表队曾远赴德国，在奥运会上进行表演，产生轰动效应，这无疑是我国有意识地开展武术对外传播的一个具体实例；改革开放以后，1982 年，当时的国家体委提出"把武术积极稳妥地推向世界，为各国人民所享用"，由此开启了武术系统性全球传播的进程。

笔者参观泉州南少林寺。
各地少林寺都跟武术有深刻的联系
（庹海天摄）

尽管如此，当下深入探讨武术全球传播仍有多重特殊背景：第一，2017 年初，中共中央办公厅、国务院办公厅印发《关于实施中华优秀传统文化传承发展工程的意见》，许多内容直接关涉武术，例如"推动民族传统体育项目的整理研究和保护传承""充分运用海外中国文化中心、孔子学院，文化节展、文物展览、博览会、书展、电影节、体育活动、旅游推介和各类品牌活动，助推中华优秀传统文化的国际传播。支持中华医药、中华烹饪、中华武术、中华典籍、中国文物、中国园林、中国节日等中华传统文化代表性项目走出去。"等等，对于武术进一步开展全球传播重要意义和价值进行了重新阐述。第二，武术两度备选东京奥运会失败，此后国务院于2019年批准颁布《体育强国建设纲要》，明确提出"实施中华武术'走出去'战略，对标奥运会要求，完善规则、标准，力争武术项目早日进入奥运会。"继续坚定支持武术入奥。第三，"徐雷约架"对于武术声誉、形象的极大损害，该事件堪称武术传播进程中一个标志性事件，几乎从根本上动摇了几十年来武术传播产生的正面、积极效果。

在以上几点中，"徐雷约架"给笔者带来的感触尤其深刻，使笔者觉得有必要撰写这本书。

一　"约架"降低了武术美誉度

2017年4月，自诩"太极宗师"的雷雷与号称"格斗狂人"的徐晓冬在成都某武馆进行了一场比赛，最终，以现代博击格斗"狂人"自居的徐晓冬"秒杀"了所谓的"太极宗师"。尽管"约架"过程只持续了短短几十秒，却引起了各界的广泛关注，国内外媒体大篇幅报道相关内容，如英国《每日邮报》就曾对这一"约架"事件进行了报道，称"对决"在中国的社交媒体引发热议——其实，关注"徐雷约架"的绝不仅仅是社交媒体，内地众多传统媒体乃至主流媒体也不甘落后地参与报道，甚至是炒作，推动着事件不断发酵，最终在国际上闹得沸沸扬扬。

经过这一次铺天盖地的新闻炒作，徐晓冬俨然成了"武术打假"的代表，他本人也以此为噱头，相继向多名武术界人士"约架"，并喊出了高额的出场费等，但几乎再没有真正发生过对抗。2017年6月，徐晓冬曾经与太极拳师马保国约定，双方各带4位徒弟，展开4

对 4 的"团战"，但这场"约架"被警方紧急叫停。

笔者以为，在徐晓冬发起的一系列"约架"活动中，他自己几乎处于"不败"地位——他以"武术打假"自诩，对方如果输给他，他自然可以宣称"打假"成功；即使对方暴揍了他，他似乎也可以承认对方的确是武术高手，挥一挥手便可离去，无须承担不利后果。与之交手的武术人士则"蹭了热点"，瞬间出名，也由此收获经济利益。有人披露，当初被徐晓冬三下五除二打倒在地的雷雷，如今在武术界日子并不难过，出场费飙升，网上甚至形容"雷雷生活比徐晓冬滋润多了"。可见，"约架"的双方都可谓受益者，唯一的失败者，则是武术。

从表面上看，"徐雷约架"确实让武术成了众人关注的焦点，有人评价其所引发的关注度不亚于当年电影《少林寺》的上演，还有人甚至认为此次影响更大，因为当下社会舆论达到了众声喧哗、"人人皆说约架"的地步，比当初只有广播电影电视和报刊的时代更加热闹。基于此，有些人提出了如此看法："徐雷风波"或许是对如今太平静安逸的"武林"的一个强刺激，对太极拳在国内的普及和市场关注热度的提升都是好事。[①]

其实不然。我们判断一个新闻事件及其传播、报道后所产生的影响和作用，不仅要从其辐射面、曝光度等维度予以考察，而且要从该事件是否产生正面、积极影响的价值观角度加以考量。换言之，不仅要追求轰动效应，而且要追求美誉度，如果连篇累牍的报道、评论都在质疑武术的价值和意义，这样的轰动效应不要也罢。

"徐雷约架"的确引起了新闻界的强烈关注，其波及面很广，甚至很多与体育、武术不沾边的媒体都介入了报道，央视等国内主流权威媒体、诸多境外媒体纷纷参与讨论，这一点与当年《少林寺》上映后的社会反响相差无几。但是，人们稍加分析即不难发现，在这两次媒体热潮中，媒体的报道角度和传播效果却有着本质的差别：电影

---

① 黎史翔：《"约架"输赢不代表拳种的优劣》，《法制晚报》2017 年 5 月 3 日。

《少林寺》上映后在世界范围内引起轰动，媒体跟进报道构建了武术积极、正面的形象，对于引发新一轮的全球"武术热潮"产生了推动作用；这次"徐雷约架"的媒体报道口径却大相径庭，指斥武术、否定其价值成为媒体的主导声音——一位号称"智库"的人士厉声呵斥：基于维护武术群体的私利和荣誉，中国武术界延续了神秘主义话语对中国武术的包装。他们以传统文化传承者自居，却行欺世盗名牟取私利之实。①

　　也有人借此机会"揭穿"当初催生港台武侠小说风潮的那次比武，认为那次比武也几乎没有价值：20 世纪 50 年代，由于不同武术门派之间相互贬低，太极拳门下的吴公仪与白鹤拳传人陈克夫在澳门进行了轰动一时的"陈吴大战"，这一战触动梁羽生写下《龙虎斗京华》，港台新派武侠小说从此迎来大发展。但在"徐雷约架"后，一些人形容"两位老拳师如小孩打架一般毫无章法地挥拳，只是偶有的几个技术动作还显示着自己的身份"，这番言论不仅直接贬损了比武的双方，在某种意义上还对港台新派武侠小说的滥觞提出了质疑——风靡世界的武侠小说，居然是在全无章法的"街头斗殴"基础上生长起来的。

　　连海外人士也按捺不住激动与狂热，日本一名退役空手道冠军松井章奎，当时也在推特上发文挑衅中国传统武术，称"中国武术都是垃圾"，自己要与徐晓冬一同向中国武林宣战。

　　类似的报道还有很多，它们毫不例外都关涉到武术，但曝光度与美誉度呈现出严重的撕裂与背离，超高的公众关注、媒体披露大都建立在对武术的贬损、斥责基础上，曝光度越高，就意味着武术遭到的批评、抨击声音越多。

　　其实，如此论调出台时忽略了一些基本的前提：首先，雷雷是否能代表太极的最高水准，其"太极宗师"名头是否得到公认？其次，

---

① 李江：《中国武术不能自欺欺人》，http：//pit. ifeng. com/a/20170507/51055628_0. shtml。

太极素以徐缓、养生著称,美国人甚至将太极拳视为"养生拳",它能否体现中国武术的技击特性?最后,技击项目各有特点,竞赛规则迥异,两人"约架"时所设定的规则是否合理,能否让双方充分发挥自己的特长和优势?就算这些疑问被一一消除,人们也必须承认这一点:不同的体育运动项目有着各自的本质规定性,这些规定性才是其受到公众青睐乃至进入奥运会的关键理由,虽然奥运会讲究"更快、更高、更强",但从未强求不同项目的选手之间展开直接对抗,在技击项目领域,柔道与拳击无须比拼、摔跤与跆拳道同样不必判定孰强孰弱,在速度项目上,竞走运动员也不必跟短跑"飞人"一较高下。事实上,如果任由不同项目的运动员在没有确切规则的情形下随意比拼,自然也可以分出胜负,但这种胜负是缺乏足够价值的,更不能由此说输者是骗子、"垃圾",进而全盘否定整个体育运动项目的价值。

遗憾的是,因为"徐雷约架"这一炒作事件,许多人包括部分媒体都对武术做出了近乎"赶尽杀绝"的断言,武术多年来积攒起来的社会美誉度受到极大的损害。

二 武术文化与体育特质出现割裂

在"徐雷约架"引发武术界震动后,也有许多人通过多种方式进行危机应对,替武术鸣不平,他们祭出"武术是文化"乃至"武术是哲学思想"等观点,以强调武术的文化内涵,但为了最大限度地回避"徐雷约架"中雷雷失利所产生的负面影响,这些人士在表态时普遍贬低甚至忽略了武术应有的体育特质。

当时,网络上流传着一位知名学者的意见:中国传统武术,与健身运动、体操,乃至其他各种搏击技术,如跆拳道、拳击、泰国拳、摔跤、相扑等,并不是一样的。这些搏击技术,是真正的"武术",只是为了达到利用肢体力量攻击敌人的目的而设计出来……武术,应视为一种重要的文化表现方式，对其进行文化学的研究。① 还有人在主流媒体上发表评论，直接表达了这样的观点：传统武术和现代搏击是两回事……武术是中国传统文化，在中国有这么多年的发展历史，现在承载的是全民健身功能。传统武术和现代搏击是两套系统，中间隔着的那道门槛，就是现代竞技体育。② 这段话的含义非常清晰，它直接将传统武术从体育的范畴里抽掉了。

这些将武术归结为文化、哲学的文章在媒体上连篇累牍地出现，"危机公关"的色彩颇为明显，它固然可以在一定程度上规避武术当时所面临的困境，但其偏颇之处也是十分明显的，一些文章甚至直接否认武术具备现代竞技体育特性，负面效果同样不可低估——尽管竞技武术与传统武术存在着一定的差异，但两者之间的传承关系非常清晰，不可割裂，传统武术的历史和渊源始终是竞技武术获得充足体育合法性、申请进入奥运会的重要支撑。

如今，突然有人说"传统武术和现代搏击中间隔着现代竞技体育"，在很大程度上会削弱我国多年来开展武术全球传播，努力促使武术进军夏季奥运会的正面效果——其理由很简单，现代奥运会最基本的准入门槛，便是身体运动强烈、具有代表性的体育项目，如果武术缺乏现代竞技体育的基本特征，岂不丧失了进入奥运会的理由？

在武术的本质特点中，体育和文化其实是紧密关联、不可分割的：武术首先体现为中国传统的技击术，具有健身、修身、娱乐和竞技等体育功能，并注重内外兼修、德艺兼备，寻求肉体与心灵的高度统一，从而形成了丰富的文化内涵。更有意思的是，在"徐雷约架"后被众人直接指斥的太极，却是受到许多专家高度推崇、力主优先"入奥"的项目：经过两年多对太极拳的考察，李连杰认为，中国武术要想进入奥运会，绝对不能奢望将所有项目和拳种都选进去，必须

---

① 龚鹏程：《武艺丛谈》，东方出版社 2015 年版，第 42 页。
② 白龙：《传统武术该如何施展功夫》，《人民日报》2017 年 5 月 3 日。

选择一种最具代表性的拳种，比如太极推手。① 如今陡然有人宣称太极不符合现代竞技体育的基本标准，让外界如何看待中国方面的推介活动？

其实，文化与体育并重，以文化内涵助力体育运动的魅力和吸引力，是东方传统体育项目赢得世界认可、争取进入奥运会的重要路径，日本"柔道之父"嘉纳治五郎就明确指出，柔道"乃最有效地使用身心力量之道，凭借攻防训练来磨炼人的身心，领略其道之精髓"。其意思是说柔道不是单纯对抗、比较力量的体育，而是有着浓厚的文化内涵，人们可以通过柔道训练和学习修身养性，实现身心共同发展。事实上，高调突出柔道的文化内涵和特性，并未妨碍柔道体育特性的彰显，反而促使外界尤其是西方体育界认识到其特有的价值，最终柔道成为进入奥运会的第一个东方传统体育项目。

众所周知，武术全球传播是一项系统工程，持续时间必然很长，在此进程中要追求不同的传播目标，因而在不同时期、不同语境下其传播内容必然有所侧重，以着重突出武术的某一特色，但前提是不以偏概全，在武术面临信任危机时更不能乱了方寸，"徐雷约架"后这种否定武术现代竞技体育特质的做法肯定是不足取的，它可能会对后续的武术全球传播带来许多隐患。

三　当下武术全球传播的基本原则

就"徐雷约架"事件而言，人们可以将其视为网络时代个别人为吸引眼球而进行的炒作，在网络热点层出不穷的当下，它很快就会成为"过去时"。其后续发展也充分证明，这一事件几乎就是一场彻头彻尾的"闹剧"，从2017年4月27日晚"徐雷约架"的视频直播走红，到5月7日名为"MMA徐晓冬"的新浪微博账号被删，该事件

---

① 孙喜保：《门派众多缺少统一规则，武术进奥运为何这样难?》，《工人日报》2010年8月31日。

仅仅维持了 10 天的热度。此后，尽管徐晓冬多次想再度引起波澜，但始终没有达到如此的轰动程度。

而且，由于网络是各种意见集中呈现之所，在人们纷纷关注此事时，也不乏清醒的声音传递出来。早在该事件处于发酵阶段时，有识之士便评论道："揭露江湖骗子的行为无可厚非，但这种揭露的矛头不应对准武术本身，否则，就偏离了维护武术名誉的初衷，最终沦为一场博人眼球的闹剧。"① 其实，徐晓冬并不讳言其具有炒作动机，他在接受媒体采访时曾明确表示：目前国内众多流派的"武术大师"们，很多并没有"真功夫"，只是对武术套路有所研习而已，并不能被称为真正的传统武术——他自己都承认对手"不能代表传统武术"，那么其"武术打假"的对象就完全变了，不是武术本身，而是自诩"武术家"或"宗师"的那些个人。

但是，人们仍然必须深刻反思"徐雷约架"的传播过程，将其作为一个反面案例，置于武术全球传播、武术文化"走出去"的高度加以认真剖析，从中汲取教训，为武术对外传播寻求合适的路径和对策。

首先，今后武术全球传播有必要被纳入精准传播的范畴，有明确的传播思路和目标，梳理出合适的传播内容，采取切实可行的传播策略开展传播活动，并寻求准确的传播效果。

其次，作为精准传播的基本逻辑起点，要深切认知武术所具有的文化和体育双重特质，将武术传播纳入跨文化传播和体育传播的双重视阈下进行，尤其要推动武术在"文化走出去"的整体战略框架下开展有效传播，以争取更好的传播效果。

再次，武术全球传播实际上有两个核心目标：一是促进武术运动在世界各地的普及，二是力争武术进入奥运会。在这两个目标中，前者应当优先于后者。此前我国武术传播偏重于体育领域，强调以武术

---

① 一番：《别让武术打假成为一场闹剧》，http://www.hinews.cn/news/system/2017/05/03/031094841.shtml。

"入奥"作为最高目标，在相当程度上忽略了武术的文化传播，也过分将中国方面的意愿作为可期待的目标，对于客观现实考量不足，尤其是没有充分考虑西方人的接受心理、习惯等，传播效果并不佳，有必要对之加以改进并完善，强调武术文化传播的重要性。

最后，由"徐雷约架"的传播过程不难看出，在武术全球传播已经开展了 30 多年的背景下，当下武术传播并非单纯追求曝光率、知名度，而是更需要重视美誉度，为武术赢得正面评价，唯其如此才能使武术得到海外人士的广泛青睐，最终实现"入奥"目标。

质言之，今后武术全球传播应当以文化传播促进体育传播，通过武术文化的魅力和感染力吸引西方民众，尤其是青少年群体，只有他们在内心里真正接受武术运动，武术"入奥"才具有现实可能性。

第一章　中国武术资源及其早期传播

武术传播是指武术技术、技能以及与武术有关的文化、思想等，在一定的社会环境下，通过各种途径在人与人之间横向和纵向的流动过程。武术形成与发展的全部历史，归根到底也是武术的传播历史。正是借助于持续性的传播，武术才得以逐步发展、成形，形成较为稳定的流派和风格，进而向外部扩展，产生广泛的社会影响。在此进程中，作为运动技术的武术，与作为中华传统文化载体的武术，都得到了很大的发扬。

顾名思义，作为运动技术、技能的武术传播，本质上是一种"术"的传播，这种物质层面上的技术传播为受传者、习练者等提供技术、技能的培养和训练；而作为中华传统文化载体的武术在传播过程中，弘扬的则是中华传统文化，是蕴含在武术中的文化，也可以称为"道"的传播。"术"与"道"的传播并行不悖，是武术传播活动从中国古代延续到近现代的基本格局和态势。

无论哪一类信息传播，都离不开一个基本的模式，即拉斯韦尔提出的"5W模式"：传播者（传播主体）、信息源（信息内容）、渠道（传播媒介）、受众（接受者）、效果，它们有机协同，构成有效传播的不同链条。而武术的全球传播，不管是基于体育范畴内的传播，还是文化视阈内的传播，本质上都是不同文化之间的交流和沟通，因此具有跨文化传播的特征，而在跨文化传播过程中，制约传播效果的因素是"源文化、传播媒介、目标文化"①，换言之，传播的信息内容、

---

① 刘国伟：《浅析中医跨文化传播》，《中华中医杂志》2011年第5期。

渠道和基于受众而构成的接受者文化等要素对于跨文化传播具有相当重要的意义，值得给予格外关注。在深入探讨武术全球传播问题之前，很有必要厘清中国武术自身所具备的信息资源特性。按照学术界业已达成的共识，信息是普遍存在的，但并非所有的信息都是资源。只有满足一定条件的信息才能构成资源。在武术全球传播的进程中，我们需要认真分析的是，武术的哪些信息特征可以为其展开体育传播、文化传播提供基础性的信息资源？

在学术研究中，对于信息资源的分类大体上有狭义和广义两种：狭义的信息资源，指的是信息本身或信息内容，即经过加工处理，能够用于传播、交流的数据，开发利用信息资源的目的是充分发挥信息的效用，实现信息的使用价值。而广义的信息资源则是信息活动中各种要素的总称，这些"要素"包括信息、信息技术以及相应的设备、资金和人等。两种不同的概念各有其优劣：狭义的观点突出了信息在信息交流、传播全过程中的核心地位和作用，但忽略了"系统"对于信息构造的重要作用——信息既是信息生产的原料，也是产品，它对于各种社会活动直接产生着效用，是信息资源的目标要素。同时它也是信息生产者的劳动成果，依赖于各种信息技术对其进行筛选、保存或传递，如果一味强调信息的核心要素，而忽略信息生产者对于信息的塑造，以及各种信息技术、设备等对于信息的"支持"作用，无法进行有效的信息配置，就不能发挥信息作为社会资源的最大效用。为此，本书剖析中国武术作为信息资源的特征时，不仅高度关注信息内容本身的核心地位和作用，同时也充分重视信息生产者、信息技术等因素在信息生产过程中的作用和意义。

要准确厘清中国武术的信息资源，应当细分出几个不同的考察维度：首先，将武术当成一个自足体，分析其内在的信息资源，看看它究竟有哪些东西。换言之，只有武术本身存在并真正拥有信息内容，人们才可能将其作为武术的资源对外传播。其次，将武术与其他可堪对比的参照物进行比对，从中发现武术与其他参照物的异同，当然重点是发掘其独特性。这里主要存在两个基本的参照系：一是中国传统文化参照系，具体而言就是比较武术和其他中国传统文化载体的差异；二是武术与其他各国搏击类运动项目的比较，分析它们之间的差异。综合这两个维度，可以较为准确地发现武术开展全球传播的信息资源所在。

第一节　中国传统武术的边界厘定

当下武术存在着不同的含义，比如竞技武术、传统武术、校园武术等，而要有效展开武术的全球传播，一个基础前提是确定其中"武术"的准确含义，它无疑应当是中国传统武术，是武术真正的源流。对于中国传统武术的概念，有专业辞典如此界定：中国传统武术，是以中国为地域范围、具有中国特色的，从始延衍流传、如丝充满、人人皆有的、以制止侵袭、停止战斗为导向的技术应用，是一门包含武术与武德的传统学系，是带领修习者进入认识人与自然、社会客观规律的传统教化方式。① 从这个定义中不难看出，中国传统武术包含了体育、文化等多重含义和内容，蕴含了相应的信息资源。

从上述定义可以清晰地看出，一方面，武术作为中国传统体育运动重要组成部分的地位不容忽视，而且武术与人类早期军事活动有着密切关联，汉字中的"武"分解开来就是"止戈"，许多人将其理解为"止戈为武，消停战事"；但在另一方面，直接促成战事的诸多特殊术语也以"武"命名，例如兵器被称为"武器"，军备被称为"武备"，军事行动也被称为"武事"。但它们之间也存在着明显的区别，要有效展开武术的全球传播，就要对中国传统武术的边界进行厘定和划分，从中寻找可资利用的信息资源。

一　"武术"与"武"的异同

在我国古代，人们通常以"文、武"来区分学习的各种科目、内

---

① 《辞海》，上海辞书出版社 2009 年版，第 322 页。

容等，与之相对应就出现了许多专有名词或谚语，例如文状元、武状元，"穷文富武"等，这里的"武"是一个广义的概念，几乎泛指一切身体运动或活动，甚至扩充到军事等领域，如《文选》记载，南朝宋代的颜延年在《皇太子释奠会诗》中言"偃闭武术，阐扬文令"，这里"武术"的意思是"武之术"，与"文"是对应、对立的，自然与现在人们所言的"武术"有着明显的反差，囊括了各种"武"的"武术"也包含了所有形式的体育，又不局限于体育的外在形式。

溯源中国古代典籍中的"武术"及其内涵，有人得出结论：事实上，武术不仅涵盖了西方体育的多种运动形式，而且拥有独特的东方传统运动形式、深邃的思想和厚重的文化。从这个角度上说，武术不是隶属于体育，而是体育的上位概念。① 这个结论是十分值得商榷的：说武术不完全包含在体育范畴内，人们可以接受；但非要强调武术是体育的上位概念，体育在一定程度上从属于武术，就难以理解了——无论如何，"武术"也难以囊括体育所包含的全部范畴和内容。

二　"武术"含义的演变与边界

在历史上，武术有过不同的称谓，如春秋战国时称"技击"，汉代称"武艺"，清初称"武术"，民国时一度改称"国术"，1949 年后又被正式命名为"武术"。不仅名称变化不定，而且不同历史阶段的"武术"一词也代表着不同的含义，例如前述《文选》中虽较早出现了"武术"一词，但其含义却与如今人们认同的武术存在较大的差别。

许多人认为，现在被人们普遍认可的"武术"概念，出自清末民初小说作家陆士谔的笔下，其文在中学语文课本中存在多年，即许多人耳熟能详的《冯婉贞》，课本和 20 世纪 80 年代热门电影《火烧圆明园》均将冯婉贞作为真实存在的历史人物看待，视之为抵抗英法联

---

① 颜天民：《体育概论·体育史·奥林匹克运动·体育法规》，广西师范大学出版社 2000 年版，第 4 页。

军侵略的女英雄，但也有人考证称，这只是陆士谔撰写的一篇武侠小说，最早刊登于 1915 年 3 月 19 日《申报》上的《自由谈》栏目里，该小说中有一段话："冯有女婉贞，年十九，姿容曼妙，而自幼好武术。"后人认为其基本上代表了现在的"武术"含义。

20 世纪，中国内地诸多教材、论著等均对"武术"一词给出了各自的定义，力图使之清晰、明确，便于公众理解和把握。

人们普遍认为，1932 年颁布的《国民体育实施方案》率先对武术进行了定义："国术，原我国民族固有之身体活动方法，一方面可以供给自卫功能，一方面可作锻炼体格之工具。"首先，这一概念表述用"国术"代替了武术，显示出民国时期将武术更名为"国术"的历史状况。其次，这一定义突出了武术具有浓郁的民族性，将其理解为我国民族固有的身体运动方式。最后，在武术的功能定位上，它强调武术具备自卫技能和锻炼体格两大基础性功能。实际上，这一表述对于后续的武术定义产生了非常明显的影响，许多定义均借鉴了其表述或在实质上继承了它的基本观点。

1957 年 3 月，张之江在全国政协二届三次会议上指出：中国武术是中华民族几千年来最主要的体育活动方式，这个体育活动方式，在民族健康、民族自卫以及民族医学治疗上，都发挥过很大的作用。值得强调指出的是，张之江是西北军将领，他本人是武术高手，且长期致力于弘扬中华武术，全身心投入倡导国术运动，在张之江及其他热心人士的持续努力下，中央国术馆于 1928 年成立，此后在全国范围内广泛开展国术考试，并组织武术代表队出席 1936 年柏林奥运会，进行表演，促使中华武术在国际社会产生轰动效应，张之江被誉为"中国国术走向国际体坛的第一人"。1949 年后，张之江继续关注武术运动发展，曾在全国性武术表演中担任总裁判长，因此其观点颇具代表性，张之江的这番言论同样肯定了武术的民族性、传统性、技击与健身作用等。

1961 年出版的作为体育学院本科讲义的《武术》则给出了如此定义："武术是由拳术、器械套路和有关的锻炼方法所组成的民族形式体育。它具有强筋壮骨，增进健康，锻炼意志等作用，也是我国具有悠久历史的一项民族文化遗产。"① 该定义突出了武术的文化内涵和意义，并对武术的类别做了一定的描述，但忽略了武术的技击功能表达。

以后武术定义大体延续了先前的基本要素，一些定义突出武术的体育元素，例如，1987 年出版的一本武术教材认为，武术是以踢、打、摔、拿、击、刺等攻防格斗动作为素材，按照攻防进退，动静疾徐，刚柔虚实等矛盾的相互变化规律，编成徒手和器械的各种套路，以及包括对抗技击内容的具有独特风格和民族特色的体育运动。② 1988 年 2 月，国家体委武术研究院、中国体育科学学会武术学分会在北京召开了"全国武术学术专题研讨会"。在这次研讨会上，武术被定义为是以技击动作为主要内容，以套路和格斗为运动形式，注重内外兼修的中国传统的体育项目。③《辞海》对武术的解释也体现了这一风格："武术，亦称'武艺'、'功夫'，旧称'国术'。中国传统体育项目，由踢、打、摔、拿、跌、击、劈、刺等动作按运动规律组成，是锻炼身体和自卫的一种手段。"为此，中国古代的一些传统养生手段，比如人们为祛病健身而摸索出来的各种导引术、气功，包括五禽戏、八段锦、易筋经等，其基本出发点在于体育养生或者保健，并不属于中国武术的范畴，关键在于它们的肢体运动不是以攻防技击为主旨，而是以养生为其根本目标。当然，太极拳等也引进、结合了导引气功中的一些动作和方法，但两者在概念上是存在本质差别的。

另一些定义则兼顾了武术的体育、文化元素。2009 年 7 月，国家体育总局武术运动管理中心在少林武术发源地河南登封召开了武术定义和武术礼仪研讨会。在会议上，国内有关学者经过反复讨论、推敲

---

① 周伟良：《中华民族传统体育概论高级教程》，高等教育出版社 2003 年版，第66 页。

② 毛景广、吴姗姗、赖国耀：《武术》，河南科学技术出版社 1987 年版，第 1 页。

③ 周伟良：《中国武术史》，高等教育出版社 2003 年版，第 2 页。

后给出了新的定义："武术是以中华文化为理论基础，以技击方法为基本内容，以套路、格斗、功法为主要运动形式的传统体育。"该定义文字比较精悍，不仅突出了武术的民族性、传统性和文化特征等，还强调了武术的本质特征——技击动作（徒手和器械的攻防动作），并概括了武术的外延特征——套路和格斗（功法运动、套路运动、格斗运动）等运动形式。这一思路在《现代汉语词典》的武术定义中也得到了印证：武术又称国术或武艺，是中国传统体育项目。其内容是把踢、打、摔、拿、跌、击、劈、刺等动作按照一定规律组成徒手的和器械的各种攻防格斗功夫、套路和单势练习。武术具有极其广泛的群众基础，是中国人民在长期的社会实践中不断积累和丰富起来的一项宝贵的文化遗产，是中华民族的优秀文化遗产之一。

　　总之，武术的含义经历了必要的沉淀、压缩或曰"边界厘定"的过程，一个基本方向是将武术与古代军事技术进行了明确的区分：最初武术是古代军事技术的一部分，但随着历史的发展和演进，武术与其他专用军事技术逐渐分野，今天的武术基本上剥离了军事实战功能，是活跃在民间的古代"日常武艺"的传承和延续；另一个方向则是附着在武术之上的中华文化内涵愈发丰富、厚重，文化成为人们考量武术的重要维度之一，文化也为武术提供了丰厚的资源。

第二节　中国武术物质层面的传播资源

　　《周易·系辞上》曰："形而上者谓之道，形而下者谓之器。"按照人们通俗的理解，器即是指物质，而道则是指意识，物质是基础性的，而意识是物质的升华，一定的意识必须根植于相应的物质。中国武术作为体育、文化的重要组成部分，同样具有"器"与"道"两个不同层面的深刻内涵，并且在不同层面上均形成了丰富的传播资源。

　　中国武术包括徒手的拳术和结合器械运动的刀、剑、枪、棍术等，因而在器物层面也有很大的差异，徒手拳术大致包括了基本动作、套路编排、气韵配合等方面，而器械运动还包含了器械的运动与配合等内容，不同的结构与组合形成迥然不同的武术类型。

一　武术技击方法的传播

武术的本质特征是攻防的技击，因此表现出的最基本的动作就是各种单个的技击方法，经过数千年的发展和演变，中国武术形成了丰富多彩、样式不拘的基本动作体系。而且，武术中各种徒手、器械类动作的组合、编排方式和结构不同，差异进一步扩大，目前国家体育主管部门正式认定的徒手拳术已经达到129种之多，其主要依据自然是它们在动作编排、风格等方面所存在的明显区别。

中国武术种类繁多，人们通常将其概括为"南拳北腿"，其实就是两者主要技术动作有巨大差异——南方以拳法为主，且以短拳极为精湛出名；而北方则相反，非常强调使用腿功。当然，这种差别也并非绝对的，南方拳术不排斥腿的使用，北方人同样大量练习拳法。

归根到底，这种差别的形成与练习者的"物质基础"即身体条件和素质有着紧密的关联，在我国范围内，北方人普遍较为高大，躯体力大，腿法运用较多，时常成为攻击对手、防御对方进攻的"撒手锏"。而南方人则大多体态瘦小，因此南派拳术重防守，其拳种动作空间普遍较小，集中在人体的上部，即人体的头、颈、胸、腰、上肢等区域，技术特点也与之相适应：步法稳固、手法灵活多变、拳势劲悍、刚劲有力，常以发声吐气助长发力。

内家拳和外家拳也是中国武术领域十分强调的重要区别之一，"外家"和"内家"的武功概念源于明末黄宗羲的《王征南墓志铭》："少林以拳勇名天下，然主于搏人，人亦得乘之。有所谓内家者，以静制动，犯者应手即仆，故别于少林为外家……"清季民国以来，民间将以太极、形意、八卦、通背等为代表的武术流派称为内家拳，其余拳种统称为外家拳。

武术界普遍认为，内家拳是以练气为主，讲究内修；而外家拳是以练力为主，讲究外形和招式，因此外家有形而内家无形。在技法上，外家拳的特点是刚显于外，强调先发制人、以动制静、主动进攻；而内家拳则是柔显于外，强调后发制人、以静制动、防御在先。武术有内功和外功之分，内功主练气，即所谓"内练一口气"；外功主练筋骨，提高击打能力。一般认为，内家拳尚柔，以静制动，重视内练内养；而外家拳则以刚猛、劲力见长，以动制静，重视外劲的训练。还有人总结说，外家拳主要修炼的是习练者的身体、肉体，而内家拳则更强调修炼"心意"，外家拳的进步可以通过持续的刻苦习练来实现，内家拳则有赖于内在悟性，缺乏悟性则很难取得大的进步。

尽管内家拳和外家拳存在着许多差异，但它们都以人体的生理机能为根本，在习练过程中都不能缺失内功与外功的兼修："六力合一"是它们共同追求的修炼原则，即所谓"心与意合，意与气合，气与力合，手与足合，肩与胯合，肘与膝合"，其中"心与意合，意与气合，气与力合"称为内三合，是神意内敛的修炼要诀，而"手与足合，肩与胯合，肘与膝合"称为外三合，是筋骨外形的修炼诀窍。

二　古代争斗中的武术技能传播

中国武术起源于早期人类的生产生活和军事活动，而在武术逐步成形后，它们又可以服务于军事目的，一个颇有说服力的实例便是我国明朝抗倭名将戚继光利用武术练兵，即借助武术在军队中的传播，达到提高士兵素质和技能，增强战斗力的效果。戚继光是世人公认的武术名家，他也将武术运用于训练士兵，提高军队的搏斗、拼杀能力，戚继光在《纪效新书》中说得非常清楚："拳法似无预于大战之技，然活动手足惯勤肢体，此为初学入艺之门也。大抵拳、棍、刀枪、叉、钯、剑、戟、弓矢、钩镰、挨牌之类，莫不先由拳法活动身手。其拳也，为武艺之源。"这段话主要表达了两层含义：第一，拳术是学习其他武艺的敲门砖，练习拳术既可增强士兵的身体素质，又可为它们日后进一步学习其他武艺奠定基础；第二，军队战斗与武术攻防存在显著的差距，拳术、武术与实战的杀敌本领不是同一回事，这一观点通过另一段话做了更深入的阐释:"凡比较武艺,务要俱照示学习实敌本事,真可对搏打者。不许仍学习花枪等法,徒支虚架,以图人前美观"。

随着火药在军事上的应用日渐广泛,世界逐步进入"热兵器时代",各种冷兵器的威力较以往大为衰减,武术在军队中的运用显然不复先前之盛,但中国武术依然在民间广为流传,而且在相当程度上保持了武术的技击、防御自卫等社会功能。清朝后期,山西晋商在中国商界全面崛起,平遥等地票号遍布,镖局生意也跟着红火起来,镖局又称镖行,是受人钱财,凭借自身的武功,专门为人保护财物或人身安全的机构,其中主要的业务人员便是镖师。镖局和镖师的出现与兴盛对于武术技能的传播、发展都产生了积极作用:拳师们为了完成业务、保住饭碗,要凭一身真功夫吃饭,如此镖师们就必须花大气力、下功夫练习拳技、器械技能等,尤其注重技击、散打等实用技术,力求精益求精,能够在实际格斗、搏斗时一招制胜。同时,业务量大的镖局往往延聘、雇用多位镖师,并且不断培养徒弟,壮大镖师队伍,如此可以形成武术交流、切磋的氛围,大家在一起教练、钻研、领悟,甚至开展实战演练,客观上推动了民间武术的传承,促进了武术的交流和创新。当然,镖师们还必须保持高尚的武德,否则面对巨大的金钱等利益诱惑,道德水准低下的人往往很难把持得住,这也是对武术精神的传承和发扬。

此外,由于武术是动作较为剧烈、身体多器官和组织协同运动的项目,其健身、修性、娱乐等功能也逐渐被人们所认识,许多人为此开始学习武术,这也在很大程度上促进了武术项目的传播与普及。

中国武术的跨国传播也产生了巨大影响,东方多种技击类体育运动项目在其发展、演进过程中都曾借鉴武术的动作、套路等,深受武术的影响,前述日本相扑是一例,而在全球范围内产生广泛影响、最早进入奥运会的东方格斗项目——柔道同样受到了武术的哺育。据一些中、日学者考证,中国武术直接影响了日本柔道的形成。如日本讲道馆八段、早稻田大学教授山本秀雄在《柔道入门》一书中说:"在柔道各流派的著作中,有各种各样的说法。一种说法是:柔术来源于中国唐代拳术,是徒手形式的柔法、和法、体术、捕手、小具足、拳法等打、踢、摔、拿竞技项目的总称。到了明朝末年,曾在少林寺学过武术的陈元赟于 17 世纪上半叶东渡日本,在江户城南国正寺,传授中国武术,致使柔道在日本广泛开展起来,从此流派也日益繁多……"最有说服力的是,日本爱岩山还残存着一块"爱岩山泉法碑",碑上刻着"拳法之有传也,自投化人陈元赟而始"。19 世纪末,日本人嘉纳治五郎吸收各种流派的长处进行加工整理,并不断加以改进和完善,最终创立了柔道。

武术在中国被纳入体育运动的范畴,已经是清末、民初的事情了,尤其在民国时期武术被更名为"国术",以及随后爆发的"土洋体育之争",进一步确立了武术作为中国传统体育运动的地位。此后武术作为体育运动开展了各个范围的传播,突出表现在其技术层面的传播资源上。

第三节　中国武术精神层面的传播资源

武术作为一种身体运动,其本质特征是攻防技击,攻防动作、套路等是武术作为体育运动必要的技术基础,是其物质层面的表现。但是,人类出于与自然、社会抗争的需要,普遍形成了各种技击运动乃至运动体系,因此可以毫不夸张地说,技击之术并非地球上某一个国家、民族所独有,而是一种普遍的现象,早期人类几乎同时形成了近似的攻击、防卫意识等,且人体运动学原理也决定了不同国家、种族的技击术都是在实用基础上发展起来的。

但是,同样起源于人类生存、发展之需的各种技击术,如今已经显现出巨大的差异,形成独立体系、进入现代体育运动范畴的拳击、柔道、跆拳道、泰拳、自由搏击、相扑等早就出现了明确的分野,其原因在于各地、各种技击术在日后的发展和演进过程中,分别与不同的地理环境、经济文化、民族性格等因素相结合,走上了迥然不同的发展道路，最终造就了民族性、地域性等特点十分鲜明的各种技击术，而数千年来中国人民将自己的思维方式、行为准则、价值观念、审美情趣等灌输、浸润在武术之中，历代武术爱好者、习练者和高手宗师等不断体悟砥砺、千锤百炼，最终使得中国武术具有浓郁的民族性格特征和中华文化内涵，许多人认为，武术的核心不是技术，而是文化和传承，武术已经成为公认的中国文化信息载体，是全世界公认的中华民族的标志性符号。

作为文化的武术，始终是在中华传统民族文化的摇篮中熏陶、浸润而成的，它在发展进程中不断汲取中国传统哲学、伦理学、养生学、中医学、美学等多种传统文化思想和观念，丰富其自身的内涵，使之理论充实、寓意深刻，形成延续至今的注重内外兼修、文武兼备、武德至上等独特风格。

总体而言，根植于中国传统文化的武术，在其形成和发展的整个过程中，受到中国传统哲学和伦理思想的引导和强烈影响，因此武术的基本理念、道德规范、对技击方法的理解和运用，以及武术具体的运动形式、技术原理、训练过程和手段等，在许多方面都反映出中国传统哲学和伦理思想的特色和精髓。其中，中国传统哲学作为武术重要的思想渊源所发挥的功用尤其明显，它在许多方面为武术提供了直接的理论支撑和修炼导引，例如太极、五行、道与气、天人合一等哲学思想，长期影响并规制着中国武术的发展进程。

一　"道法自然"观念

武术几乎是与人类的生产生活实践同步产生的，在其产生之初，人类自身的力量尚有不足，对于许多事情力有不逮，从而对于自然界产生了神秘感乃至膜拜感，自觉或不自觉地用最接近自然的方法来增强自身的力量，包括进行攻防技击的力量，这就是比较明显的"道法自然"观念。

道法自然是中国传统哲学中的核心理念之一，"道"的重要性不言而喻，甚至"道"被认为是世界上一种本原性的存在，而且主宰着世界，由此"道"的本体说成为中国古代哲学认识论的基础，不论道家还是儒家都是如此。道家理论先师老子认为，万事万物皆生于"道"，老子曰："有物混成，先天地生。寂兮廖兮，独立而不改，周行而不殆，可以为天下母。吾不知其名，强字之曰道。"他还说："道生一，一生二，二生三，三生万物。"而道则与自然密切关联，道是顺乎自然规律而自成法规的，因此老子又说："人法地，地法天，天法道，道法自然。"

中国武术的一大特点便是从自然中求"道"，进而以道指引武术的理论和技法、动作、套路以及训练等，有习武者曾总结道："武术就是大道。道法自然，有道就有法。"中国武术，尤其是一些内家拳，将其武术习练皈依到道家内丹术的性命修炼体系里，修道得道往往是其终极目标。换言之，这些武术的习练和进展，只是修道者们以武演道、以武证道的路径和手段。

太极拳是我国内家拳的代表之一，拳谚曰："太极本自然，人意莫强求。"明白无误地道出自然是太极拳的生命线，习练、揣摩太极拳必须"道法自然"。太极拳的重要标志之一——武当拳在"道法自然"的哲学思想影响下强调"效法自然"，即武当拳视效法自然与否作为区别于其他拳派的本质特征之一，"效法自然"作为构建武当拳的理论和技术体系的根基，主要表现为返璞归真、太极图式、五行变化等。武当拳的每一进程都与模仿生物、非生物的结构、形态、性情、能力发生着密切关系。

在"道法自然"理念应用于武术的实践中，"气"的作用同样不可小觑。"气"是"道"的体现，并以"气"的聚散来解释生命的形成，气聚则生，气散则死。在古代武术理论中，"气"被视为武术的原力与本根，是武术生命的精微所在，武术的种种外在形态如功能、神韵、绝技等，均为"气"的演化与体现。由于生命的盛衰变化都是"气"作用的结果，人体"气"的质量好坏决定着生命状态的优劣，因而"气"也被视为武术养生的理论基点。

我国古代习武者还经常师法自然，从大自然中吸收营养，模拟自然界中各种事物的动作、姿态、神情等，结合人体运动的规律和技击方法要求，创造和丰富着武术，中国武术中迄今仍有许多以自然界各种事物命名的拳种和动作，如南拳中的虎鹤观形拳即以虎、鹤两种动物的动作为基础，而形意拳中的十二形则以十二种动物的动作为蓝本，按形意拳的动作和劲力特点演化而来。此外，螳螂拳、鹰爪拳、蛤蟆拳、猴拳等也分别是模仿螳螂、鹰、蛤蟆、猴的动作，取其形，会其意而创造的拳种。

二 "天人合一"观念

"天人合一"在很大程度上可以理解为"道法自然"观念的必然结果，这里的"天"无疑是指自然界，所谓"天人合一"是指人和自然在本质上是相通的，一切人和事均应顺乎自然，只有这样，才能获得生存与发展的机会。

"天人合一"集中体现了中国武术的和谐观，强调人是自然的一部分，人与天地万物共同构成了一个整体，人在整个系统中属于不可或缺的主导因素，是自然界最优秀的部分，正所谓"万物之灵长，宇宙之精华"；同时，人道和天道是相近的，习武者必然要重视人与自然的和谐统一，清代杨氏传抄太极拳谱中有云："乾坤为一大天地，人为一小天地也。"这与西方竞技体育崇尚的对抗观是迥然不同的，西方竞技体育追求"更快、更高、更强"，强调努力提升自身的力量和技能，达到征服客体、战胜对手的目标，而中国武术则更加注重和谐、统一，强调人体的运动要顺应自然规律，从中得到力量和健康等。

中国拳谱中还有这样的话："要知天人同体之理，自得日月流行之气。"人们在武术习练过程中，必须使人自身适应自然界的规律，顺乎自然的变化，追求人体与大自然的和谐相通，达到两者之间的统一与一致，以此求得物我、内外的平衡。因此，自古习武者都非常注意在练习过程中使人体和四时、气候、地理等外在的自然环境相协调，因时因地采用不同的训练内容和手段，例如练武者一天中会随着太阳的升降而采取面朝不同方向的站位方式开展习练活动，这就是一种在主观上希望达到与客观相符目标的表达形式。此外，中国自古就有在山林、幽谷等优美清静自然环境里习武的传统，使个人的身心皆融于大自然之中，从而充分发挥人这一万物之灵的创造力，增强练功、修身、养性的效果。而武术在实际运用中不断变换刚、柔、虚、实等动作，而刚、柔等动作也应和了宇宙大系统运动的规律，在物我交融的拳术运动中，人们也在追求和探究世界的规律，努力促使人与自然和谐相处。

"天人合一"颇为直观的一点是武术动作的和谐、协调，最为典型的是所谓"内外三合"即"心与意合，意与气合，气与力合；肩与胯合，手与足合，肘与膝合"，其实是要求由内在的心、意、气到外在的四肢、身体各个部位都达到相互协调，通过全身运动、发力达到技击、自卫或健身等功效。当然，"天人合一"所倡导的和谐、协调一方面是人的一种本能，另一方面也是人们有意识地培养和训练，使动作达到完美的一种能力。

三 阴阳变化观念

古人云，"有无相生，难易相成，阴阳相济"，是中国传统哲学带给中国武术最本原的精神——阴阳变化不居，随时相互转化。

拳谚云，"拳起于易"，易理是拳理的重要支柱之一，而《易经》最核心的内容就是阴阳学说，《易经·系辞》中提及"易有太极，是生两仪"。"两仪"就是阴阳，阴阳代表两种物质势力，含有对立之意。《易经·系辞》又云："一阴一阳之谓道。"讲的是宇宙间一切事物既对立又统一的法则，阴转为阳，阳转为阴，阴又转为阳，阳又转为阴，阴阳交替运动，事物才得以向前发展。因此庄子在《庄子·天下》中说"《易》以道阴阳"。

阴阳学说主要表现在这样几个方面：第一，对立制约，阴阳是相反相成的，双方是相互对立、相互排斥的，由此促进事物的发展。第二，互根互用，阴阳是互根的，相互依存，任何一方都不能脱离另一方而单独存在。第三，消长平衡，阴阳双方不是静止的，而是处于运动变化之中的，只要阴阳相互制约，就能维持平衡，一旦消长差异太大，平衡就会被打破。第四，相互转化，阴阳属性在一定条件下可以向其对立面转化，人们常说的"物极必反"即是如此。

阴阳变化首先体现在武术的基本动作、套路等技术层面，人们熟知的"以柔克刚""以静待动"以及"避实击虚"等都反映出这一变化，而在太极拳理论中阴阳变化观念可谓贯穿始终，具体表现为动作层面的动静、刚柔、虚实、进退、开合等对立统一状态，而太极拳的柔中寓刚，绵里藏针，静中有动，阴阳相济等特征也可从阴阳的消长变化中找到解释。

阴阳变化观念甚至可以上升到武术的核心理念层面，中国古代的造字方式主要为象形，"武"字区分开来便是"止戈"，虽然武术在表现形式上是进攻、技击，但其内在理念却是"制止武力"，我国历史上最早的、带有条款性的相关记载见于《左传·宣公十二年》中的"武有七德"，即"禁暴、戢兵、保大、功定、安民、和众、丰财"，明确指出武德的终极目标是"禁暴"。

四　整体修炼观念

中国武术讲究形神兼备、内外兼修，促使习练者"身心一统"，从整体上得到全面的锻炼和提升。

西方体育以人体解剖学观点加以分解，遵循人体运动原理，讲求科学性，而武术则从整体运动观出发，强调"内外合一""形神兼备"。"形神兼备"是中国武术区别于西方体育项目的一个重要标志："形"指的是显在的外壳，自然是武术运动的外在表现形式；"神"则是指不显于外的内核，也就是人内在的精气神韵，外在的"形"受控于内在的"神"，内在的"神"又必须通过外在的"形"展现出来。在这种理念指导下，习武者所表现出来的一个或者一系列的武术技击动作，总是在其精神、意志支配下，通过人体的神经系统对四肢与躯干的协调活动，以各种不同的运动方式来完成或表现；同时，习武者对于该动作的精神、实质与意志，也需要通过以四肢与躯干的协调活动所组成的各种技击动作加以体现。

从习练难度而言，武术外显的运动形式如一招一式、进退开合、闪展腾挪等都可以通过师傅传授、自身观摩来掌握，但对于武术内在的神，如武术的意境、神韵、武术指导的精神与真谛等，则很难通过言传口授来学习，关键还得依靠习练者自身的意会、领悟。意境在武术运动中主要体现在演练者对技击动作攻防含义的深刻理解上，神韵，指内在的精神气质的体现，通过外部形体动作表现出来，所有这一切都需要习武者积极的思维与想象力，使人体的心、神、意、气等内在的心理活动与气息运行得以训练，使其外部形体动作与内在的攻防意识达到和谐与统一，最终达到"形与神具"的境界。

武术从基本功练习就体现出内外兼修的特点，基本功练习负责锤炼习练武术所必须具备的身体活动能力、技术技巧能力以及心理素质等基础。基本功训练具有鲜明的内外兼修特点——"外练筋骨皮，内练一口气"，它有一系列专门的综合性练习人体内、外各部位功能的方法和手段，如腿功着重训练腿部的柔韧性、灵活性和力量等，腰功表现腰部的灵活性、协调控制上下肢运动的能力和身法技巧等，肩功表现肩关节的柔韧性、活动范围的大小以及力量等，桩功则展现腿部力量和呼吸内息的功夫等。不同拳种虽然各有特点，差别很大，但其动作套路普遍都由手型、步型、手法、步法、腿法以及数量不等的跳跃、平衡、跌扑、滚翻等动作与技术组成，练习者要做到动作规范，一方面在完成动作时需要手、眼、身、步配合协调，另一方面还须与意识、呼吸紧密结合，达到内外合一、身心一统。

武术的整体修炼观还与中国传统医学高度合拍，我国传统医学也是在唯物主义元气论的哲学基础上建立起来的，整体综合观与阴阳辩证观是其鲜明的特点，在此基础上提出"精、气、神"为人体"三宝"的观点，认为三者一体，互相依存，武术也将传统医学的这些理论有机地吸收到其理论体系中，逐渐形成了形神合一、内外兼修的理念。

五　崇尚武德观念

中国传统武术同样深受儒家思想的影响，儒家学说的创始人孔子非常重视品德修养，把"德"提到至高无上的地位，主张以"德"化天下，把"德"作为统治国家的根本。武术受儒家思想的影响，提出了"武以德立""未习武先习德"的武术伦理观，并形成了较为系统、规范的武德理论。

所谓武德，即指武术道德，是从事武术活动的人在社会活动中所应遵循的道德规范和所应有的道德品质，中国武术界流传着这样一句行话："未曾学艺先学礼，未曾习武先习德。"武德的重要性由此可见一斑。

在中国传统武术沿袭下来的武德体系中，其核心观点之一是讲究"尚武崇德"，"德"比"武"更为重要，一言以蔽之，"武以德立、德为艺先"。若做进一步细分，武德又主要包括"礼"和"德"两个基本方面。

崇礼是武术套路产生的伦理道德基础。孔子强调"礼"，中国人崇尚"礼"，也促使武术在演练、比试中突出"轻力""尚巧"，以巧智取、顺势借力的技击原则，讲究"点到为止"，以"礼"规范行为。此外，武术圈中的抱拳礼也是中国一种重要的传统武术礼节，当代武术本着为和平与友谊服务的宗旨，被赋予了新的含义：右手握拳，寓意尚武；左手掩拳，寓意崇德，以武会友；左掌四指并拢，寓意四海武林团结奋进；屈左手拇指，寓意虚心求教，永不自大；两臂屈圆，寓意天下武林是一家。

武德中的"礼"强调传承性，"为武师，须教礼，德不贤，不可传"，师徒相承的一个重要方面便是武术礼仪的传承，因此武术高手中奉行"中庸为本""温良恭俭让"的谦谦君子大有人在，他们把谦逊、礼让作为与学习武术同等重要，甚至更为重要的人格来修炼，这反映出中国武术文化顺应自然的价值意识形态，体现出和谐统一、中庸守常、内向含蓄等文化特质，高尚的品德更是无数习练者追求的目标，"欲练武，先修德"是普遍的标准，师傅选择徒弟时首先要看此人是否具备良好的德行，"缺德者不或与之学，丧理者不或教之武"，而在修炼过程中同样注重"以德为先，技道两进"，都说明武术界把德行作为学艺的前提，将其置于练功的首要地位。传统的儒家仁学历来是传统武德的主要内容，孔孟仁学的基本思想是以仁慈、忠厚、善良和爱心来待人接物，追求人际关系的和谐，而武德的仁学中心首先表现在练武与修身的统一上，习武既是人生品德修养的重要途径和方法，要求习武者有高尚的品德与宏大的胸怀和气魄；其次，武德的仁学中心还体现在武技的运用上，武术的本质是技击，技击必然包含着残酷与暴力的成分在内，仁德精神则要求以智取对方为主，尽量避免杀人夺命。另外，武德中还包含了重承诺、守信用、行侠仗义、见义勇为、除暴安良，杀身成仁、舍生取义等优良品质，这些都体现出武术习练者刚健有为、入世进取、匡扶正义、不畏强暴的精神，以及成就人格完美的传统审美情趣。崇尚武德、重视武德，突出显示了中国武术注重的不仅是身体的训练，而且是灵魂的涤荡。

从总体上说，武术作为一种文化活动和文化现象，依赖于中国文化整体发展的大环境和背景，从中汲取了大量的元素和养分；而作为一个文化符号和技术模型来说，武术又集中体现了中国文化的许多重要特征，是中国传统文化的优良载体，是故有人说"不懂武术，无以知中国人"；或者说"不懂中国人，无以知武术"。

实际上，无论是运动技术层面的武术，还是精神文化层面的武术，都凝结了大量的信息传播资源，运用其自身所蕴含的各种信息，武术在历史进程中不断开展各种传播活动，并取得了相当显著的成果，一方面产生了积极的社会功能和影响，另一方面也极大地丰富和发展了武术自身，使之具有更充实的内涵。

第四节　运动技术层面的武术传播

运动技术层面的武术传播，可以被进一步细分为武术的形成、推广两个基本的传播阶段。前者大致上符合民俗文化的形成特点，表现出无意识传播的许多特征；后者则是指武术基本定型后的推广、扩散进程，往往有专业人士开展传授和教练工作，属于典型的技术传播活动。

一　武术形成过程中的民俗传播

从武术的形成过程不难看出，早期人类习练武术大都有着明确的实用性或曰功利性目的，武术与其他技击项目一样，起初是作为一种实用技术存在、发展起来的，其主要功能是满足人们攻击动物和对手以及自卫防身的需要，它讲求以最有效的技击方法，迫使对抗的另一方迅速失去进攻或反击能力。在这一点上，武术其实跟其他生活、劳动技能的诞生和形成并没有太多的差别，具有很强的民俗特点，是传统民族文化的组成部分，因此许多学术论著都将武术纳入民俗体育的范畴。

民俗即民间风俗，是指一个国家或民族中广大民众所创造、享用和传承的生活文化。① "每个民族都有上、中、下三层文化，民俗是中下层民间文化的一部分。一切民俗都属于民间文化，但并非一切民间文化都是民俗。民俗是民间文化中带有集体性、传承性、模式性的现象，它主要以口耳相传、行为示范和心理影响的方式扩布和传承。民俗是一种民间传承文化，它的主体部分形成于过去，属于民族的传统文化。但它的根脉一直延伸到当今社会生活的各个领域，伴随着一个国家或民族民众的生活继续向前发展和变化。"②

民俗作为一种显著的文化现象，包括一个国家或民族的风土人情、传统习俗、生活方式、文学艺术、行为规范、思维方式、价值观念等，并且以各种遗产的形式延续下来。文化遗产是人类文明发展过程中历史积淀的精华，它是一个民族、国家、地区、城市、社会共同

---

① 钟敬文：《民俗学概论》，上海文艺出版社 2006 年版，第 1 页。
② 同上书，第 4 页。

生活的人群的"集体记忆"，按照简单的二分法可以将其划分为物质文化遗产和非物质文化遗产两大部分，其中非物质文化遗产与历史记忆、文化传统以及民族精神代代相传等紧密相连，包括了生活方式、居住形式、饮食文化、民间工艺、节庆习俗等，具有很强的文化传承性。非物质文化遗产属于一种"活态"的文化，它与民族思想信仰、民众生活习惯等息息相关，而且深深扎根在民族、民众的物质和精神生活中。

民俗体育是由一定民众所创造，为一定民众所传承和享用，并融入和依附于民众日常生活的风俗习惯（如节日、礼仪等）之中的一种集体性、模式性、传统性、生活化的体育活动，"民俗体育是一定族群的人的生活方式之一，对特定的族群而言，它非常重要，甚至必不可少。民俗体育与包孕它的民俗一起，起着传承、延续、发展人类自身的重要作用。所以，民俗体育中，一定民族的传统体育构成了它的主体。民俗和体育殊途同归，它们关注的热点从根本上讲都是人，是人类社会的健康、进步。"① 通常而言，民俗体育活动是传承民族文化最具生命力和能动性的方式之一，"民族传统体育作为民族文化的重要组成部分，与民俗活动紧密相连，被各种民俗活动吸收成为民俗文化的载体，这使其成为人类学家、社会学家研究人类文化发展的'活化石'，其文化价值是一般活动所不能比拟和替代的。"② 在过去若干年里，大批中国传统武术拳种等相继被纳入非物质文化遗产里，就足以说明这一点。

人类社会出现，尤其是氏族部落等形成以后，人类群体一方面要与自然界抗争，获取生产、生活资料等繁衍后代、延续种族；另一方面各氏族、部落间时常为扩大势力范围、掠夺财富等目标而发动战争、相互厮杀，这些生产劳动、军事战争，以及部落群体的生活习惯、娱乐活动、祭祀活动等社会实践活动往往成为各类民俗体育活动

---

① 柯玲、邵荣：《体育民俗学初探》，《体育与科学》2006 年第 3 期。

② 刘少英、龙佩林等：《民族传统体育的人文内涵与文化素质教育》，《体育文史》2001 年第 4 期。

的基本来源。武术也不例外。在最初的中国原始社会里，人类的进攻、自我防身等手段非常有限，火器的缺乏使得远距离攻击难以实现，近距离搏击自然成为攻防的核心内容，而拳、刀、枪、剑、棍等由此也成为人类最常使用的手段和武器，由这些军事斗争、生产劳作等实践活动所形成的动作、套路逐步被人们总结、保留下来，最终形成门类繁多、异曲同工的武术活动。由此可见，武术作为我国重要的民俗体育现象之一，其形成与稳固的过程大体上遵循了民俗传播的基本特点：偶然引发、日常强化、逐步规范、最终定型。

　　普通的信息传播通常都有比较明确的传播者、信息、媒介或曰渠道、受众、效果这五个基本要素，而与一般的信息传播过程不同，民俗传播往往没有单一的、明确的信息来源，很少有人能把民俗的诞生与某一特定的历史事件、人物等直接关联起来。即使有人提出这样的观点，通常也会引起极大的争议。许多时候传播者也不确定，因为绝大部分民俗都是由族群的集体力量推进的，该族群的成员共同担当了传播者的角色。由于民俗是在长期的生产、生活实践中产生的，民俗传播效果往往很难在短时间内体现出来，它们一般都要经历一个逐渐稳定、成形的延续过程。我国著名民俗学家钟敬文在为他人的论著作序时对此进行过有针对性的论述：民俗"首先是社会的、集体的，它不是个人有意无意的创作。即便有的原来是个人或少数人创立和发起的，但是它们也必须经过集体的同意和反复履行，才能成为民俗。其次，跟集体性密切相关，这种现象的存在，不是个性的，而是类型的或模式的。再次，它们在时间上是传承的，在空间上是扩布的。"①因此，民俗具有浓郁的社会性、集体性，民俗的形成和发展都是在一定范畴内社会成员共同作用的结果，因此民俗总是体现着特定社会成员整体的认识、倾向、价值观念，民族性的民俗则是在一定的人群中形成和存在的。这些特征使得民俗传播在相当程度上抛弃了单一信息来源、固定传播者、明显的传播效果等一般传播过程中的要素。

---

①　高丙中：《民俗文化与民间生活》，中国社会科学出版社 1994 年版，第 3 页。

　　我国武术中绝大多数门类是无法准确说出其初始起源的，如苗族武术起源就有多种说法，其中颇为流行的一种是蚩尤创拳说即"角抵"，相传苗族祖先蚩尤与黄帝争斗时，"以角抵人，人不能向"；此外也存在民族迁徙说、民族战争说等不同起源。太极拳是目前我国内地流行较为广泛的武术门类之一，被认为是中华民族辩证理论思维与武术、艺术、引导术的完美结合，其拳理来源于《易经》《黄帝内经》《黄庭经》《纪效新书》等中国传统哲学、医术、武术等经典著作，但其起源至今仍然没有准确的说法。一般认为，太极拳的技术、动作等主要来源于三个方面：第一，综合吸收了明代名家拳法，尤其是明朝抗倭名将戚继光《纪效新书》中记载的"三十二式长拳"，这为太极拳提供了很大的借鉴；第二，结合运用了古代吐纳、导引之术和中医经络学说，形成了意念导引气沉丹田、心静体松，重在"内壮"的特色；第三，借鉴了中国阴阳五行学说等，并在其长期的发展过程中吸收了道、儒等文化内涵。不仅如此，对太极拳的创始人及产生时代也存在着很大的争议，目前国内流行的观点至少包括老子创拳说、南北朝韩拱月创拳说、唐朝许宣平创拳说、唐朝李道子创拳说及宋徽宗时期武当炼丹士张三峰创拳说，以及元明之际张三丰创拳说、明末清初陈王庭创拳说等数种。而这些争论持续不断，恰好说明作为民俗体育存在的太极拳并非一人、一时、一地所创，而是在前人基础上不断总结、整理、创新、发展而来的。

　　不过，包括武术在内的各种民俗在传播过程中，也必然存在着不可或缺的元素：首先要有基本的信源，即促成民俗产生的各种因素，它们刺激了民俗的生成，至少提供了民俗形成的最初雏形。其次，族群内部的成员依据信源开展编码活动，对业已存在的民俗或民俗雏形进行模式化处理，促使民俗具备相对稳定的程式、仪式等，便于进行大范围传播。再次，民俗有相对稳定的受众，即族群内部的成员，他们对民俗的接受与认可，直接促使民俗稳固、定型，进而展开代际传承。最后，民俗在传承与传播进程中必然发生某种程度的变异。

　　因此，中国武术中的门派大多没有确切的"开山祖师"或曰

"创始人"，当前人们以确定的人物命名的一些武术套路如陈氏太极、杨氏太极等，尽管明确指称陈王廷、杨露禅为其创始人，但实质上他们只是这些武术门类的集大成者，或者说是他们将族人（门派）世代相传的拳术进行程式化、稳固化，形成固定的套路——河南省温县陈家沟是国内闻名的"陈氏太极拳"发祥地，尊陈王廷为祖师。实际上，明洪武七年（1374），陈氏自山西省洪洞县大槐树迁居河南省温县后，陈氏始祖陈卜一方面勤劳耕作、兴家立业；另一方面为保卫桑梓不受地方匪盗危害，精通拳械的陈卜在村中设立武学社，传授子孙习拳练武。陈氏家传的武术传到第九代陈王廷时，已编有拳法七套，此外有散手、短打以及两人对练之手（或称打手，现通称为推手），陈王廷本人可谓文武双全，曾在明、清两朝分别考取文武庠生，并为清廷在山东平定盗匪立过战功，却一直不受清朝廷的重用，陈王廷报国无门，便收心隐退，在耕作之余，依据自己祖传的一百单八式长拳，博采众家精华，包括学习戚继光的"长拳三十二式"等，并结合阴阳五行之理，参考传统中医学中经络学说及导引、吐纳之术等，逐步形成了一套具有阴阳相合、刚柔相济的新型拳术，这便是后世所称的"陈氏太极拳"。

还有人认为，陈王廷开创的并非刚柔相济的陈氏太极拳，而是偏重刚猛的炮锤，又经历了上百年时间，陈氏第十四世传人陈长兴跟随河南人蒋发学习太极拳，并将家族所传的炮锤与张三丰的太极拳相糅合，开创了流传甚广的陈氏太极拳。持这一观点的人士称：太极拳的起源和创始人难以定论，但从太极拳定名以来，陈长兴以后的太极拳演变线索是较清晰和公认的，构成了现代意义上的太极拳主体。

杨氏太极拳也是太极拳的重要流派之一，由河北省邯郸市永年人杨露禅及其子杨班侯、杨健侯，其孙杨少侯、杨澄甫等人发展创编而成。而杨露禅正好是陈长兴的徒弟，他一方面学到了陈氏太极拳的精髓，同时进行了一定的变更，形成了姿势展开、平正朴实、练法简易等特点，因此深受广大群众热爱，开展颇为广泛。

二　武术传承中的人际传播分析

武术作为我国传统的民俗体育项目，产生以后在技击和保健方面均展现出独特的功能，对于人们强壮筋骨、自卫抗暴、防病健身和丰富文化生活起到了积极有效的作用，因此受到广泛的喜爱，群众自发习练者不在少数，使得这一民俗体育项目长期传承下来。实际上，除了自发状态的武术传播之外，一些武术专家、武师等还有意识地开展动作、套路传授等活动，培养弟子和传承人，促进武术技术的发展和延续。换言之，具体的武术门派、套路等形成后，通常是同时借助民俗传播、人际传播等途径来保证其传承和延续的。

按照后人的总结，中国传统武术历史上主要在血缘、师徒、地缘、业缘间进行传承演变，这些传播方式往往是同时并存的，其中血缘（家族）和师徒传承通常占据着更加重要的地位。就传播样态而言，地缘传承主要体现了民俗传播的特点，血缘传承和师徒传承更多地彰显了人际传播、技术传授的特点，尤以师徒传承为甚，而业缘传播在一定程度上带有组织传播的性质，尤其是戚继光在借助武术开展练兵活动时，显然运用了组织的力量进行推广和促进，包括制定连坐法、定期和不定期检查制度，以及各种奖惩措施等，都体现出组织在武术传播过程中的作用。

（一）血缘传承

血缘传承，或者叫家族传承、氏族传承，通常是传统武术各种传承手段中最基本、最基础的一个环节，许多武术项目明确冠以"某某氏"的名号，重要原因就在于它们长期在家族内部传承、发展并完善，最终得到社会的高度认可。

笔者以为，血缘传承的基础性地位主要来源于两个方面：其一，武术技艺的拥有者、掌握者基本上将其视为一种技能，甚至是绝活，可以用于防卫护家、强身保健，乃至于谋生求财等，因此不愿意轻易对外传授；其二，家族、氏族是人们以血统关系为基础而结成的社会单位，在中国很长的历史时期里，家族都是个人面对社会的屏障或后盾，是人们最可信赖的依靠，同时家族、氏族借助家法、血亲传统等外显或潜在方式对内部成员施加强大的影响力，这种影响力往往是长期延续、无所不在的，要求族群成员恪守家族本位，为家族、氏族利益奉献一切，这也导致传统武术技能的掌握者、拥有者等在宗法压力下不得不向家族内部"开放"自己的技艺、绝招，使之成为家族、氏族的遗产。在这两个因素的沟通影响下，许多武术项目的家族传承表现出"传内不传外、传男不传女"的根本特性，有研究者撰文指出：土家余门拳最初只在家族内传承，"传内不传外，传男不传女"。这种传统的思想观念在武术的传承中根深蒂固。① 实际上，拒绝向女性家族成员传授武术技艺的初衷仍然是担心这些女性出嫁后在其他家族、氏族内部推广、扩散自家的武术项目，妨害本家族、氏族对此项技能的垄断——这也在相当程度上反映出旧时中国传统武术具有一定的技击实用性，如此人们才刻意保护它们，避免被外人获悉、掌握。

血缘传承最大的好处是传授者往往没有保留，穷尽各种手法希望把自己平生所学技艺全部教授给本家族的子弟，而且他们之间的传播关系呈现出典型的人际传播模式，具有针对性强、交流互动丰富等优点，便于接受者学习、理解和习练，这对于深入学习武术技艺、熟练掌握其中诀窍是非常重要甚至是不可替代的：一个武术爱好者，单凭书籍、影像资料习练通背拳，只能学到拳法的皮毛和花架子。"至于内功、行气、用意念、内闪巧取、声东击西、顺水推舟、四两拨千斤等通背拳精义，是武术爱好者从网上看视频学不到的，所谓'非师难通'，习练通背拳想达到高层次，还得跟着师傅学。"② 此外，由于家族传承关系明确、相互切磋和交流频繁且顺畅，有利于加速武术流派的形成。如今，血缘传承仍然受到民间乃至官方在一定程度上的认可，2018 年岁末，笔者前往邯郸调研时接触了邯郸市武术协会杨氏太极拳委员会主席杨志芳，他获得如此地位的重要原因在于其系杨露

---

① 丁永鹏：《民间武术的传承与发展》，《武术研究》2017 年第 5 期。
② 梁成虎：《一身好功夫，盼人来传承》，《山西晚报》2016 年 4 月 23 日。

禅的后裔、杨澄甫的嫡孙，由于出身太极拳名门世家，自幼就跟随父亲习练太极拳，且其父、伯等"按照门内家规严格训导，倾心教授，一丝不苟，几近严酷，十数年从未懈怠"，杨志芳自然被外界视为杨氏太极拳第五代传人和代表人物：2008 年他以太极拳名家、杨家代表身份参加邯郸国际太极拳运动大会和国际太极拳高层论坛，2018年 9 月又以太极拳界代表身份入选"邯郸市永年区旅游形象大使"。

但是，严格、单纯的血缘传承也表现出许多弊端：第一，封闭性过强，缺乏开放性。血缘传承立足家族、氏族内部展开，传授者与学习、习练者之间具有或远或近的血统关系，传授地点也大多集中于家庭、家族聚居地内部，这种关系或地点的选择固然可以较好地隔绝外部因素的干扰或影响，但也导致教授活动中的单向传播有余，学习、习练者碍于各种因素，通常不敢表达自己的观点和想法，妨碍各种创新要素和活力进入武术教授活动，不利于进一步丰富、提升武术的品质和内涵。第二，基于血缘而展开的武术传承在传承链条上显得极其脆弱，家族、氏族内部男丁有限，学习者选择面较为狭窄，有些勉强选出的习练者并不具备学习武术、掌握精髓的素质，如此下去很可能会导致后继者乏人，而一旦本派武术后继无人，该项技艺乃至绝招就有湮灭、消亡的危险。

事实上，我国封建社会长期奉行的血缘传承这一封闭式的武术传承模式，导致诸多传统武术逐渐失传，留下了许多遗憾。因此，人们在家族传承、氏族传承的基础上开拓了师徒传承的新模式，在很大程度上弥补了血缘传承所带来的明显弊端。

（二）师徒传承

在我国传统的农业社会中，除了基于血缘关系的家族、氏族传承之外，师徒传承是中国传统武术最基本的绵延方式，其核心模式是通过择师收徒的形式将本门技艺、绝招延续下去并发扬光大。人们总结道：中国武术源远流长，迄今已有四千多年的历史，在此进程中师徒传承是传统武术最主要的传承模式，至今仍在民间习武群体中广泛沿袭。相比于血缘传承，师徒传承在选才面、规范性等方面明显加大，而传承授受的保密性、保守性等则依然存在，师徒传承大多具有口传心授、不立文字、秘不外传等特点，这对武术的发展既有积极作用，也产生了消极影响。

实质上，师徒传承在一定程度上仍然延续了血缘传承的模式和特点：师徒之间通过隆重、正式的拜师仪式明确师徒关系，"一日为师，终身为父"，弟子侍师如侍父，师傅待徒如待子，双方的关系近似于拟制的血缘关系。在此理念推动下，传统武术传承过程中的"拜师"仪式无疑显得非常重要。

在中国武术界尤其是传统武术界，拜师通常是徒弟、弟子正式进入某一武术门派、得到学习机会的头等大事，只有面对社会各界确认了师徒名分，这些徒弟、弟子才能获得正统地位，才能被视为老师真正的学生，因此庄重的拜师仪式在许多武术项目的师徒传承活动中都是必不可少的，根据媒介理论家凯瑞关于传播和现实之间联系的理解：传播是一个符号交互的程序，现实在这个程序中被创造、被维持、被修复、被改变。[1] 凯瑞认为，传播包括传递和仪式两个不同层面的含义，在传递观层面，传播被看作一种过程和技术，它是为了达到控制空间和人的目的，以便更快地扩散、传送、散播知识、思想和信息；而仪式观则并非指智力信息的传递，而是构建并维系一个有秩序、有意义、能够用来支配和容纳人类行为的文化世界，仪式观非常注重建构人们共享的意义世界，它是建构性的。武术师徒传承中的拜师仪式同样发挥着重构关系的功能，武术界人士认为，这种关系重构主要体现在以下几个方面：

一是在师徒之间构建起一脉相承、光大门楣的高度默契，拜师仪式一般都是徒弟面对列祖列宗神像、牌位，庄严、静穆地向师傅行礼叩拜，有时徒弟还要向师傅等长辈敬茶，师傅在接受这些礼仪后，表明这种师徒关系正式确立，双方达成思想上的高度默契，师傅专心传

---

① ［美］詹姆斯·凯瑞：《作为文化的传播："媒介与社会"论文集》，丁未译，华夏出版社 2005 年版，第 46 页。

授技艺，徒弟认真学习诀窍，从此大家拥有了共同的目标，通过师徒间的承前启后，使本门武术一脉相承，而且要努力将之发扬光大。

二是构建近似父子的亲情纽带，"一日为师，终身为父"是我国许多传统领域师徒关系的真实写照，师徒关系犹如父子关系，而拜师仪式则是确立这种关系的关键环节：从此后师傅视徒弟如己出，从内心深处将徒弟当成子弟一样对待，情真意切，处处表现出对弟子高度负责的态度，因材施教，殷殷传艺，不厌其烦，毫无保留，将原来只在家族内部父子相传、长幼相承的武术技艺传给徒弟；对于徒弟而言，拜师仪式后则意味着承认"侍师如侍父"，今后不仅要勤奋、虚心向师傅学习武术技艺，尽快提高技能，并力争将武艺学精，发扬师门，而且要承担或多或少的子弟、后辈之责任和义务，像对待自己的父辈一样孝敬师傅，尊敬师傅家中的长辈，并听从师傅和长辈们的吩咐、差遣做一些事情等。

三是对外昭示师徒关系的确立，让社会各界尤其是武林中人认可徒弟的"入室"地位。绝大部分拜师仪式是公开举行的，有些甚至规模盛大、场面壮观，在拜师仪式上引荐师、见证人、乡绅名流、武林界同仁、同门师兄弟等共同出席，各方人士共同见证拜师盛况，相当多的拜师仪式还会形成一定的文字凭据，这其实起到了公证的效果和作用，等于向社会公开了双方的师徒关系，日后同门相见可免除辈分不清的尴尬，武林同仁也好确定如何对待他们。

四是徒弟彰显诚心学艺的姿态。中国自古宣称"男儿膝下有黄金"，不会轻易向人跪拜、磕头，能够得到男儿叩拜的只有"天地君亲师"牌位和具有这些身份的长辈，徒弟在大庭广众之下向师傅行跪拜之礼，无疑是以非常庄重的姿态表明自己的决心，一定要诚心、谦虚向师傅学习、请教，希望学到本门武术项目的真传，同时也请求师傅不吝赐教，帮助自己尽快提高技艺。

中国传统武术中的拜师仪式具有十分丰富的象征意义，因此拜师尤其是公开拜师与否往往对于徒弟的身份、地位等会产生较大的影响，只有拜过师的学生才能称为"入室弟子"，而没有拜师的学生则通常只能称为"记名弟子"，师傅对他们的教诲、同道对他们的认可度都明显降低。按照历史记载，对于陈氏太极拳演变、定型发挥重要作用的陈长兴是太极拳传人蒋发的入室弟子之一，而"杨氏太极拳"的杨露禅也曾经正式拜陈长兴为师，算得上陈长兴的"入室弟子"，杨露禅拜师的过程显得十分曲折，常见的资料大多如此记载：杨露禅自幼好习武，但在那个"穷文富武"的时代，家贫的他无法虔心学武，迫于生计，大约10岁时杨露禅就去家乡附近的中药字号"太和堂"干活谋生，如唐豪、顾留馨所著《太极拳研究》称杨露禅于10岁左右被卖于陈沟财主为仆童①，而这家药店恰好为陈家沟人陈德瑚所开设，陈德瑚见杨露禅为人勤谨、忠实可靠，又聪明能干，便派他回自己的老家河南温县陈家沟家中做工，更凑巧的是陈长兴当时借陈德瑚家授徒，杨露禅心中十分羡慕，有心拜师学艺，但一来自己的活路繁忙，二来又怕陈长兴不肯收自己。他虽然懂得江湖禁忌，但因学艺心切，便在陈氏师徒练拳时，在一旁观看，用心记下某些招式，无人时便私下练习，久而久之竟有所得。后被陈长兴发现，叹其为身具天赋异禀之武学奇才，而陈长兴也表现出宽宏大量，不但没有怪罪杨露禅，反而大胆摒弃门户之见和江湖禁忌，和陈德瑚商量后，准许杨露禅在业余时间正式学习太极拳，以后更是正式接纳其为"入室弟子"。杨露禅在正式拜师后的18年里三下陈家沟，深得陈长兴的武术精髓，艺成时已是40岁左右的中年人了。对于杨露禅"家贫"的说法，有人引用杨氏后人的撰述进行反驳：1925年杨澄甫口授、陈微明笔述的《太极拳术》载："长兴授徒十余人，广平杨先生露禅，名福魁，倾赀从学。"露禅家境如不殷实，"赀"从何来？拿什么"倾赀"，又如何能"倾赀从学"？②

对于杨露禅向陈长兴学习太极拳的过程，民间曾传说杨露禅为学习太极拳，假装成哑巴乞丐，混入陈家做仆人，暗中学会了太极拳，

---

① 刘习文：《有关杨露禅身世的困惑——从"太极拳圈中多文人"谈起》，《武魂》2011年第5期。

② 同上。

民国时期著名北派武侠小说作家宫白羽在《偷拳》中也采用了这一说法，并将其进一步演义，使得民间传说更加广泛传扬。杨志芳则对这些传说嗤之以鼻："都是瞎说的！"按照他向笔者的口述，拜师的经过大致如此：杨露禅的家乡——永年县广府镇旧时号称"广平府"，在清朝中期仍是当地重要的商贸集散地，河南陈家也在当地开设了商号，且有保镖往来温县与永年之间押运货物、钱款等，在此期间，杨露禅先是与陈家的镖师相识，再经过他们的引荐得以跟随陈长兴学习拳术，最终形成了杨氏太极拳。

通过"拜师"及"入室"等仪式彰显自身的武术正统性，至今仍然流行不衰，2018 年底，笔者与邯郸杨氏太极拳传人韩清民交流时，他始终不忘介绍自己的"正宗身份"，如今已年过花甲的韩清民自幼爱好习武，12 岁即慕名拜在太极拳大师傅宗元门下，接受正宗杨氏太极拳的传教；后来，他又被驰名中外的太极拳大师傅钟文收为"入室弟子"，由此成为杨氏太极拳第五代正宗传人。为此，韩清民还参与当地为已故的傅钟文修建"傅公祠"等活动，进一步显示自身的正统性和嫡系传人身份，他也得以使用杨氏太极拳宗师的名号，在当地开办"杨露禅太极拳学院"并自任院长。

杨氏太极拳传人韩清民（中）与笔者在杨露禅故居合影

（三）业缘传承

"业"是指职业，"业缘传承"指的是具有相同工作或者相同兴趣爱好的人进行的武术传承。相比血缘传承和师徒传承，武术的业缘传承涉及面明显狭窄许多，但也不失为一种重要的武术传统传承模式。

在火器大量涌现之前的冷兵器时代，近战乃至肉搏是军事斗争以及相关格斗、对抗的主要方式，拳脚、器械等对抗性武术在军事作战、保镖、警卫等活动中发挥着重要作用，因此在军队士卒、镖师等群体中广泛传授武术，使得这一行业中的许多人掌握了一定的武术技能，这在过去也是普遍现象。

武术作为一项攻防格斗技能，其重要渊源之一便是军事实践。早在我国春秋时期，齐人就曾以"隆技击"而闻名天下，为使武术得到交流，每年春秋两季均进行比试，如《管子·七法》所言："春秋角试……举之如飞鸟，动之如雷电，发之如风雨，莫当其前，莫害其后。"孙子则指出"搏刺强士体"，比武除了交流武术外，还能够有效增强将士体质，为此后来许多军事大家都将武术用于练兵，提高军队的作战能力和对敌杀伤力。对"岳家军"的威名及其在抗金斗争中的战绩人们耳熟能详，据说，岳家军就是以传统武术作为重要练兵手段的，相传岳飞创立了心意六合拳，也就是形意拳，因此后世普遍将岳飞列入我国古代著名武术家行列，而岳飞的主力部队背嵬军，全部习练形意拳和大枪术，这无疑是他们屡次取得辉煌战绩的重要支撑之一。明代戚继光运用武术练兵则更为人们所熟悉，他把拳作为武艺练习的基础课，提出拳术是器械的基础，只有拳法达到一定水平才能牢固掌握其他器械的使用技巧，"拳法似无预于大战之技，然活动手足，惯勤肢体，此为初学入门之艺也……"这段话固然说明军事训练与武术习练不可等同，但也明确指出拳术既可以增强士兵的身体素质，又为他们学习实战技艺奠定了较为扎实的基础。戚继光还强调将领同样要学习乃至精通武艺："欲为全才之将，凡种种武艺，皆稍习之，在俱知而不必俱精。再须专习一二种，务使精绝，庶有实用，庶可练兵。""是故为将者，不拘三军各色武艺，长短器具，必一一习之，即不能皆精，必精其一二技，而余技亦必习之其概。"实践证明，通过普遍习练武术，戚继光麾下的"戚家军"单兵素质颇高，经常在抗倭斗争中长途奔袭、驰援，并在行进中随时投入战斗，而且往往战果颇丰，歼敌很多已方士卒损失却较少。

山西平遥中国镖局博物馆中的武术介绍（庹海天摄）

镖师也是我国古代一个依靠武术谋生的群体，历史上许多大名鼎鼎的武术高手都干过镖师。从源头上考察，我国保镖业大致源于唐宋，当时交通运输不便，货物、钱财等运输和转移全靠人力、马车等，路上的劫匪和强盗众多，意图劫取货物或钱银，组织保镖队伍保护财物的安全成为现实的需要。进入明代以后，随着国内商业的发展，保镖的作用越来越重要，保镖逐渐成为一种职业，镖师开始在各地出现，最初只是以个体形式存在，到清朝初年，由个体逐渐发展到集体性质的镖局，镖局是专门护送来往客商及财物，以防途中被人抢劫的商业性机构。镖局的经营者，即镖头和局主大都由武技高强、交流广泛、在社会上颇有名气的武林高手担任，但镖局所需员工数量往往较大，雇用的普通员工大多没有高强的武术技能，而他们在工作中不免要遭遇武艺较高的对手、敌人等，工作性质要求他们掌握一定的武术技能，作为完成保镖职责的技术支撑，于是许多镖局同时也成为旧时的武术学校，各门派的武术高手除了自己进入镖局从业外，还不免要在镖局里传授徒弟，这种对于已经从事保镖行当者的"在职培训"或者对即将入职者的"上岗培训"均属于业缘传承的范畴，其意义也是十分明显的：一是培养、锻炼了队伍，提高了镖师行业的整体素质和职业技能；二是当时镖局林立，相互之间自然会进行切磋和沟通，在一定程度上也促进了武术的交流和创新。

此外，我国历史上曾经出现诸多具有"业缘"性质的武术传承组织和机构，如太极拳社、射弩"齐云社"以及弓箭社等，这些同人之间的武术技艺传授也可以纳入业缘传承的范畴。

（四）地缘传承

"地缘传承是指在特定的地域环境内所进行的武术传承。"[1] 在生产力低下和交通工具极其匮乏的古代社会里，地域是除家庭之外人类活动较为频繁的场所，同村同乡同一地域，是同化人们感情、密切人际关系的重要因子。共同的文化背景和地理环境，易于在传统民族心理基础上促成共同的文化心理结构，并使得一个拳种在一个村落或一个区域内传习，从而形成鲜明的地缘性特征。

地缘在中国传统武术的传承上，大约经历了两个不同时期。一是地缘与血缘的共同存在与平行发展，血缘和地缘的合一是社区的原始状态，在稳定的社会中，地缘不过是血缘的投影，两者是不可轻易分离的。二是在私有制出现之后，家族、宗族对社会的控制力度逐渐减弱，聚族而居的现象被打破，此时包括政治、经济、地理、自然、社会、民族传统等环境在内的区域文化空间是同一地区人类赖以生存的外部环境，幅员辽阔、地形复杂、气候多样使得不同地域的人们具有不同的生活习性和风俗，进而产生迥异的"集体潜意识"地域"隐

---

① 方国清、高成强、王岗：《中国武术：一种浓郁的宗族文化》，《体育文化导刊》2007 年第 11 期。

性文化"，反映在武术上则是风格多样的地域特色，"武术文化具备了地域性特征，这一观点在文化界已有共识"。"南拳北腿，东枪西棍"便是其真实写照。

传统武术风格的形成并不是一朝一夕的事情，它倾注了数代先辈们的心血，同时表明传统武术在不同的地域存在着数量较多的传授者和习练者，而在中国社会发展的后期，同一地域的人们已经不仅仅是血缘的单一聚合，因此在这些武术的传授者和习练者中必然是不同宗、不同族的群体聚合。①

第五节　文化精神层面的武术传播

传统武术不仅是中国体育运动项目的代表，同时也是中国文化的"全息影像"，因此中国古代武术传播在重视技能、技艺传授的同时，也将诸多思想观念、文化意识等世代传承下来，这就体现为武术传播中精神文化层面内容和内涵的传播与接受，例如在清朝后期，各地太极拳流派不断兴起之时，河北邯郸人武禹襄就分外注重从日常的技艺习练中领悟武术之道，追求"由技入道"和"以理释武"，而后由"心知"到"身知"，努力做到"行知合一"，形成了别具一格的武氏太极拳，强调在太极拳理论指导下的太极拳运动实践。

在武术传播的整体进程中，伴随着技能传授而展开的思想观念、文化意识传承体现在多个方面：第一，武术是一种积极的身体运动与训练、培养，因而武术在技能层面包括实战、搏击的拳法和器械招式以及强身健体、修身养性的锻炼方法等，同时也承载着积极向上、自强不息、以德服人、以和为贵等优秀文化理念。第二，武术在中国古代被许多人视为技能，需要保密，保持家族、门派等的垄断地位，不可轻易外传，因而在武术传播中逐步形成了封闭、保守的思想观念，

---

① 王林、赵彩红、黄继珍：《传统武术传承的社会人类学解析》，《武汉体育学院学报》2010 年第 12 期。

武术无法实现全社会的共享。第三，由于武侠文艺的涌现及繁盛，中国古代屡屡出现过度渲染、夸大武术功能与作用的思潮，对于武术进行玄幻、神化，在很大程度上影响了人们对武术真实作用和价值的认识、理解。

一　武德中的优秀传统文化传承

在中国传统的武术传播进程中，不仅注重技术体系的传承，而且非常关注文化、理念的播撒，在各种传播模式下，处于传播者地位的师傅、长辈等都强调德行、社会关系以及人际信任的重要性，并且努力向徒弟、后辈等传递这些理念，使之深入人心。因此，在绵延千年的发展历程中，一味逞勇斗狠、争强好胜并非传统武术的绝对主导，甚至算不上优先的发展选项，反倒对以德为本、文武兼修、以武会友等理念的长久坚持，才能够充分彰显武术与其他体育项目的明显差异，呈现出别样风采。

如前所述，武术既然是中国传统文化的"全息影像"，自然意味着中国传统文化在相当程度上孕育、催生了中国武术，并在中国武术的发展演进过程中持续发挥出渗透、影响等功能，先秦不同学派的许多重要思想都在武术发展进程中得到鲜明的体现，例如儒家的"仁爱"观念，道家的"尊道而贵德"思想，墨家的"兼爱""非攻"精神等，均对中国武术产生了深远影响，对于武术文化内涵中至关重要的"武德"思想的形成起到了积极的促进作用。

武德是一种社会意识形态，是指导习武者各方面行为的准则、规范，并渗透在习武者的思想和日常言行中，成为他们处理武人之间、武术流派之间、武人与其他人之间、武术界与其他社会各界之间诸方面关系时的行为标准和行动指南。中国古代素以伦理为社会本位，逐步构建起"以天为宗、以德为本"的伦理框架，道德至上作为全社会的一种价值取向，自然也渗透到武术之中，由此在几乎全体习武者中形成了"拳以德立，无德无拳"的伦理共识，这是一种集体无意识，这种指导思想使任何一个习武之人都认真恪守"未曾学艺先学礼，未曾习武先习德"的原则，都从"道德"和"礼让"学起，进而全面贯彻中国传统的伦理观念。

"仁爱"观念在儒家文化中堪称居于中心地位，它是儒家最重要的思想观念和伦理道德核心，在武德中"仁爱"观念具体表现为"仁义"，这与武术看似矛盾，实则和谐统一：尚武、重武强调提高自身力量，拥有强大的攻击或自卫能力，"仁义"理念则注重对人道德、品行的培养和锤炼，起到对武术技击的理性束缚，真正使武术成为修身养性的优良载体。

"仁义"首先表现为对习武者自身的关爱，在习练武术中追求健康性，中国传统武术普遍的习练方法是建立在科学健康、循序渐进的基础上，继而追求一定的技击性和实战力，而非一味追求强大的伤害力，并不惜在习练中走火入魔，自伤自损。同时，仁义也表现为注重贯穿防守之道，都是以化为先，化守为攻，不培养习武者主动进攻、伤害的意识。

其次，"仁义"讲求控制自身的伤害力，做到收放自如、点到为止，不可伤人性命。中国传统武术中的对抗、较量等追求"制服不致伤"的效果，所以许多武术门派中的武术动作都要避开要害，各拳法中拿法、锁技、摔法很多，鼓励习武者控制伤害，而武林中流传的"八打"与"八不打"最直观地展现了武术的"仁义"思想，"八打"是指攻击不至于给对方造成严重伤残，又能有效控制对方的部位；而"八不打"所提及的太阳穴、咽喉及锁骨、心窝、肾脏等八个部位中的任何一个被击打，都可能引起对方伤残乃至死亡，因此在武德中将其归入严禁击打的部位。

再次，仁义还集中表现在传授、择徒方面，师傅考察徒弟时更注重品质而非体质，要求徒弟有"仁心"，学武不可求胜心太强，一味逞强好胜，而是带着学习、探索精神去习练武术技艺，努力提升内心境界，习武之人真正出手通常也是为了除暴安良，而非厮杀争斗。明代内家拳法有"五不传"即"心险者、好斗者、狂酒者、轻毒者、骨柔质钝者"不传，其中以心险者为首恶，因为此种人很难指望其修炼武德。

从我国周朝开始，"礼"作为道德规范具备了相对独立的社会意识形态和地位，儒家也高度强调"礼"，由此"礼"逐渐向武术渗透，成为中国传统武术中的重要文化内涵之一，孔子强调"勇而无礼则乱"，将"礼"与"勇"相提并论，因此武德中的第五戒规就是让习武之人"勇而有礼"，"未曾学艺先学礼"的规矩逐步深入，使得武术中的"礼仪"成为武德的重要组成部分，其礼法涵盖武术的各个过程和细节，其中抱拳礼最具特色，表示谦虚礼让，塑造"谦谦君子"的形象。

道家思想对于武术的影响同样是显著的，"道"无疑是道家最核心的理念，道教修炼的基本主张是"形神俱妙，与道合真"，这一点在中国传统武术发展中得到淋漓尽致的发扬。一方面，武术既讲究形体规范，又追求精神传意，"内外合一""天人合一"的整体观成为中华武术的一大特色。另一方面，道家倡导的"尊道而贵德"思想对于传统武德的影响也颇深，在《道德经》中，老子对于"德"进行了详尽的阐述："善为士者不武，善战者不怒，善胜敌者不与，善用人者为天下。是谓不争之德，是谓用人之力，是谓配天，古之极。"道家将"德"立于"道"之上，足见"德"的重要性，武德之中"未曾习武先习德"的论述，在相当程度上也吸纳了道家"德"的思想。

墨家"兼爱""非攻"等思想也是武德的重要渊源之一，"兼爱"是不分老少、贵贱，普遍平等的爱，是一种博爱，待人如己，大家互爱，"非攻"以"兼爱"思想为准绳，一方面反对非正义的"攻无罪"，另一方面不反对正义的"诛无道"，前者对应着武德中的爱国家、爱人民等，如少林寺有歌诀道："罚恶惩歹忠国家，永为民族功绩创。""洪门"昭告成员："吾宗之练习此术（指洪家拳），乃有爱国思想存于其间。诚肯筋骨废弛，不能报国；东海可移，此志莫易；磨炼筋骨，留以有待。"后者则体现出以德服人、不好缠斗、仗义济民等武德信条。

由于广泛吸收了儒家、道家、墨家等不同学派的思想文化内涵，武术也成为弘扬中华传统文化的重要载体之一。

二 武术传播中的保守、垄断思想

在中国古代，武术的传播是以血缘传承、师徒传承作为核心方式的，这些传承模式的共同特点是传播面狭窄，武术技能的传授与接受具有很强的针对性，而且师傅、长辈对于徒弟、后辈的技艺传授持续时间通常很长，双方沟通与互动颇多，徒弟、后辈对于所习练的武术门类的动作、技术要领及套路等往往理解得比较透彻，能够较好地领悟传授者的意图，并且以几乎同样的模式延续着武术传播，武术拳种和派别相对固定，形成比较稳定的门派。在中国历史上，门派是武术传播的主要方式：传统武术依靠门派来整合习武人员，形成武术群体。门派的存在既有利于深入探讨和传承拳种、流派的技术和理论，还发挥了对门派弟子的约束功能。从历史上看，我国武术门派出现很早，仅有文献记载的就可以上溯到 2000 多年前的春秋战国时期。

但是，武术门派明显是中国传统封闭文化环境下的产物，它导致武术的传授者和习练者都很容易形成浓厚的门户之见，这种封闭、保守的文化理念时常在武术传播进程中表现出来，直接妨害武术的有效传播，以及武术作为运动机能、技艺的水准提升和社会共享。具体而言，其封闭、保守的特性主要体现在两个方面：其一，各武术门派之间相互封锁，无法有效开展切磋和交流，缺乏改进、完善的冲击力，武术动作、套路等容易陷入僵化，水准难以得到有效提升。其二，各门派的人士，尤其是主导型的代表人物通常将武术技能、技艺视为自己的财产、绝技，希望自己和家族、徒弟等垄断此项技艺，而不愿意公开传授，提供给社会共享。

无论是基于血缘、家族纽带而开展的武术传承，还是类似于拟制血缘关系而展开的师徒传承，在相当程度上都体现出中国传统文化中的宗法观念和宗法制度，师傅、长辈为尊，徒弟、后辈为卑，这种尊卑不仅表现为武术技能、技艺领域的差距，而且体现为徒弟、后辈等对于师傅、长辈等具有某种程度上的人身、心理依附性。而且，这种依附性必须在后辈、徒弟内心以及家族内部得到认可，甚至得到武术界乃至社会各界的公证以后，双方之间的武术技艺传授活动才能正常开展，于是中国传统武术在发展过程中也不免深深打上宗法制度的烙印：师傅、长辈对于徒弟、后辈等具有近乎绝对的支配权，至少在他们习练武术的过程中是如此，这些徒弟、后辈唯师傅、长辈命令是从，否则就要失去习练武术的机会，甚至被逐出师门，名誉扫地。

中国俗话常说："文无第一，武无第二。"本来是指文艺领域的作品难以精确区分高下，因此人们都不好随意夸口自己是第一，而武术、武艺等可以直接交手、对抗，因此可以正面判断各自的水准，所以大家都刻意追求技艺的提高，谁也不希望成为输给对手的"第二"——实际上，在中国传统武术门派林立的情形下，果真能成为"第二"也是难能可贵的，它同样是高水准、高技艺的代表。

可惜，在中国传统武术发展演进过程中，众多武术门派都不愿意承认别人比自己的水准要高、技艺和功夫更厉害，对外狂妄自大、宣称自己"第一"是一种常见的心态，甚至有时还为争夺"第一"的名头而倾力相搏、大打出手，几乎没有人愿意放下身子，主动向其他门派、其他武术同仁学习。

这种深厚的门户之见，或者说"宗派思想"，一方面是基于夜郎自大的浅薄或短视，另一方面，更深层次的原因往往在于一些武术人士对于自身名利的维护与把持：封闭本门派，隔绝其他门派的影响和渗透，徒弟、后辈等就无法真正理解其他门派武术的优点和长处，于是安心跟从师傅、长辈等习练本门派的武术；相反，如果听任习练者学习各门派的武术动作、套路等，别人的优秀拳术、功法、招式等不免会渗入自己的领域，习练者学习这些技艺可能会产生很严重的后果，轻者，他们的武术动作、套路等已经背离了自己的门派，传艺者不好再对外宣传他们的功夫都是自己传授的；重者，习练者有机会嫁接其他门派的武术技巧，其武术技能就会超越传艺者，师傅、长辈等在技能上无法胜过门徒，不仅脸上无光，还可能丧失对门徒的各种优势心理，甚至无法再轻易支配门徒，此所谓"没有比较就没有伤害"。为此，过去许多武术传艺者都提前在自己的门派与其他门派之间垒起一堵高墙，时常告诫门徒只许习练自己教授的武术，一些武术人士还冠冕堂皇地教训弟子们："你们要保持本门派武术的纯洁，如果受到其他武术的影响，反而练不出真正的功夫。"

在利诱之外，一些武术人士还以各种手段压制弟子们与外界武术接触、向外界学习和求教的行为：首先是利用宗法制度给弟子们套上沉重的精神枷锁——弟子们如果学习其他门派的武术，在师傅看来无疑是"背叛师门"，有时还会给弟子们扣上"欺师灭祖"等帽子。在如此巨大的宗法观念压力下，弟子们自然不敢轻易接触其他门派的武术，更遑论与其他门派展开深入的切磋、沟通了；改投他门的行动更是不被允许的，一些门派甚至对"背叛者"实施严厉的制裁措施，一旦被发现，有的会被打成重伤、重残，导致一辈子学不成武术。其次是随时随地蔑视、贬低其他门派的武术技法和技能，虽然许多武术传艺者努力隔绝弟子们与外界武术人士的交流，但完全杜绝见面也是不可能的，弟子们终究会有机会见到其他门派的武术技艺展示，面对如此情形，那些心胸狭隘的拳师、武师等不是虚心学习和吸取别人的优点、长处，更不是引导弟子们从别人的武术招式、套路中汲取有益的养分，以丰富和提高自己的技艺，而是着眼于挑别人的"毛病"，竭尽所能地贬低对方，甚至将对方说得一无是处，使弟子们无法知悉对方武术招式、套路中的精华、精妙处所在，自然就无法有效学习了。

武术门派之见发展到一定阶段，往往演变成几个门派主导者即所谓"掌门人"或者代表人物之间的直接对抗，大家都声称自己是"第一"，谁也不服谁，最终不免要大打出手，如此风气竟然延续到现代社会：辛亥元老张之江等人一直倡导开展全国性的武术运动，张之江明确提出："国术是中华民族所固有的国粹，应将其由民间推向上层。"在他们的积极努力下，1927 年在南京成立"国术研究馆"，次年更名为"中央国术馆"，国术馆成立之初设有少林、武当两门，两个门派级别一样，结果馆内派系矛盾重重，少林派门长王子平认为，武当派门长孙禄堂的技艺并非如书中所宣称的那样好，因此表示不服，要求当面比试，结果两派相互攻击、倾轧，矛盾激化，孙禄堂辞去门长职务，高振东代理武当派门长，最终王子平与高振东在众人面前较量了一番。有文章描述了当时的情形："高振东首先使招，向王子平首先几个迎面劈拳，王子平先防守后反击，高振东被招招命中，双方越战越勇，十几个回合不分胜负，但局势逐渐恶化，双方都存有不取胜不罢休的势头，裁判当即宣布，双方比武平局。"① 随后，分属两门的科长柳印虎（武当门）、马裕甫（少林门）也以竹剑拼搏，两位科长血气方刚，好胜心强，大家都担心他们的较量会造成人身伤亡，酿成流血事件，于是在中途终止了比武。虽然有人说王子平与高振东是"以武会友"，嗣后两人还曾"义结金兰"，但门派之争的弊端由此可窥一斑。因此，此后不久中央国术馆便取消了少林、武当两门，改设教务处统一进行教学和管理，张之江曾感慨道："吾人置身提倡国术之立场，须知融化门派，破除畛域，实为今日第一步要着。此关节不能打破，而欲国术之发扬光大，岂可得乎？"②

1954 年 1 月 17 日，白鹤拳弟子陈克夫在澳门挑战吴家太极掌门宗师吴公仪，同样是因不同武术门派相互"看不起"而引发的，最终因香港当地不允许公开进行武术比赛而转移到澳门举行，尽管后人对比武过程颇不看好，认为两人的动作"与想象中的武术高手相去甚远"，甚至"跟寻常街头斗殴没什么两样"，但当时报纸对此进行了连篇累牍的报道和炒作，更引发梁羽生创作小说《龙虎斗京华》，随后梁羽生、金庸连续撰写了大量的武侠小说，掀起了持续几十年的新派武侠小说热潮。

其实，武术各门派抱有浓厚的门户之见，坚持封闭保守的僵化理念，对于武术发展和进步是极端不利的，它严重阻碍了各门派间应有

---

① 言真：《张之江为何提倡武术》，《精武》2007 年第 6 期。
② 《张之江先生国术言论》，中央国术馆 1931 年版。

的交流和沟通，大家都失去了开阔视野、集思广益、相互取长补短的良好机遇，缺乏外部力量的冲击和激荡，武术内生的活力往往也逐渐丧失，失去了进一步发展、提高的动力。

拒绝外部力量的干预是狭隘的山头主义的表现之一，而"秘不外宣"、拒绝武术技艺共享则是局部利益驱使下的另一种表现形式。在古代，武术通常被看作一种有价值的技能，可成为自卫、谋生的手段，因此各门派、各拳师或武师出于对本派利益、自身利益的追求和维护，尽可能地实行技术垄断，当然，这也并非武术界独有的痼疾，在我国许多传统工艺、手工艺领域都存在这种现象，"宁给十吊钱，不把艺来传"是一种普遍的想法，他们普遍担忧自己的技术、绝招一旦外传，别人学会了，便会给自己带来严重的生活乃至生存危机，"教会徒弟，饿死师傅"是他们颇为沉重的心理负担，这种心理严重制约了先进技术的传播与共享。在武术界，"只肯授鱼，绝不授渔"的现象也非常普遍，笔者曾前往位于山西省平遥古城的中国镖局博物馆调研，这里有一行巨大的字，醒目地写道"宁给十吊钱，不教一趟拳"，完全就是传统手艺"概不外传"思想在武术领域的真实写照。

笔者在中国镖局博物馆考察（庹海天摄）

对于武术技艺的垄断、封闭，首先表现为传授对象非常狭窄、有限，担心家学外传，几乎各武术门派都坚持"传男不传女，传内不传外"的传统，因而能够接触、习练某一种具体武术的人数受到极大的压缩，许多武术技艺出现了后继无人的现象，"人走艺绝"的情形不时发生，因为没有合适的传承人，随着一些武术大家的离世，依仗他们而传承下来的武术流派就面临着传承困难的窘境。即使如此，许多武术界人士仍然死守某些陈规旧习，宁肯把自己掌握的武术绝技带进棺材，也不肯公开传授，让社会、世人分享，延续这一文化遗产。

"秘不外宣"的另一层含义是，即使面对徒弟、后辈等直系传人，师傅、长辈等也会有意识地"留一手"，不把最精妙、最紧要的招式、绝技等传授给门徒。前面多次提及，武术在旧时主要是作为技术、技能存在的，武术水平的高低是其生存的第一条件，只有技艺高超者才有可能在城市中站稳脚跟。由于带有个体化、自营性质的生活方式的存在，武术门派也就凸显出来，彼此在竞争中生存和发展着。①在此背景下，任何人都会考虑自己的生计与前途，传授武术技艺时有所保留就丝毫不奇怪了，古时武术教授大多采取口传心授的方式进行，师傅、长辈等通过身体示范、讲解等传授技艺，徒弟和后辈全凭自己的理解和记忆学习，对方讲授多少，门徒就学到多少，无法通过阅读书籍、武术教材等进一步弥补缺憾，增进技能。通常而言，一些武术传艺者并不会把自己的平生所学原原本本地传授给后学者，对于某些关键的技术、动作等，他们往往含糊其辞，不肯透露其中的奥妙和诀窍，习练者自然就无法确切掌握，所学到的技能由此打了折扣。

总之，就中国武术成形后的传播而言，自古就存在着"术传播"与"道传播"的分野，中国传媒大学（原称为北京广播学院）周月亮在其论著中，明确将武术传播归结为"术传播"②。他认为，这种

---

① 林伯原：《中国近代前期武术家向城市的移动以及对武术流派分化的影响》，《体育文史》1996 年第 3 期。

② 周月亮：《中国古代文化传播史》，北京广播学院出版社 2000 年版，第 325 页。

归类是有一定道理的，在中国古代的武术传播中，"术传播"表现为一种高度的自觉，因为传授者的意图相当明显，就是有意识地将武术作为一门技艺、技能，乃至谋生手段传递给后辈、徒弟等。"民国初年称武术为'国技'，国民党政府统治时期称武术为'国术'，也说明人们以技术观武术，注重武术的技击特性。"① 而"道传播"在很大程度上则是伴随着"术传播"而展开的，其中一些行为也具有较高的自觉性，例如传授者向习练者讲授文化知识、考查其品格、指导一些武术礼仪等，这些在一定程度上与"术传播"是契合的，可以促进习练者的技艺学习以及他们在武术界的声誉和地位的提升等。另外，一些落后、封闭的文化内涵，诸如"传内不传外，传男不传女"，以及同行相轻等，起初更多的是以无意识地体现出来的，只在行动中表现出来，却没有明确的记录或规则，但经过一段时间的浸润、熏陶，逐渐成为武术界内部共知的行事规则或原则，其中一些如"传内不传外，传男不传女"等甚至被写成明文规定延续下来。

---

① 易剑东：《民国时期武术竞技述论》，《成都体育学院学报》1995 年第 3 期。

第二章　武术传播中的"祛魅"与
"赋魅"

进入近现代社会，武术传播经历了巨大的变革和转折，人们交往的增加，社会教育体系的完善，尤其是传播手段的日益丰富，传媒介质的迅速增多，都给武术传播带来了深刻的变化，也对人们认识武术、理解武术产生了直接的影响，这种影响主要体现为两个方面：一是"祛魅"，即逐步消解武术在普通人心目中的神秘色彩、神化氛围等；二是"赋魅"，即通过各种非真实信息、非真实情景的传播，进一步增添武术的神秘色彩，使人们愈发感觉武术高深莫测。

在中国近现代社会里，直接促使武术"祛魅"的举措大致包括这样几种类型：一是武术被逐步纳入教育体系，开展全民性的武术教育；二是"土洋体育之争"及其所产生的影响，明确武术的体育项目地位，以及后续的竞技武术改造等，使武术在相当程度上进入体育的范畴。同时，为武术"赋魅"的主要行为则是武侠文化的盛行，以及由此催生的大量武侠文艺作品，由诗歌、小说到影视剧，一次又一次把人们对于武术的崇拜、景仰等情绪推向高潮。

第一节　教育有效推动武术"祛魅"

人们常说"距离产生美"，意思是人们为欣赏各种自然美、社会美或者艺术美等，要有意识地与审美对象保持一定的距离，否则就容易影响和削弱审美主体的审美效果。其实，也完全可以说"距离产生魅"，距离隔绝了欣赏者与审美对象，欣赏者无从清晰、真切地感知审美对象的各种内在状态，而只能从自己的感觉甚至他人的评价或判断等中得出结论。一旦外界的评论与真实情形有偏差，尤其是超出真实情形，欣赏者则不免会产生景仰、膜拜的感觉，无法以平常心平视审美对象，而往往将其神圣化，审美对象的魅力由此形成。

古人的自然观是赋魅（enchanted）的，因为古人的科技水平较为低下，他们对于许多自然现象都无法用科学的理论和知识来认知、解释，于是便产生了"万物有灵"的印象：在他们眼里，客观世界也像人一样不停地运动和变化着，因而它必定是"活"的、"有灵"的，对常见的自然现象诸如春去秋来、风霜雨雪、日升月落等，远古时期的人们不能用科学原理解释它们的出现和成因，只好把它们归结为是由某些精神体支配的，认为这些现象背后存在着意志、善恶、价值和目的等因素。同时，这些自然现象与人类的行为密切相关，人们进而感觉这些现象是上天或神灵对于人类行为的反应或惩罚，于是将一些有利的自然现象称为"神恩"或"恩赐"等，与此同时将一些灾害性、灾难性的自然现象归结为"天谴"或"天怒"等，如此观念在古代世界各地是普遍存在的，自然界被人们套上了神秘的"光环"，也可以说是"赋魅"的，这一情形在我国许多武术门类的肇始阶段同样存在着："国术家创始门户，无不假托传自神仙佛祖，以神其技。"①

另外，我国古代的武术传播局限于小范围的人际传播，无论血缘传承、师徒传承、业缘传承或地缘传承等，其基本的传播模式都是传授者对习练者面对面、手把手地教授和指导，差异无非传授者与习练者的社会关系不同而已。在这种情形下，武术的传播范围自然非常狭小，覆盖面极其有限，大多数社会成员并不能通过正常途径接触到真正的武术，他们与武术之间有明显的距离，甚至存在不可逾越的鸿沟，他们对于武术的认知自然存在一定的偏差，这就使得武术也被罩

---

① 许禹生：《为当道国术家进一杞言》，《中央国术旬刊》1929 年第 7 期。

上了某种"光环",成为人们敬畏、景仰的对象,因此"赋魅"现象在人们与武术的关系、人们对于武术的认识过程中也是明显存在的。

"祛魅"概念是由德国社会学家马克斯·韦伯首先提出的。1919年,他在慕尼黑发表了题为"以学术为业"的讲演,第一次使用了"祛魅"(deenchanted)这个词,其原话是这样的:"只要人们想知道,他任何时候都能够知道,从原则上说,再也没有什么神秘莫测、无法计算的力量在起作用,人们可以通过计算掌握一切,而这就意味着为世界祛魅。人们不必再像相信这种神秘力量存在的野蛮人一样,为了控制或祈求神灵而求助于魔法。技术和计算在发挥着这样的功效,而这比任何其他事情更明确地意味着理智化。"① 换言之,"祛魅"意味着人们逐渐排除了世界观中的神秘主义成分,获得自己理解世界、控制世界的主体性地位。

在武术的"祛魅"进程中,教育发挥了至关重要的作用:武术被定为一项具有鲜明民族特色的体育活动,广泛推向民间,与普通民众见面、结合,极大地消除了人们对于武术的误解,也消解了民众对于武术不恰当的崇拜和敬畏,最终使得武术的地位和价值得到必要的回归。

一　武术教育思想在中国的滥觞

在形式上,武术教育与以往的各种传承模式似乎没有多大的区别,都是传授者讲授各种知识和技术,习练者通过学习、交流等活动掌握要领,从而将武术技艺、文化等内化为自己的知识和技能储备起来。但是,与先前各种传承形式的根本区别,在于武术教育是一种有组织的传播活动,通常要面对数量较大的习练者,而且要借助一定的组织力量推动传播活动的顺利开展。

中国武术进入教育的范畴,在很大程度上是中国近代全面衰落的

---

① 〔德〕马克斯·韦伯:《学术与政治》,冯克利译,生活·读书·新知三联书店2005年版,第32页。

直接后果，由于经济、科技、文化等远远落后于西方发达国家，中国晚清时期在多次重大对外战争中惨败，割地赔款成为常态，中华民族遭遇了深重的民族灾难。此刻，许多有识之士、革命先驱等本着救国救民的历史责任，先后发出了借体育强种强国的时代呼喊，而在全民中普及武术，则是他们共同倡导的增强国民素质、提振国民精神的重要手段和路径。

他们的思路非常明确：救国救民在于"强我种族"，而强我种族，要提倡以体育为本。例如，康有为认为，列强之所以能够称霸称雄，是由于他们尚武；严复引进了优胜劣汰、自强保种的进化论思想，主张以尚武强国精神来鼓起中国人的斗志。在维新派志士的提倡下，尚武思潮在思想界广泛传播，由此国人无不思强健体魄，以改固有文明之陋习。① 相比于自己的老师康有为，梁启超的观点更加鲜明，他在《论尚武》一文中直接提出了"尚武以强种、保国"等体育主张，该文是我国历史上少见的提倡武勇、推崇体育之作，为近代中国体育的萌芽和发展奠定了思想前提和理论根据。② 梁启超在文章中写道，国人因喜好和平，缺乏尚武民风而拒斥战争，导致屡被列强欺凌的悲惨境遇，实则是我华夏民族之"奇耻大辱"。由于"苟无尚武之国民，虽有文明，虽有智识，虽有众民，虽有广土，必无以自立于竞争剧烈之舞台"。据此他提出："尚武者国民之元气，国家所恃以成立，而文明所赖以维持者也。"他还高度赞扬古希腊城邦斯巴达的"军国民教育"和"全民体育"的教育方式："斯巴达人自幼从军，刻苦练习跑跳投等各种体育技能；饮食粗糙，近乎野蛮，以养成勤奋耐劳、不怕寒暑的生活作风和豪侠勇敢、不惧危亡的精神气度；经历此种近乎残酷训练的斯巴达人，不论老幼，无不把生死置之度外，无不勇敢好胜。"

---

① 胡玉玺、安汝杰：《试论清代少林武术发展的社会环境》，《体育文化导刊》2014年第 6 期。

② 梁启超：《新民说：论尚武》，《梁启超全集》（第 2 册），北京出版社 1999 年版，第 712—713 页。

　　有人认为，梁启超的此番言论尚不足以直接说明他提倡武术教育，而应纳入"军事教育"的范畴，那么他的另一段话则确切无疑地表明其曾呼吁国人崇尚中国旧有武术，是支持把武术纳入全民教育体系的。他认为，日本之所以在日俄战争中获胜，注重武术训练以培养士兵胆量体魄是一大原因。因此，梁氏强烈主张，中国不应只重视西方体操，更应该好好研究中国武术，并使其成为一门普通学科，一旦国人精此技术，再配合新式的战争技术，则足以捍卫国土。①

　　孙中山也曾大力提倡中国武术，他在 1919 年为精武体育会的纪念特刊《精武本纪》作序时，论述了"从来体育之技击术为无与强国保重有莫大之关系"的观点，该序提到："概自火器输入中国之后，国人多弃体育之技击术而不讲，驯至社会个人积弱愈甚，不知最后五分钟之决胜，常在面前五尺地短兵相接之时。为今次欧战所屡见者，则谓技击术与枪炮、飞机有同等作用，亦奚不可，而我国人曩昔，仅袭得他人物质文明之粗末，遂自弃其本体固有之技能，以为无用，岂非失大计也！"他在文中还大声疾呼："吾人初不以黩武善战策我同胞，然处竞争剧烈之时代，不知求自卫之道，则不适于生存。"②

　　毛泽东 1917 年发表的《体育之研究》开篇就写道："国力荼弱，武风不振，民族之体质，日趋轻细。此甚可忧之现象也。"其后他进一步阐释道："体育者，养生之道也。东西之所明者不一：庄子效法于庖丁，仲尼取资于射御；现今文明诸国，德为最盛，其斗剑之风，播于全国；日本则有武士道，近且因吾国之绪余，造成柔术，虽虽乎可观已。"毛泽东在分析"体育之大效"时还指出："体育之主旨，武勇也。武勇之目，若猛烈，若不畏，若敢为，若耐久，皆意志之事……要皆可于日常体育之小基之。"③他概要地论述了体育尤其是中国武术对于意志培养的重要价值。

―――――――――

　① 社说：《论今日国民宜崇旧有之武术》，《神州日报》1908 年 7 月 2 日。
　② 孙文：《精武本纪序》，《体育文史》1983 年第 1 期。
　③ 毛泽东：《体育之研究》，《新青年》1917 年第 2 期。

此外，全力促成中央国术馆设立的张之江在《中央国术馆成立大会宣言》中指出："国家所以衰弱，完全因为我们把与国同生死的武化忽略了。"金恩忠在其《国术名人录》中同样提到："要其能驰骋大陆，虎视一世，屹立地球，无不恃其国民之实力，与尚武之精神而已。"这些话语、论述都明确指出要使国家强盛，其民必须具备尚武精神，很有必要在全民中开展普及型的武术教育。当然，这也导引了一种趋势："清末民初的体育教育目的，主要着眼于尚武的层面，体育为军事服务，也形成了一般学校教育为军事教育铺路的现象。"①

二　国民武术教育的筹划及施行

辛亥革命前后，在重视传统武术的思潮引导下，国内武术活动逐步活跃起来，一些社会名流和教育家开始创立以推广和研究武术为宗旨的武术组织，如武术大师霍元甲等人1910年在上海创办精武体操学校，后更名为精武体育会。该会是以教授、弘扬中华武术，培养革命力量为主要活动和任务的群众性武术团体，也是中国近代体育史上历史最悠久、成立最早并有深远影响的民间体育团体。中华民国成立后，体育学者徐一冰提议整顿学校体育教育内容，将传统武术纳入大学、中学的体育教育范畴，1927年中央国术馆的前身"国术研究馆"在南京成立，该馆一方面承担行政管理和编审教材、书刊的职能，另一方面更为公众熟知的是该机构培养武术师资，以便推广武术教育，成为国内推行武术教育的官方组织。在一系列活动和行为的影响下，国内武术教育全面铺开，武术对于民众而言不再神秘，成为与他们日常生活紧密相关的一项活动。

中国近代体育教育最早附丽于学校教育而展开，最初各级学校的体育教育内容则是学习、模仿西方体育教育起步的，体操是课内的主要修习内容，但在课外也有许多人练习球类、田径运动等，并组织竞赛等活动，促进学习和训练。不过，民国初年即有一些学校在体育教

---

① 吕思泓：《民国时期学校武术考论》，《中国体育科技》2016年第1期。

育内容中增添了武术项目，例如 1914 年清华大学成立体育部，随后各种体育代表队相继成立，既有以西式体育训练为主的足球队、篮球队、棒球队、田径队、网球队等，又有以开展国术之拳击为主的技击会。除校方组织外，还有学生自发组织的体育团体，如高级班学生薛桂轮、郑重、乔万选、张宏祥等发起武德会，以"研究中国武术，强健身体为目的"。

随着时间的推移、认识的逐步加深，国人意识到武术可以成为教育的重要资源，武术对于人的全面发展具有相对重要的意义：通过习练武术，进行身体锻炼可以提高身体素质、磨炼意志，达到健康体魄、完善人格的目的；进行技术练习可以掌握防身自卫的本领；阅读有关武术书籍可以了解民族文化，同时以身体锻炼的形式继承民族体育技能等。由此，人们开始考虑将武术作为教育的有机组成部分，纳入学校教育体系，如体育学者徐一冰于 1914 年即向北洋政府教育部提出整顿全国学校体育的意见，他表示，本国技击（武术）是中国最古最良的体操，"能稳步伐，能固筋骨，手足之灵敏，全身之坚强"，因此主张高等学校、中学师范应添授此项目，"拟请于学校体操科内兼授中国旧有武术，列为必修科以振起尚武精神"。借以"修养勇健之体格，保存国技之菁华，强种强国，亦教育之急务也"①。

1915 年 4 月在天津召开的"全国教育联合会"第一次会议上，北京体育研究社许禹生等人提出的《拟请提倡中国旧有武术列为学校必修课》议案获得通过，教育部明令"各学校应添授中国旧有武技，此项教员于各师范学校养成之"。1918 年，北洋政府教育部通令，将"中华新武术"列为各大、中学校体操课正式内容，次年国会辩论通过，此令通行全国。至此，源远流长的中国传统武术，正式进入学校教育，成为学校体育课程中的一项内容。

后来，在 1928 年召开的第一次全国教育会议上，张之江针对全

---

① 徐一冰：《整顿全国学校体育上教育部文》，见《中国近代体育文选》，人民体育出版社 1992 年版，第 22 页。

国学校体操多采用欧美式训练，既不合国情又不适用，"与国术相比实有天壤之别"的现实情形，向大会提交了《请令全国学校定国术为体育主课案》，提出"通令全国各学校亟以国术一门，定为主课。并普及民众，以资锻炼，可增健全，自强强国，实利赖之"。在该议决案中从此至 30 年代中期教育部公布的《中华体育课程标准》和《大学体育课程纲要》中，都规定了国术为必修课，而且拳种和器械套路不断增多，武术教学趋于系统化。如 1928 年南京国民党政府公布的民国学校法规定：为小学中高年级、初高级中学和师范的教学内容，太极拳操或国术课。1936 年南京国民党政府教育部颁布的《暂行大学体育课程概要》教学大纲，将少林拳、形意拳、太极拳、八卦拳、刀术、棍术、枪术、剑术、摔跤、搏击等列为必修课，同其他体育内容一样，不及格者不得升级或毕业。这反映了学校体育课程对武术的重视程度及武术课正逐步走向正轨。"学校国术教育事业的推行，一方面依赖教学形式多样化，这有利于逐步实现武术在学校体育教学从辅到主、从边缘到中心的地位转换；另一方面，行政推行始终为倡导者所重视。"①

第二节　学术论争对武术"祛魅"的深刻影响

《新青年》是中国近代史上最重要的革命报刊之一，1915 年 9 月 15 日以《青年杂志》之名创刊于上海，一年后易名为《新青年》，此后历经 10 年，《新青年》始终是中国新文化运动的旗手和新思想宣传的主要阵地。《新青年》将其读者定位为新的青年一代，《青年杂志》创刊号上有一简单的"社告"，其中即申言"欲与青年诸君商榷将来所以修身治国之道"，明确阐明了该杂志进行青年启蒙的主旨，同期上另刊发陈独秀答王庸工的信，声称"改造青年之思想，辅导青年之

---

① 吕思泓：《民国时期学校武术考论》，《中国体育科技》2016 年第 1 期。

修养，为本志之天职"①。此后，陈独秀在改刊后的《新青年》第一号上发表《新青年》一文，号召青年做"新青年"，并高举"民主""科学"两大旗帜，将新的价值观用西方现代科学意义上的自由、理性来表述，希望通过对青年进行思想启蒙来完善其人格，发展其智识，强健其体魄。

《新青年》杂志创刊后，立即与当时在国内包括在青年中影响巨大的武术发生了接触，这种接触以论战的形式显现出来，1918 年鲁迅、陈独秀等人对于"新武术"展开了猛烈的批判。对于《新青年》杂志与武术的这次际遇，许多学者都将其纳入第一次"土洋体育"之争的范畴，屡次提及②，其中一些学者对于《新青年》杂志一方参与论战的鲁迅、陈独秀等人颇有微词：少数学者持否定意见，甚而认为，马良推广新武术，实际上是假提倡"国粹体育"之名，行抵制奥林匹克运动、抵制民主与科学的新文化运动之实。③ 或曰：在追求"科学"的背景之下，中国传统武术也成为被批判的事物，时人对其提出的最大疑问，是认为中国武术是"迷信""封建""开倒车"④。也有学者表达了支持鲁迅、陈独秀等人的态度：以鲁迅等为代表的新文化运动的倡导者，对借用武术鼓吹复古倒退的"国粹"思想和"鬼道精神"进行了批判。⑤

其实，《新青年》杂志上直接关涉武术的文章不但有评论性文字，还有报道性的撰述，对于武术的整体观点和态度也并非批判、声讨"新武术"这么简单，《新青年》杂志曾多次刊登文章肯定武术的积极作用；批判武术也不能被认为是鲁迅、陈独秀等人对于武术的全部

① 《王庸工致记者》，《青年杂志》1915 年第 1 期。

② 参见马廉祯《论现实视角下的近代"土洋体育之争"》，《体育科学》2011 年第 2 期；申国卿《中华复兴视角下的近代武术发展》，《武汉体育学院学报》2014 年第 9 期；蔡宝忠、马健《近代"土洋体育"之争对武术发展的影响》，《沈阳体育学院学报》2007 年第 2 期，等等。

③ 马廉祯：《马良与近代中国武术改良运动》，《回族研究》2012 年第 1 期。

④ 李文鸿：《民国时期武术的科学化变革》，《山东师范大学学报》2014 年第 4 期。

⑤ 李印东、李军：《从"土洋体育之争"的历史文化背景谈西方体育对武术的影响》，《北京体育大学学报》2010 年第 4 期。

看法，如鲁迅并不反对人们自发习练拳术，只是反对一些人将武术吹捧为"国粹"，并"大有中国人非此不可之概"①。更重要的是，《新青年》杂志与"新武术"的论争构成第一次"土洋体育"之争的有机组成部分，它促使武术界进行反思、自省，逐步开始改良和完善，甚至异化，对于武术的有效"祛魅"，使武术在科学的轨迹上持续发展产生了深刻影响。

一 《新青年》对"尚武"精神的赞许

武术在我国历史悠久、源远流长，能够对习练者产生强筋壮骨、增进健康、锻炼意志等积极效果，人们普遍认可武术具有搏击、健身、传承文化等基础功能，同时派生出军事、教育和娱乐功能等。鸦片战争以后，西方资本主义列强不断侵略中国，在国家危难的大背景下，一代又一代有识之士从振奋民族精神、弘扬民族文化的角度出发，高度重视武术的作用，武术的价值也从传统的"健身强体"提升到"强种救国"上，被认为与国家兴衰、民族危亡密切相关。

清末，资产阶级改良派猛烈抨击中国教育的"重文轻武"，主张"以民为兵""尚武"，如康有为认为，列强之所以能够称霸称雄，是因为他们尚武；严复引进了优胜劣汰、自强保种的进化论思想，主张以尚武强国精神鼓起中国人的斗志。在维新派志士的提倡下，尚武思潮在思想界广泛传播。② 在此进程中，梁启超的态度无疑最为激进，直接为此鼓与呼的文字也最多，明确提出了"尚武以强种、保国"等体育主张："中国民族之武，其最初之天性也。……今者爱国之士，莫不知奖励尚武精神之为急务。"③"尚武者国民之元气，国家所恃以成立，而文明所赖以维持者也。"④

---

① 鲁迅：《拳术与拳匪》，《新青年》1919 年第 2 期。
② 胡玉玺、安汝杰：《试论清代少林武术发展的社会环境》，《体育文化导刊》2014 年第 6 期。
③ 梁启超：《中国之武士道》，中国档案出版社 2006 年版。
④ 梁启超：《梁启超全集》（第 2 册），北京出版社 1999 年版，第 712—713 页。

当时，中国部分先进知识分子提出的培育国民尚武精神、全民皆兵，以实现军事救国目标的主张，形成了军国民教育思想，军国民主义成为国民教育的一项重要内容，如刘师培所言："我们中国的百姓，不晓得尚武的道理，就不能一天立国了。所以，由我看起来，军国民的教育，是现在教育中顶要紧的。"① 著名教育家蔡元培也是其中坚定的呐喊、呼吁者，在蔡元培的教育思想体系中，体育居于异常重要的地位："今经科学发明，人之智慧学术，皆由人之脑质运用之力而出，故脑力盛则智力富，身体弱则脑力衰，新教育之所以注重体操运动，实基于此。"② 为此他提出培养"完全人格，首在体育"的主张，而"军国民主义为体育"是蔡元培的原话，他还对军国民主义进行了生动的阐释："军国民、实利两主义，所以补自卫自存之力之不足。""譬之人身，军国民主义者，筋骨也，用以自卫。"而且古今中外尽皆如此："六艺之射御，军国民主义也。""希腊人体操，军国民主义也。""尚武，军国民主义也。""兵式体操，军国民主义也；普通体操，则兼美育与军国民主义二者。"③

武术是我国民族传统体育项目，长期被作为保家卫国的手段和工具，具有尚武的性质和功用，因此在军国民主义教育思想的影响下，武术与外来的兵式体操及其他军事体育项目一样，开始受到社会各界的重视，在 1905 年日俄战争结束后，不少国人将日本胜利归因于传统武术教育的推广："日胜俄，实得力于柔术。日之柔术，因胎孕于我国之拳艺也，其收效也如是。"④ 梁启超也在其撰述的政论中写道："乃知中国旧有之武术，为最可实矣。""今也欲求强国，非速研究此术不可，尤非崇为普通学科不为功。"⑤ 辛亥革命后，更有人在《教育杂志》上载文，称中国之击剑、枪术、弓法、骑法等为最佳运动，

① 刘师培：《军国民的教育》，《中国白话报》1904 年第 10 期。
② 蔡元培：《在浙江旅津公学演说词》，《大公报》1917 年 7 月 14 日。
③ 蔡元培：《对于教育方针之意见》，《东方杂志》1912 年第 8 期。
④ 沈书珽：《提倡国技刍言》，《体育研究会会刊》1918 年。
⑤ 社说：《论今日国民宜崇旧有之武术》，《神州日报》1908 年 7 月 2 日。

主张作为体操课内容，"以代西式体操"①。

在宣扬"尚武"精神和军国民主义教育方面，当时初露锋芒的《新青年》并未"缺位"，有学者指出："如果说近代内忧外患的危亡局势与西学东渐的进化论、日本体验的尚武精神在辛亥革命前十年间激活了中国古代固有的尚武意识，导致社会文化产生了集体尚武的倾向，那么五四新文化运动以《青年杂志》（后改名《新青年》）为话题策源地，高举新文化的旗帜，激进地就传统的纲常伦理进行价值重估，则可谓是另一种尚武硝烟的弥漫。"②《青年杂志》甫一问世，主编陈独秀就在第一卷第二号上撰文疾呼青年教育中的"兽性主义"，文章对于现状无比痛惜："余每见吾国曾受教育之青年，手无搏鸡之力，心无一夫之雄；白面纤腰，妩媚若处子；畏寒怯热，柔弱若病夫：以如此心身薄弱之国民，将何以任重而致远乎？"并对自己提出的"兽性主义"做了明确阐释：兽性之特长谓何？曰意志顽狠，善斗不屈也；曰体魄强健，力抗自然也；曰信赖本能，不依他为活也；曰顺性率真，不饰伪自文也。③ 由此可见，在陈氏理想的"新青年"形象中，很重要的一项指标就是体格强壮。

陈独秀还直接指出："斯巴达人之教育，期以好勇善斗，此所谓军国民教育主义也。"表明他对当时流行的军国民主义教育思想很是赞同。《青年杂志》创刊之初，鲁迅并未介入其中的编辑工作，也没有在该杂志上刊登文章，但鲁迅早在 1903 年即在《浙江潮》杂志上发表小说《斯巴达之魂》，凸显并褒扬斯巴达人舍生取义、为国捐躯的"武德"和"国魂"，同样体现出"尚武"的思想。

陈独秀的这一观点还在其文章中多次表露出来，如其撰文称："一九一六年之青年思想动作果何所适从乎？第一，自居征服地位，

---

① 转引自谭华《体育：中国人与中国社会现代化的途径》，《体育学刊》2006 年第 3 期。

② 张冀：《晚清民初尚武思潮的缘起与五四激进主义发生》，《华中科技大学学报》（社会科学版）2010 年第 4 期。

③ 陈独秀：《今日之教育方针》，《青年杂志》1915 年第 2 期。

勿自居被征服地位。"① 在当时，青年尚武显然是与自强、奋发等同义的。1916 年 9 月 1 日，《青年杂志》更名为《新青年》，陈独秀为此撰写了类似于"改名宣言"的《新青年》一文，继续宣扬"尚武"精神和军国民主义教育思想：观世界各国，"德之立教，体育殊重，民力大张，数十年来，青年死亡率之锐减，列国无与比伦。英、美、日本之青年，亦皆以强武有力相高，竞舟、角力之会，野球、远足之游，几无虚日，其重视也，不在读书、授业之下。故其青年之壮健活泼，国民之进取有为，良有以也"②。一如既往地宣扬"尚武"精神和军国民主义。

1917 年，《新青年》杂志还刊登了毛泽东撰写的《体育之研究》一文，人们普遍认为，该文在相当程度上受到了陈独秀宣扬的"兽性主义"的影响，因为后来毛泽东曾对斯诺说："《新青年》是有名的新文化运动的杂志，由陈独秀主编。当我在师范学校做学生的时候，就开始读这一本杂志。我特别爱好胡适、陈独秀的文章，他们代替了梁启超和康有为，一时成了我的模范。"③ 因此毛泽东的文章虽名曰《体育之研究》，其主旨仍是借此提倡"武勇"之风。

《体育之研究》中倡导"武勇"的文字随处可见："国力茶弱，武风不振，民族之体质，日趋轻细。此甚可忧之现象也。""体育之主旨，武勇也。武勇之目，若猛烈，若不畏，若敢为，若耐久，皆意志之事……"④ 对比毛泽东阐释的"武勇"，与陈独秀先前解释的"兽性主义"几乎毫无二致。有人还提出：毛泽东还直接把陈独秀的思想引入文中，写到："近人有言曰：文明其精神，野蛮其体魄。此言是也。欲文明其精神，先自野蛮其体魄。苟野蛮其体魄矣，则文明之精神随之。"⑤ 毛泽东在文章中同样赞同军国民主义教育的理念：

① 陈独秀：《一九一六年》，《青年杂志》1916 年第 5 期。
② 陈独秀：《新青年》，《新青年》1916 年第 1 期。
③ 尹韵公：《毛泽东作〈体育之研究〉的背后》，《党的文献》2006 年第 3 期。
④ 毛泽东：《体育之研究》，《新青年》1917 年第 2 期。
⑤ 牛永刚、和海珍：《毛泽东撰写〈体育之研究〉原因考略》，《体育文化导刊》2014 年第 5 期。

"体育者，养生之道也，东西所明者不一。庄子效法庖丁，仲尼取资于射御。现今文明诸国，德为最盛，其斗剑之风，播于全国；日本则有武士道，近且因吾国之绪余，造成柔术，觥觥乎可观已。"

由此可见，陈独秀、鲁迅当初都是认同"尚武"精神的，在《新青年》杂志上，无论是陈独秀自己的撰述，还是经他编辑刊用的毛泽东《体育之研究》一文，均表现出对于"尚武"观念和军国民主义教育的期许，在此背景下，他们缺乏直接反对、批判武术的思想基础。

二　《新青年》对于精武会的肯定

作为清末民初"尚武"精神最重要的具体实践活动之一，1910年，知名革命人士陈英士、著名武术家霍元甲等人在上海组织了精武体育会（简称"精武会"），该会"以提倡武术，研究体育，铸造强毅之国民为宗旨"，其目标非常明确——"强国必先强种，强种必先强身"，精武会初创之时是比较单纯的武术团体，后来遵循"以体育居先，体育复以武术为主，参以时代各种运动"的原则，开展了足球、篮球、田径、乒乓球等多项现代体育活动，但武术始终是其最核心、最重要的内容，充分体现出"以国术为根本，以武术为皈依"的宗旨。

精武会最初的教学形式也采用中国武术的传统教授方法，以师带徒，传授拳术，但随即意识到其弊端，迅速破除了"因袭宗法，师徒秘传"的陋习，对南北武术流派兼收并蓄，熔各派武术于一炉，且邀

笔者参观精武会旧址

请各地武术界人士来此公开传授武艺，一时间精武体育会社会名流荟萃、武术名家云集，成为当时全国武术活动的重镇。该会还通过书籍报刊、电影、演讲、现场示范、符号标识等各种媒介将精武信息向社会各阶层辐射，人们看到了练武使"弱者以强、病者以起"的实际功效，特别是尚武精神对会众意识形态的洗礼和情志陶冶，旋即掀起了社会各团体、学校的习武热潮。①

精武会非常重视对学校武术教育的传播，培养了大批师资，得到各界的赞誉，1916 年，孙中山亲临精武会首届高级技击班毕业典礼并发表演讲："技击术为吾中华国粹……我国将来倘与列强周旋，最后五分钟必借技击为强力后盾。"② 后来，孙中山还曾为精武会题写"尚武精神"四个字以示嘉许。

对于精武会及其创始人之一的霍元甲，《新青年》杂志也曾大加赞赏，其前身《青年杂志》第一卷第五号同时刊登萧汝霖的两篇文章，其中一篇称赞精武会"公开传授武术"的积极作用，另一篇则颂扬大力士霍元甲。

其中一篇文章道出了武术的价值所在："拳术保而昌之，其为吾族雄飞之道，可以强身体，可以隆武德之券乎。"而且在文章中，作者首先对于中国武术的传统教授方法提出批评："且吾国人方病孱弱，聪明之士鄙夷斯道，下焉者习焉不能精，精者不能以文采自见而传之国人，传者各宗其宗以相仇敌、莫知大体，师弟子授受之际，贤焉者以为杀人之事，不可妄教，不贤者秘其异能，以为逢萌之备，其由来久矣。"并且大声疾呼："国民之强弱不贵少数人具大力负奇技，而在多数人晓武术健身手耳。"③ 从而充分肯定了精武会的创举。

另一篇文章为《大力士霍元甲传》，记载了霍元甲的生平，着重介绍其与俄国、英国等力士比武及进行心理战的历程，突出霍元甲以武术家身份设擂台，通过比武邀约回击外国人嘲笑国人是"东亚病

---

① 王占奇：《早期精武体育会武术传播寻绎》，《山东体育学院学报》2012 年第 1 期。
② 孙文：《孙中山全集》（第 4 集），中华书局 1981 年版，第 17 页。
③ 萧汝霖：《述精武体育会事》，《青年杂志》1916 年第 5 期。

夫"的事迹：为各国文扬言曰：我国为病夫国，我为病夫国之病夫，顾愿与天下健者从事……①

《新青年》杂志在同一期上刊登两篇文章分别称道精武会和霍元甲，足以显示当时的陈独秀对于武术没有丝毫反感，相反却表现出很大程度上的肯定和赞扬意味。其实，就在这两篇文章刊出后，编辑（陈独秀）在回复读者"什么运动好"时对于武术直接给出了肯定评价："运动一道，愚酷好之。吾国之拳法，日本之剑术，欧美之体操法，皆略有研究。惟人各有志，如徒欲运动筋血，强健身体，则以极易行之徒手体操为善，老少男女皆可行也，即中国旧式之八段景亦可。必欲于运动之中，含求技之意，则为术至不一也。"②

三　鲁迅、陈独秀批判"新武术"的用意

就其性质而言，《新青年》杂志始终是新文化运动的积极呐喊者，在本质上追求"新"，因此杂志问世后就大张旗鼓地倡导新思想、新文化、新道德，他们提倡的"所谓新者就是外来之西洋文化，所谓旧者就是中国固有之文化"，公开主张以西方文化来取代传统的封建文化，这在陈独秀自己的文章中说得非常明白："要拥护那德先生，便不得不反对孔教，礼法，贞节，旧伦理，旧政治。要那赛先生，便不得不反对旧艺术，旧宗教。要拥护德先生，又要拥护赛先生，便不得不反对国粹和旧文学。"③ 五四前后《新青年》曾与《东方杂志》爆发了一场关于东西方文化不同观点的论战④，《新青年》杂志对于武术的批判就是在这一背景和框架内进行的——这一时期，武术被一些人改造、包装成"国粹"，自然被新文化运动的倡导者们视为旧文化的代表之一，受到陈独秀、鲁迅等人的抨击和非难在所难免，并且由

---

① 萧汝霖：《述精武体育会事》，《青年杂志》1916 年第 5 期。
② 《辉^081—致记者，附记者答言》，《青年杂志》1916 年第 6 期。
③ 陈独秀：《〈新青年〉罪案之答辩书》，《新青年》1919 年第 1 期。
④ 参见刘也良《从传播学视角看〈新青年〉与〈东方杂志〉之论战》，硕士学位论文，吉林大学，2009 年；陆小宁《迷途中的文化探索：论〈新青年〉与〈东方杂志〉的东西文化论争》，《中州学刊》2000 年第 3 期，等等。

此形成了第一次"土洋体育"之争。

（一）"土洋体育"之争论战的大致经过

从表面上看，此次"土洋体育"之争发端于马良发起编辑、修订的《中华新武术》教材，实际上并非如此：《中华新武术》教材滥觞于 1914 年，创刊于 1915 年的《青年杂志》在前期并未对此展开批评、抨击；相反，鲁迅、陈独秀针对"新武术"集中"开火"是在1918 年，这个时间点的出现其实是有深意的：

辛亥革命前后，有关"西学东渐"和"中学为体、西学为用"的争论始终没有停止过，这种文化领域的论争被政治统治者所利用，1915 年袁世凯以总统名义颁布《颁定教育要旨》，重新提出"爱国、尚武、崇实、法孔孟、重自治、戒贪争、戒躁进"七项教育要旨，北京政府力图在"保存国粹"的幌子下强化对民众的思想控制，导致国内形成了祭孔尊孔、整理国故、国粹至上的复古浪潮。该思潮在许多领域蔓延，具体表现在体育上则是以"国粹"为旗号对武术的新一轮的宣扬与推广，马良提出"考世界各国武术体育之运用，未有愈于我中华之武术者""决心考究我国数千年来武术，编定武术教科书，以振吾中华尚武之风"①。为此将先前的"马氏体操"演化为"新武术"，并称其为"我国之国粹"，意欲以此与西洋体育分庭抗礼。1918 年对于"中华新武术"而言是一个非常重要的年份：这年秋经国会反复辩论表决，通过"以'中华新武术'定为全国正式体操"，而马良署名编著的《中华新武术》也于同年由上海商务印书馆出版。

《中华新武术》修订完毕后，梁启超在为其撰写的序言中大放溢美之词："所愿国中各校列（武术）为课程，使人人有自卫之方，而尚武之精神出矣。"但是，马良系皖系军阀，在政治上属于保守人士，武术则经袁世凯大力推广，在"国粹"名号下进入各级学校，一些人为了抬高武术的功能与效用，刻意宣称其为"数千年秘密之绝

---

① 马良：《中华新武术发起总说》，商务印书馆 1918 年版。

技"，这些现象均导致鲁迅、陈独秀等新文化领军人物对武术尤其是"中华新武术"运动持强烈的批判态度。

杂感是鲁迅直接用于解剖社会、抨击敌人的武器，在《新青年》上发表《随感录》则是其"杂感"的开端，鲁迅自己后来回顾说："有的是对于扶乩、静坐、打拳而发的；有的是对于所谓'保存国粹'而发的……"① 在对新武术的抨击文字中鲁迅写道："现在那班教育家，把'九天玄女传与轩辕黄帝，轩辕黄帝传与尼姑'的老方法，改称'新武术'，又是'中国式体操'，叫青年去练习。"② 他接着嘲讽说："据说中国人学了外国体操，不见效验；所以须改习本国式体操（即打拳）才行。""中国人会打拳，外国人不会打拳：有一天见面对打，中国人得胜，是不消说的了。"在文章的最后，鲁迅进行了归谬："我想（他们不曾说明，这是我的'管窥蠡测'）：打拳打下去，总可达到'枪炮打不进'的程度（即内功？）。这件事从前已经试过一次，在一千九百年。"文章的意思很明显，鲁迅将"新武术"与清末的义和拳相提并论，他怀疑"教育家"们提倡"新武术"与"满族王公大臣"提倡的"义和拳"一样，其本质都是封建文化。对于这一观点，陈独秀是完全赞同的："马良所提倡的中华新武术，现在居然风行中国，我看他所印教科书中的图像，简直和义和团一模一样。"③

鲁迅的文章刊登后，精武会重要成员之一的陈铁生也在《新青年》杂志上发表文章与之论战：鲁迅君何许人……脑海里似乎有点不清楚，竟然把拳匪同技击术混在一起。义和团只是无规则之禽兽舞。若言技击，则身、手、眼、步、法五者不可缺一，正所谓规行矩步。义和团乃是与盛德坛《灵学杂志》同类，与技击家无涉。义和团是鬼道主义，技击家乃人道主义。④ 陈铁生的意图很明显，阐明武术与

① 鲁迅：《热风》，人民文学出版社 2006 年版，题记。
② 鲁迅：《随感录第三十七》，《新青年》1918 年第 5 期。
③ 陈独秀：《克林德碑》，《新青年》1918 年第 5 期。
④ 陈铁生：《驳随感录第三十七条》，《新青年》1919 年第 2 期。

义和团二者本质上完全不同,不能混为一谈。在文章中,陈铁生还引用了蔡元培在上海爱国女校演说中的一句话"外国的柔软体操可废,而拳术必不可废",说明武术的现实意义和价值,同时以自身体验强调武术确有健身效果。

在《新青年》杂志上刊登陈铁生反驳文章的同时,鲁迅再度发表文章表明自己的立场,其主要观点包括如下几个方面:其一,"此书(马良的《中华新武术》)是已经官署审定,又很得教育家欢迎,——近来议员又提议推行,还未知是否同派,——到处学习,这便是的确成了一种社会现象;而且正是'鬼道主义'精神"。其二,"蔡(元培)先生确非满清王公,但现在是否主持打拳,我实不得而知。就令正在竭力主持,我亦以为不对。"其三,"总之中国拳术,若以为一种特别技艺,有几个自己高兴的人,自在那里投师练习,我是毫无可否的意见;因为这是小事。现在所以反对的,便在:(一)教育家都当作时髦东西,大有中国人非此不可之概;(二)鼓吹的人,多带着'鬼道'精神,极有危险的豫兆"①。

到这里,鲁迅的意思其实已经很清晰了:他并不反对人们自发习练武术,但反对将武术当成"国粹",在全国一哄而上地推行,后来他在署名"唐俟"的一篇文章中再次表明他反对在国内全面普及"新武术"的态度:"北方人可怜南方人太弱,便教给他们许多拳脚:什么'八卦拳''太极拳',什么'洪家''侠家',什么'阴截腿''抱桩腿''潭腿''戳脚',什么'新武术''旧武术',什么'实为尽美尽善之体育''强国保种尽在于斯'……直隶山东的侠客们、勇士们呵!诸公有这许多筋力,大可以做一点神圣的劳作……我们改良点自己,保全些别人;想些互助的方法,收了互害的局面罢!"②

陈独秀也在其文章中道出了批判武术的侧重点所在:医药、拳技亦有其独立之价值也,而医学、拳术家自身不承认之,必欲攀附道

---

① 鲁迅:《拳术与拳匪》,《新青年》1919 年第 2 期。
② 鲁迅:《随感录六十四》,《新青年》1919 年第 6 期。

术，如何养神，如何练气，方"与天地鬼神合德"，方称"艺而近于道"①。

梳理上述文献资料不难发现，鲁迅、陈独秀当时着力批驳"新武术"是有其特定语境的：一是某些人刻意将武术包装成"国粹"，无差别地在全国推行；二是当时武术还表现出一些神秘色彩、封建主义思想，需要进行批判。

（二）《新青年》批判"新武术"的局限性

从鲁迅、陈独秀等人的初衷来看，他们对于"新武术"的批判聚焦于文化层面，鲁迅侧重关注"新武术"所表现出的"国粹"思想和"鬼道精神"等，陈独秀则将其作为中国封建文化的代表之一，均纳入值得批判的范畴之列。其实，这种认识显然是不全面的——"新武术"固然存在着许多不足，但它从诞生之时起就有利用西方体育改造我国传统武术的意图，有意识地在走"体育化"道路，这显然是值得肯定的。

我国传统武术并非纯粹的体育项目，如张之江曾说："吾解析国术之功效，可以分为体育与技击两方面，属保健者曰体育，属于技击者，则真如乎体育范围之外……由是言之，谓国术中包含有体育之效用则可，谓国术为体育之一种，则未当也。"② 武术主动向"体育化"靠拢是在军国民主义教育思想全面影响中国之际，当时西方体操，特别是德国兵式体操在军国民主义教育体系中占据了主要位置，"习洋操也，购炮舰也，兴海军也，增兵饷也，凡注重客观而丧厥主观者，此皆尚武之形式也。"③ 中国传统武术便借用西洋与东洋的"体操""体育"之名在社会上传播，例如 1919 年 10 月底，精武会史《精武本纪》出版时，陈铁生在书中也强调"拳术者中国式之体操而已"④，希望争取到它的地位。当时著名武术家向恺然在《拳术传薪录》中

① 陈独秀：《学术独立》，《新青年》1918 年第 1 期。
② 谭华：《70 年前的一场中国体育发展道路之争》，《体育文化导刊》2005 年第 7 期。
③ 《社论：论尚武主义》，《东方杂志》1905 年第 5 期。
④ 陈铁生：《技击，精武纪实》，中央精武体育会，1919 年。

曾言："拳术非柔软体操可比，柔软体操无变化，拳术之妙，全在变化。"这才有了后来蔡元培的那句话："外国的柔软体操可废，而拳术必不可废。"

陈独秀本人其实非常欣赏西方重视体育、体操的教育思路："现在西洋的教育，分德育、体育、智育三项，德国、日本的教育，格外着重在体操。我中国的教育，自古以来，专门讲德育，智育也还稍稍讲究，惟有体育一门，从来没人提倡（射御虽是体育，但也没有人说明），以至全国人斯文委弱，奄奄无生气，这也是国促种弱的一个原因。"进而对西方教育的成果表达了向往之意："西洋教育，全身皆有训练，不单独注重脑部。既有体操发展全身的力量，又有图画和各种游戏，练习耳目手脚的活动能力。"① 因为这些效果与陈独秀当初提倡的"兽性主义"在相当程度上是合拍的。陈独秀在文中还批评国内的新式学堂，"都把音乐、体操当作无关紧要的学问"。在如此背景下，"新武术"作为一种有价值的尝试，理应得到陈独秀的认可才对。

但是，在陈独秀的意识里，马良的"新武术"不是体操，而是义和团的"翻版"，是封建主义的残余，因此他对马良持严厉的批判态度：庚子年"神拳"的当，我们已经上够了，现在马师长的武艺我们也领教了，别再把孔夫子所不说的"怪力乱神"来"贼夫人之子"②。直接指斥"新武术"会害了青年。从实际情况来看，这种责难明显是缺乏充足的理据的。同时，"新武术"努力促进武术与现代体育的结合，自然与义和团不可同日而语，正如陈铁生所言"义和团是鬼道主义，技击家乃人道主义"，鲁迅将二者并列起来的说法也是很难站得住脚的。

陈独秀等人的偏颇之处还在于，马良的"新武术"与精武会的实践活动同属武术体育化进程的有机组成部分，两者在很大程度上是契

---

① 任建树：《陈独秀著作选编》（第 1 卷），上海人民出版社 2009 年版，第 359 页。
② 陈独秀：《青年体育问题》，《新青年》1920 年第 2 期。

合的，但陈独秀等却采取迥然不同的态度对待他们，一方面在《青年杂志》上刊登文章对于精武会、霍元甲给予肯定，另一方面却对马良持完全否定的态度。

陈独秀、鲁迅等人均非体育专业人士，自然无法从专业角度论证武术的不足、瑕疵等，在批驳时还出现了体育专业知识，甚至体育常识方面的差错，如鲁迅所言："陈先生因拳术医好了老病，所以赞不绝口；照这样说，拳术亦只是医病之术，仍无普及的必要。"① 这一断言显然与当今的体育观、运动观相悖。而陈独秀在 1920 年撰文所言也显得武断："讲体育应有三戒：（一）兵式体操，（二）拳术，（三）比赛的剧烈运动。这三件事在生理上都背了平均发达的原则（小学教育更不相宜），在心理上都助长恶思想。……比赛的剧烈运动，于身体不但无益而且有害，至于助长竞争心，忌妒心，虚荣心，更是他的特色。"② 这不仅与体育的功能背道而驰，也直接否定了其本人通过体育教育培养青少年身心全面发展的一贯主张。

当然，社会思潮的变迁也是鲁迅、陈独秀等人态度发生变化的重要因素，这点在陈独秀评价武术的文字中尤为明显：1916 年，他宣称自己"运动一道，吾酷好之。吾国之拳法，日本之剑术，欧美之体操法，皆略有研究"。1918 年还认可"医药、拳技亦有其独立之价值也"，到 1920 年却要让人"戒拳术"了。各种缘由，陈独秀本人也曾论及："军国民教育的时代过去了，什么兵式的杀人思想，少输入点至青年的脑筋里罢。"③ 这显然是不同时期话语迥然不同的表现：在军国民教育盛行的时代，他倡导"兽性主义"，主张练习兵式体操等，一旦时过境迁，先前坚持的东西便彻底丢弃，要人们"戒之"。

民国初年，中国传统武术的变革更多地表现在体育层面，许多改良其实体现在专业、技术等方面，而陈独秀、鲁迅等人对于"新武

---

① 鲁迅：《拳术与拳匪》，《新青年》1919 年第 2 期。
② 陈独秀：《青年体育问题》，《新青年》1920 年第 2 期。
③ 同上。

术"的批判则主要立足于文化层面，因此局限性仍然很明显，在许多领域没有洞彻武术的痼疾，尽管他们抨击武术被包装成"国粹"，却没有真正阻止当时武术"国粹主义"的继续发展，在鲁迅、陈独秀联袂批判"新武术"十年之后，武术反而被更名为"国术"，并且引发了第二次"土洋体育"之争。

四　《新青年》论战对武术科学化的影响

《新青年》杂志直接参与的第一次"土洋体育"之争对武术发展的影响深刻：鲁迅与陈铁生的论战围绕国术是否有提倡的必要展开，一方面为国术的科学化做了舆论上的铺垫，另一方面也促使国术界开始反思传统武术的痼疾①，这直接导致了武术的彻底"体育化"：在新文化运动时期，当教育家们用现代体育的眼光去审视武术时，武术也就很自然地被融入了 PE（现代体育）之中。②

鲁迅、陈独秀等人批判传统武术的理由之一，是将武术视为一种"神怪玄奇"的迷信，而武术要彻底体育化，重要使命之一便是祛除附着在传统武术身上浓厚的神秘色彩，比照西方"物理体育"的标准寻找自身的合法性即科学依据，"科学成为最具权威的衡量标准，它促使土体育武术，以科学作为自己的发展目标"③。西方体育的理论基础是解剖学和生理学，其体育运动的结果在质态上都是明确的物理属性或渗透着大量物理属性，西方体育的基本术语在本质上也是物理性质的，如训练过程中的运动量、强度、密度、负荷等和运动员技术练习中的频率、速率、节奏、幅度、力量、弹性等都是如此。④

国内许多人士深知当时的传统武术在这个方面颇有不足，如唐豪曾说："今日吾国国技其缺点颇多，无学理、无程序，其最大弊也。

① 李文鸿：《民国时期武术的科学化变革》，《山东师范大学学报》2014 年第 4 期。
② 谭华：《体育：中国人与中国社会现代化的途径》，《体育学刊》2006 年第 3 期。
③ 马康祯：《论现实视角下的近代"土洋体育之争"》，《体育科学》2011 年第 2 期。
④ 李力研：《论东方体育是哲学体育和西方体育是物理体育——关于中、西体育不同性质的比较研究》，《体育与科学》1990 年第 2 期。

欧西人士颇多赞成斯术，惟以乏学理的说明，故俱存疑虑之心，不敢决其果裨益身心与否。"① 为此，许多武术界人士纷纷开始阐释武术的合法性与合理性：新文化运动武术之争，反对派的辛辣讽刺敦促武术界人士开始深入反思，使他们逐渐意识到武术不是不科学，只是未能有科学之证明罢了。于是武术先贤们将目光聚焦于武术的改革，运用西方科学理论与方法，开始对武术进行全面研究，开启了国术科学化的进程。②

1919 年，孙中山亲自为《精武本纪》做了一篇序言，并题写"尚武精神"四个字以示褒扬。对此，陈铁生在解释时强调了孙中山的医学专业身份：精武会并不因为他是民国第一任临时大总统而"顿增荣宠"，而是因为孙中山"为富有学识之医学博士，此既赞成技击，必于生理上有百利而无一害，增一科学上之确切证明耳"③。后来，蔡元培为杨澄甫《太极拳体用全书》出版题词也突出了武术的生物学特点："可以御侮，可以卫生，愿以此有百利而无一害之国粹为四百兆同胞之典型。"还有武术家进一步论证武术练习完全符合生物学的标准："以其锻炼之平均，故血液循环皆周；以其动作之巧妙，故五官百骸之得以充分发育，筋骨健实，精神清灵，意气所如，无往不适，此其所以合于生理学也。"④ 吴志清则在《科学化的国术》一书中专门论述了武术与力学、生理、心理等学科的关系。在该书的序言中，谢强公还提出"非特要将已有的拳法——要拿科学证明，还要用科学的方法向前研究"⑤。

原汁原味、乡土气息浓厚的传统武术走向竞技色彩浓郁的现代武术，更是这一时期武术转向的重要特征，第一次"土洋体育"之争后，中国传统武术的现代化改造，本质上是武术的竞技化之路："由

---

① 转引自李文鸿《民国时期武术的科学化变革》，《山东师范大学学报》2014 年第 4 期。

② 熊文：《民国时期国术科学化动因探析》，《体育文化导刊》2014 年第 7 期。

③ 陈铁生：《题赠，精武本纪》，中央精武体育会，1919 年 2 月 4 日。

④ 万籁声：《国术与科学》，《国术周刊》1933 年 2 月 4 日。

⑤ 吴志清：《科学化的国术》，大东书局 1920 年版。

于西方教育、科学、体育思想的影响,从 20 世纪初武术就被'改良和创新、异化'所鞭策,就被'游戏化、简单化、规范化'的西方体育原则所控制。'现代武术'已经成为中华武术的商标。"① 从总体上说,中国武术更体现出文化活动和文化现象的特质,武术在长期的发展和演进过程中不断汲取传统哲学、伦理学、养生学、兵法学、中医学、美学等多种传统文化思想和观念,理论内涵丰富、寓意深刻。但是在特殊的时代背景以及"土洋体育"之争的推动下,武术选择了颠覆传统文化,用西方体育文化嫁接传统武术表面的身体动作而形成"现代武术"的思路。

在当时,现代武术的成形、竞技化之路为武术的生存拓宽了空间,但这一转向淡化了传统武术的文化内涵,武术界有人对此持明确反对态度:"技击,只不过是武术的乌托邦。缺少文化境界和文化内涵的武术,就一定不是中国武术。"② 也有人认为,这种变革是有价值的:"竞技武术是在传统武术基础上改革出来的新成果,尽管它有某些不足,但它现在还体现着中华武术的基本特征,同样是承载中华民族文化的载体,在同世界人民的文化交流中发挥着独特作用。"③

总括而言,《新青年》及其前身《青年杂志》,以及陈独秀、鲁迅等人对于武术的态度并非一成不变的,在《新青年》杂志创刊之初,甚至回溯到该杂志创刊前许久,陈独秀、鲁迅等人对于与武术关系密切的"尚武"精神、军国民教育等并不反对,该杂志不仅编辑刊登过萧汝霖的文章称赞精武会和霍元甲,陈独秀本人也曾正面肯定武术的价值和功能;后期在新文化运动东西文化论战的背景下,鲁迅、陈独秀才以决绝的姿态,对于"新武术"展开了猛烈的批判和抨击。

《新青年》对于武术发展最大的影响当属引发了第一次"土洋体

① 王岗:《民族传统体育与文化自尊》,北京体育大学出版社 2007 年版,第 99 页。
② 戴国斌:《乌托邦:武术技击的理想》,《体育与科学》2005 年第 3 期。
③ 栗胜夫:《论 2008 年北京奥运会后中国武术的发展方略》,《体育科学》2008 年第 9 期。

育"之争，因而有人甚至认为新文化运动是武术发展的分水岭①，为中国武术的批判性重建提供了契机。就学理和专业层面而言，《新青年》派对武术的批判明显有值得商榷之处，但陈独秀等人显然是在"整体性反传统主义"姿态下，将批判武术纳入其"反对国粹和旧文学"总体策略的，为改造国民性，他们需要表现出与传统彻底决裂的气魄，故此陈独秀曾言："吾宁忍过去国粹之消亡，而不忍现在及将来之民族，不适世界之生存而归消灭也。"②

第一次"土洋体育"之争客观上促进了传统武术的科学化、体育化改良。武术全面向西方体育靠拢，走竞技化道路，固然与鲁迅、陈独秀等人着力批判武术是中国旧文化代表之一等因素有关，但最为关键的原因在于西方体育当时已经稳固地占据了世界体育的中心位置，其他运动项目要想获得主流社会的认可和接纳，必须遵循西方体育的标准和框架展开自我改造，甚至是异化，以西方体育运动项目为蓝本构筑其现代竞技体系，武术正是在这种情势下发生本质性转向的。

从结果来看，传统武术全面向西方体育靠拢、转向现代竞技性武术的优点和瑕疵都是十分明显的，这种转型使得武术逐步被世界主流体育所接纳，具备了申请进入奥运会的基本要件，但它也表现出瓦解、消弭传统武术运动中所蕴含的深厚传统文化内涵的不足，消解了武术"身心合一""形神兼备""阴阳平衡"等整体性特点。当下，中国更希望能同时发挥传统武术、竞技武术的优势，一方面发扬传统武术中文化意蕴丰富、具有"哲学体育"特点等长处，另一方面完善竞技武术规则、使之符合西方体育标准等基础条件，努力推动武术进入奥运会，使其在世界体育文化发展进程中发挥更重要、更积极的作用。

---

① 崔健：《新文化运动与武术发展》，《搏击·武术科学》2009 年第 10 期。
② 陈独秀：《敬告青年》，《青年杂志》1915 年第 1 期。

第三节　武侠小说将武术推上"神坛"

民国时期，武术的"祛魅"与"赋魅"其实是同步行进着的，在通过教育、学术论争等手段和路径促进武术"祛魅"，推动其向着科学化、体育化方向发展的同时，大量的文艺作品却不断为传统武术增添着神秘色彩，使之在普通民众心目中延续其高深莫测的"玄幻"特质。

武侠文艺历来是中国武术传播进程中的一个重要维度，其核心作用是在真实的武术运动和活动之外，给全体受传者——无论国人还是境外人士带来虚幻的文化印象，武侠文艺作品的总体方向是导致武术逐步远离现实，向玄幻化、神秘化方向发展，从而给人们留下与真实状况迥异的武术文化印象，甚至完全颠覆武术在人们心目中应有的真实地位。

长期以来，武侠小说在我国武侠文化中居于核心地位，它指的是以武侠为题材的小说。"侠"虽然在中国文学史上源远流长、不绝如缕，但"武侠"却是20世纪融合了西方现代文化的中国产物，而第一步被明确标注为"武侠小说"的作品，则是1915年12月《小说大观》第3集上刊载的林纾（林琴南）文言短篇小说《傅眉史》。由此可见，民国时期是中国武侠小说发展进程中一个非常重要的历史阶段。

一　中国武侠文艺的历史发展

中国字的初始形态是象形字，"武"即可解释为"止戈"——能够制止战争的才算"武"；也有人认为"止通趾，脚踩大地，手持长矛，这才是武的表现"。无论哪一种解释，都在相当程度上说明中国人对于"武"有特殊的理解——武力存在的意义是维护和平，发挥出震慑或者制止对方武力的作用。而"武侠"作为一种理想和实际的存在，则很好地契合了这一点：在国人的想象中，侠的一层含义是

"锄强",他们有能力制衡强权;侠的另一层含义是"扶弱",以一种
扶持、帮助的力量存在,表现为一种扶持正义、正气,帮助社会弱势
一方的力量与行为。

在中国古代,个体层面的"侠"要完成"锄强"和"扶弱"两
项使命,展示其侠义精神,具备高超的武术技能,武功自然不可或
缺,因此武侠的结合成为一种必然,进而形成华人世界特有的一种流
行文化——武侠文化。武侠文艺则是历代武侠文化传播最重要的载
体,其根本特点是着重描绘武斗场面,侠客挟"武"以完成自身的
使命和担当,武功则借助侠客实现其"济世"和"救民"的正面价
值。不过,在武侠文艺中,侠客始终是居于主体地位的,武功则是侠
客实现其"锄强"和"扶弱"使命的手段,可以因其需要而进行夸
张、变形等不同类型的处理,作"功夫在诗外"的描写,以充分显
示出武功的神奇和玄妙,最终完全超越武术的本体,成为现实武术世
界无法还原的"玄幻之术"。

人们普遍认为,唐传奇以武术想象为后来的武侠文化奠定了基
础,具体表现之一便是武术描写超越了现实的范畴,艺术家拥有了无
穷的想象空间,这也被后人认为是武侠小说的发端。如西南大学教授
韩云波说:"唐传奇中的那些神奇的想象,给武侠文化增加了很多新
的技术手段,这些手段不再局限于物理上的规律,而是进入了一个神
奇的领域。"[1] 唐传奇中的名篇《聂隐娘》《昆仑奴》《虬髯客传》
等,影响深远,堪称开创了中国武侠文艺的先河。这些小说中的武术
描写神话色彩浓重,着力凸显角色的武功之高强,如《聂隐娘》中
如此描绘刺客"空空儿"的武功:"人莫能窥其用,鬼莫得蹑其踪",
他出手只是一招,一击不中,即飘然远去,绝不出第二招,而且"才
未逾一更,已千里矣",可见其轻功十分了得。其实,唐代以"虚
写"方式传达"武侠"意象的诗歌也屡见不鲜,其中最脍炙人口的
当属李白《侠客行》:"十步杀一人,千里不留行。事了拂衣去,深

---

① 周怀宗:《武侠文化》,《文艺中的历史》,《北京晨报》2017 年 5 月 9 日。

藏身与名。"区区 20 个字，尽展侠客的风采：武功精湛，深不可测；行踪飘忽，凡眼难睹……这种意象与中国传统文艺讲究"写意不写形"的特点恰相符合，因其虚实难料而更引起人们的浓厚兴趣。

明清时期是中国古典小说发展的高峰，这一时期武侠小说真正形成并兴盛起来，中国武术绝技也被越抬越高，越吹越神，其中一个明显的标志是武侠故事开始分化，大致上形成了以实战为主的技击派，以及偏重幻想的仙侠派：成书于明代的《水浒传》可以算是技击派的代表，其对武术的描写往往是在现实的基础上进行加工和升华而成的，例如鲁智深倒拔垂杨柳，武松赤手空拳打虎等，显然超出了现有武术的能力范畴。而明清时期的公案小说以《三侠五义》为代表，它们一方面继承了技击派的写实风格，同时又加入了幻想派的神话元素，形成了现代武侠小说的雏形。从此，武术、武斗在武侠文艺家的生花妙笔之下呈现出精彩纷呈的场景，大量在现实生活中并不存在的武术门派、招牌动作等被艺术家创造出来，绝世武艺、武术秘笈等在武侠文艺作品中屡见不鲜，一些大手笔的武打、决斗场面描写几可达到以假乱真的境界，虽然是虚幻的东西，却写实性很强，细腻分明而又生动有趣，让人们信以为真。

中华文化是一种诗性文化，注定了中华武术的诗情画意。诗意的武术带给人们的是一种精神上的审美体验和超然的人生感悟。① 武侠文艺作品最强调两点：一是象征，二是好看，因此武术、打斗等描写大多是经过艺术家自己加工后形成的艺术想象，这些作品的社会影响力非常大，反过来它们又影响了现实，成为人们心目中根深蒂固的武术文化内涵。

长期以来，中国武侠文艺在社会上产生了深刻影响，最明显的效果是在人们头脑里凭空"增添"了一种武术文化，而这种武术文化与现实中的武术文化是明显错位的：武侠中的武术并非真实的再现，

————————————

① 孙刚、殷优娜：《中国古代诗词中的武侠审美文化研究》，《体育科学》2013 年第4 期。

而是虚拟、拔高乃至神化了的完全脱离现实的武术，却被公众理解为对现实生活、实践中武术的形象展示，最终在人们内心里逐渐铭刻下强烈的印象——中国武术的诸般绝技如点穴、轻功、内功，以及秘笈、灵药、易容等物事，实际上皆为虚构，但许多人却深信不疑，无原则地相信，并构成其内心的武术文化内涵之一。

二　民国时期武侠小说的复兴

随着满族入主中原，建立清朝，其国家统治日趋严酷，其中一个重要标志是"文字狱"盛行，因此导致中国社会的侠义精神遭到极大损害，武侠小说的创作也受到极大影响：清朝时期的公案小说在对武术动作、技巧的描写，以及情节的设置等方面有不少可取之处，但此类小说却极大地消解了传统的侠义精神，这些公案小说大都以朝廷官员为第一主角，小说中的侠客则在很大程度上沦为"朝廷鹰犬"，失去了以往同类小说中一以贯之的侠义精神，小说的思想深度大打折扣。

清季民初，传统武侠小说的复兴获得了肥沃的土壤：其一，在清朝末年，民族危机日渐加深，内忧外患，困难重重，迫使国人在屈辱中寻求自强"保国"与"保种"之策，手无缚鸡之力的知识分子和泯然众人的社会平民固然无法在战争、和平等重大问题上出力，但爱国之心、民族大义人皆有之，当时的国情诱发出国人心中沉睡已久的侠义精神。其二，辛亥革命后，人们从封建桎梏下解放出来，各种思想流派涌入中国，报业、出版业得到空前繁荣，文学艺术得到大力发展，各种风格流派的文艺作品异彩纷呈，其时恰逢"小说界革命"大行其道，充满侠义精神的武侠小说顿时风靡神州大地，深受人们的喜爱。其三，也是非常重要的一点，即武侠小说的读者队伍空前壮大：民国初年至20世纪20年代，大量农村人口涌向城市，城市人口快速增加，促使上海、北平、天津等各大都市的有闲阶级开始出现，这些市民大多未曾接受良好的教育，缺乏欣赏高雅艺术的能力，其文化需求以通俗易懂、讲究趣味为主要特征，报刊上连续刊载的、欣赏性和娱乐性兼备的通俗小说恰好满足了他们的要求，武侠小说作为当时流行的一类通俗艺术，主要目标就是满足城市居民消遣和娱乐的需要。

在民国武侠小说热潮初起之时，首先登场的名家如"南向北赵"都对传统武术有较为深入的研究和体悟，算得上武术中人，这使得他们创作的武侠小说貌似拥有较为充实的武术理论，其文艺创作更能被读者和公众接受。

"平江不肖生"向恺然是当时"南派"的代表人物，后来更被称为"民国武侠小说奠基人"，他本人就是武术名家，对于中国传统武术非常谙熟，还出版过武术方面的著作如《拳术传薪录》《拳经讲义》等，现今武侠小说中的一些重要概念、思想都是从他那里开始或者光大的。例如他在《拳术见闻录》中把拳术分为"内家"和"外家"，通常太极、形意、八卦三家被称为"内家拳"，其他如少林等均为外家拳，换言之，武功理论从平江不肖生开始已经细化了。而"北派"代表赵焕亭也强调"内力"和"罡气"，主张人内在的修养应当作为"外功"的基础。赵焕亭还为所有的搏击、腾挪、修炼等武术技术取了一个统称"武功"，将技击、打坐、轻功、暗器等都囊括在"武功"的范畴内，如今"武功"已经成为人们谈论武侠的核心术语。而后期的"还珠楼主"（李寿民）也是"武林高手"，在年少游历峨眉期间，他曾向峨眉山仙峰寺一个精通气功、武术的僧人学习技击，并在此后一直勤练不辍。

1923 年，向恺然开始创作其武侠小说生涯中最重要的两部作品：一是在《红》杂志（后改名为《红玫瑰》杂志）上连载的《江湖奇侠传》，这是中国历史上第一部武侠长篇小说；二是在《侦探世界》上连载的《近代侠义英雄传》，这是一部以戊戌变法为背景的历史演义小说。在《江湖奇侠传》中，向恺然抛弃一味强调武术真实给文艺创作所带来的束缚，在作品中将写实与神怪相结合，尤其是将江湖与武林展开得迷幻离奇相结合，包括虚构出武术界的峨眉派、昆仑派和崆峒派等，又着力编故事，使得故事恢弘猎奇，可读性极强，一经连载便引起巨大轰动。其小说还非常注意将"家国之忧"、近代以来的民族忧患意识等添加进去，《近代侠义英雄传》的主要人物便是近代武术名士大刀王五和霍元甲，并由此推动霍元甲成为后续武侠作品中一个重要人物，"侠义"和"民族尊严"在向恺然的武侠小说中被有机结合在一起。

赵焕亭的代表作《奇侠精忠全传》以清代乾隆、嘉庆年间"平苗定边"和镇压川、陕、鄂三省白莲教起义为背景，描写了主角杨遇春率领一班侠客义士的一系列奇中遇奇、险中见险的惊心动魄的事迹，小说以布局细密谨严、情节曲折生动见长。不过，也有人抨击该小说在很大程度上落入了清末公案小说的窠臼，歌颂忠君思想，鼓吹报效朝廷、封侯拜相、封妻荫子等。

另一位武侠小说家顾明道的《荒江女侠》把爱国、武侠、言情结合在一起，成为后来武侠小说的常用路数，台湾学者叶洪生在其批校的《近代中国武侠小说名著大系》序言中评价道："以武侠为经，以儿女情事为纬，铁马金戈之中，时有脂香粉腻之致。"侠情结合，使得这部作品不仅轰动一时，而且为武侠小说开辟了一条通途。其实，在侠情之外，顾明道还具有强烈的爱国主义精神，曾在《武侠小说丛谈》中自述曰："余喜作武侠而兼冒险体，以壮国人之气。曾在《侦探世界》中作《秘密王国》、《海盗之王》、《海岛鏖兵记》诸篇，皆写我国同胞冒险海洋之事；理想之武侠小说也。……又为《小日报》撰《海上英雄》初续集，则以郑成功起义海上之事迹为经，以海岛英雄为纬。……又尝作《草莽奇人传》，则以台湾之割让与庚子之乱为背景也。"武侠小说家文公直也将武侠和历史结合起来，其代表作是《碧血丹心》三部曲，这个系列的主人公是明朝忠臣于谦，小说着重描绘于谦保家卫国的忠烈精神，实际上是借古喻今，弘扬中华民族抵抗外侮的精神。

此后，武侠小说"北派"代表人物"还珠楼主"（李寿民）代表了荒诞怪异的一派，融合神话、志怪、剑仙、武侠于一体，进行高度哲理化、艺术化的想象发挥，显示出大气魄。其代表作《蜀山剑侠传》被誉为"20 世纪最著名的武侠小说",对于后来的新派武侠小说名家金庸、梁羽生、古龙等均产生了重要影响。同时期的王度庐创作了小说《卧虎藏龙》,后来由李安执导拍摄成同名电影,并且获得奥斯卡奖。

从整体上说,民国时期武侠小说大都较注意追求情节的奇幻性、人物性格的复杂性和矛盾性等,体现出较强的艺术性:与清末及以前的武侠小说不同,民国武侠小说完全跳出了现实的格局,上到太虚幻境,下到龙潭魔窟,侠士们都可以自由驰骋,这充分展现出小说家无与伦比的文笔和想象力,让人大开眼界,这也是民国武侠小说受到读者青睐的重要原因之一。

民国时期武侠小说受到读者的广泛欢迎,更重要的原因在于其文化上和读者的心理相接近,直接反映了中国人心底深处真实的传统文化心理积淀:"从一定意义上说,读者对武侠小说的欣赏,就是国人对自我民族心理气质的一种认同。"① 当时社会动荡不安,官府腐败,普通人委屈良多却无处可诉,只能借着虚无、缥缈的武侠人物纾解心中的苦闷、求得心灵的补偿,许多人因此幻想着自己能如同小说中的侠客一样锄强扶弱、除暴安良,消除现实生活中的无力感。因此,民国武侠小说也饱受批评和责难。

三　民国武侠小说为武术"赋魅"

民国时期,武侠小说号称达到 150 多种,洋洋 3 亿言之巨,这些小说针对社会人心苦闷,渴望能看到侠客"替天行道"、济世救民的迫切需求,勾勒出一幅幅充满传奇色彩的"江湖众生图",小说的内容或表彰侠烈至性,或刻画家恨国仇,或渲染正邪之争,或演叙帮派恩怨,其间穿插虚实相生的武功、缠绵悱恻的爱情、曲折离奇的故事、可歌可泣的义行。总体而言,这一时期的武侠小说具有"虚构铺陈""武功奇幻""侠义纵横"等艺术特色,内容则大多表现"济世

---

① 顾圣皓:《二十世纪中国文学》,团结出版社 1998 年版,第 239 页。

救民、匡扶正义"等，因此被当时的许多国人视为"成年人童话"，成为受到热捧的通俗小说门类之一，越来越多的人尤其是青少年成为不折不扣的"武侠迷"，进而喜欢上了武术，认为学习武术后可以行侠仗义，可以锄强扶弱，可以快意江湖……

不过，民国武侠小说与我国历代的武侠文艺作品一样，本质上仍是艺术幻想的产物，"武"即武术或曰"武功"在很大程度上只是一种象征、一种文化符号，它是为衬托"侠"而存在的，其重要使命是为"侠"服务的，因此注定"武"与"侠"的关系并不对等，"侠"比"武"重要，是居于核心地位的，恰如梁羽生所言："宁可无武，不可无侠"，为了达到最大限度地表现"侠客""侠义"的需要，在一定程度上不惜牺牲武术的真实，割裂武术与现实的关联，最终将武术、武功等再度推上了"神坛"。

有人在批评民国时期武侠小说时指出了许多理由，包括如下几个方面：其一是以"江湖世界"取代现实人生；其二是将侠义精神异化为"江湖义气"；其三是封建迷信、荒诞不经的描写。① 前两点指斥武侠小说割裂了现实与武侠的关系，异化了武侠精神，后一点则直接指出武侠小说中充斥着大量与真实武术世界不符的描写，例如能用剑光杀人的"剑仙"、被飞剑腰斩后仍然不死的武士，以及什么"身剑合一"，什么"元神出窍"，什么"借尸复活"，等等。"还珠楼主"的《蜀山剑侠传》是民国武侠小说中的名篇，对此著名通俗小说作家和文坛掌故家郑逸梅也曾提出激烈抨击：《蜀山剑侠传》内容极其荒诞……凡是他写的各种所谓剑侠小说，其中人物都是那几人互相穿插，几个派别争雄斗狠，什么"剑身合一"，什么"一道白光"，又加上种种鬼怪的名称，荒诞无稽达于极点。②

武侠小说对于武术进行远超出现实状况的神化，在很大程度上是为了迎合市场的需要：开民国武侠小说先河的《江湖奇侠传》之所

---

① 袁良骏：《民国武侠小说的泛滥与〈武侠党会编〉的误评误导》，《齐鲁学刊》2003 年第 6 期。

② 郑逸梅：《南社丛谈》，上海人民出版社 1981 年版。

以推出,其实是因为一个现代商业策划的成功案例,当时上海世界书局老板沈知方得知向恺然寓居沪上,又深知其武术根基深厚,沈知方根据自己对文化市场的预测,认定邀请向恺然撰述武侠小说必然风行,于是登门求稿,而且预定了小说连载之余再印单行本的营销策略,一试果然不爽,因而促成了民国武侠小说第一个创作浪潮的到来。对此,向恺然自己也不否认:"原来不肖生做小说,完全是为个人生计……似此一无所能,真是谋生乏术,只好仗着这一支不健全的笔,涂抹些不相干的小说,好借此骗碗饭吃……"① 而且,他也不同意神化武术:"武侠小说,动辄飞檐走壁,读者认为本领大得很,实则古时房屋大都是低矮的,所以飞檐走壁,不算了不起,若是现代建筑,二三十层的高楼,便属不可能的事了。"②

四 武侠小说在查禁中"野蛮生长"

尽管向恺然本人宣称无意神化中国武术,但民国时期武侠小说集体出炉,大量的武功描写与客观存在的武术不符,同时因为中国武术惯有的传承特点而进一步玄幻化:由于中国传统武术长期被视为重要的技艺,传授行为缺乏公开性、透明度,其本身即具有很强的神秘性,那些无法接触武术、不能习练武术的人,如果喜欢看武侠小说,往往会把武侠小说中所描绘的武林、武术、武功等误解为现实存在的事物。

民国武侠小说盛行后,许多青少年沉溺其中,不少人幻想去峨眉山等地学武求道,在相当程度上就是受到了小说中的侠士拥有"飞檐走壁""内功制敌"等绝技的影响和诱惑,因此在民国武侠小说兴起之际的 20 世纪 20 年代末期,就有人对于武侠小说进行了严厉的抨击,并提出查禁此类小说。

当时即有评论者对武侠小说光怪陆离的武技渲染效果感到不满,

---

① 平江不肖生:《侠义英雄传》第 61 回,世界书局 1932 年版。
② 唐山:《武侠小说家"创造"了峨眉派》,《北京晚报》2017 年 5 月 12 日。

其本质是小说描写过于虚夸而脱离了武术技击这个根本，脱离了人体能力这个基本限度。① 如有人在报上撰文抨击道："武侠观念"促使人们奔赴"深山学道"这样的"把戏"，是一种"自慰式的梦想"。该文称武侠观念"看来是积极的，是颇适合于当前委靡国人的良药，但仔细研究一下，却是中国民族的毒剂，至少是麻醉剂，不安于现状的人们，并不在实际中找出路"，读者"以为不久后就会有取人首于百步之外，能撒豆成兵的英雄出现以及帝国主义的压迫终必消逝，而中国也就随意地杀死民族的仇敌了"，因而呼吁当局查禁武侠观念。② 在社会的强烈谴责下，1932 年 6 月，南京政府组织的官方电影检查委员会发文称《江湖奇侠传》"内容荒诞不经"，下令"不准登记在案，自应一体查禁，以免流毒社会"。不过，当时查禁的主要对象是武侠电影，武侠小说并未受到直接的影响，武侠小说仍层出不穷。

国民党败退大陆后，1951 年在台湾公布"戒严法"，规定"附匪分子之著作"概予查禁，致使岛内的民国武侠小说线索就此断裂。然而，这一举措并未对武侠小说产生实质性的损害：1952 年郎红浣即在《大华晚报》上连载《古瑟哀弦》六部曲，成为台湾武侠小说之始，50 年代台湾武侠小说基本上沿袭民国武侠的道路，以"超技击侠情派"和"奇幻仙侠派"为主。20 世纪 60 年代后，台湾武侠小说进入全盛期。③ 而在香港，以梁羽生的《龙虎斗京华》和金庸的《书剑恩仇录》为滥觞，新派武侠小说也迅速发展起来，其影响力甚至远远超过了民国武侠小说。

相形之下，中国内地武侠小说遭遇查禁与限制的时段更长一些：1955 年，国务院下发文件要求："凡……宣扬寻仙修道、飞剑吐气、

---

① 刘靖、虞定海：《民国武侠小说与武术发展的互动研究》，《上海体育学院学报》2013 年第 1 期。

② 化君：《国术与武侠观念》，《时时周报》1931 年第 16 期。

③ 参见苏光文、胡国强《20 世纪中国文学发展史》（下），西南师范大学出版社 2008 年版。

采阴补阳、宗派仇杀的荒诞的武侠图书，应予收换，即用新书与之调换。"① 1960 年，中华书局出版的《中国近代文学史稿》更是对武侠小说进行了全面而彻底的否定："武侠小说在长期以来，一直起着极为有害和反动的作用，它掩盖阶级矛盾的本质方面，把阶级的矛盾说成只是纯粹的个人恩怨，而且麻痹人民的战斗和反抗意志，宣传迷信思想、因果报应和各种封建观念，使读者进一步沉浸在幻想中而忘掉现实的斗争，引诱人们离开反抗和革命的道路。这就是为什么武侠小说在解放以前一直受到反动统治者或明或暗的支持的原因。它对读者特别是青少年的道德品质各方面都起着极其有害的影响。"② 在如此氛围下，武侠小说出版遭遇空前的困境，民国武侠小说更是失去了公开出版的机会。

20 世纪 80 年代以后，由于民众对文化产品的需求日益高涨，文艺市场迎来了历史性的繁荣，许多古代的公案、侠义等旧小说大量出版发行，一度成风，1985 年以后以金庸、梁羽生、古龙等人作品为代表的港台"新武侠小说"更成为内地出版市场上的"宠儿"，其作品在读者尤其是青少年中广受欢迎，许多中学都出现了"人人争读新武侠"的壮观景象。不过，此后内地主管部门再度发文，限制各种武侠小说的出版发行，直到 1992 年才明确对武侠小说"开禁"。有意思的是，21 世纪初，中国武侠小说出现了地域格局的大逆转，先前的主要阵地港台逐渐式微，中心转移到了内地，武侠小说创作也进入了又一个新时期。但是，无论哪一类武侠小说，其本质都是不变的，其中的武术、武功都是小说作者依据自己的观察、感觉乃至想象描绘或表达出来的，与真实的武术有明显的距离和反差，而它们在相当程度上影响了人们对武术的看法、观点和态度，客观上阻碍了人们认识真实的武术，对武术起到了"赋魅"的作用。

---

① 国务院法律办公室编：《中华人民共和国法规汇编 1953—1955》（第 2 卷），中国法制出版社 2005 年版，第 699 页。

② 复旦大学中文系 1956 级中国近代文学史编写小组编：《中国近代文学史稿》，中华书局 1960 年版，第 385 页。

第四节　武侠电影塑造"神奇武术"

　　20世纪20年代，武术和武侠电影同时在中国大地上兴盛起来，前者被尊为"国术"，获得了前所未有的崇高地位，后者则一再引发万人空巷的观影热潮，形成中国武侠电影的第一次高潮。按照当今人们的共识，武侠电影与武术必然存在着紧密的关联：武术是武侠电影的核心，脱离了武术，中国武侠电影将失去其独特的东方魅力；而在电视尚未出现的民国时期，武侠电影也一度被认为是传播武术文化的最好手段——武侠电影通过镜头化的语言与戏剧化的情节，充分展示中国武侠文化的精髓与内涵，且通过电影这一"世界语言"向全球展现具有中国特色的武侠文化。人们普遍期待武术和武侠电影能相互促进、相得益彰。

　　但是，作为中国武侠类型电影滥觞之作的民国武侠片呈现的却是离奇荒诞、光怪陆离的"超现实"，着力宣扬神功奇术，武侠电影与真实的武术渐行渐远，既未展示出中国武术文化的价值，也无助于武术在全国的推广和普及活动，更没能表现出应有的社会教化功能，最终遭到官方的查禁，因而急速衰落下去。

一　武侠电影勃兴的社会动因

　　电影自19世纪末期在法国诞生后，很快传入中国，中国早期的电影工业处在模仿、追赶西方电影的阶段。而进入20世纪20年代后期，中国电影开始寻找自己的出路，进而形成了早期的类型电影，"类型电影是艺术创作商品化的一种表现形式。制片商为了攫取最大利润，逐渐形成一些相对固定的影片模式——类型"①。学术界普遍认为，真正意义上的中国早期类型片包括古装片、武侠片和神怪片，

①　许南明、富澜、崔君衍主编：《电影艺术词典》，中国电影出版社2005年版，第58页。

三者之间存在着明显的关联：武侠电影是古装电影的变种，神怪电影又依附于武侠电影而产生。① 在这一关系链条中，武侠电影明显居于核心地位。武侠电影迅速在中国兴起，成为最早的类型片之一，有着深刻的社会原因：其一是社会希冀电影能充分发挥道德教化和现代教育的任务，其二是武术地位的提高与民族认同的需要。

电影进入中国后，很快显示出简单直观、接近生活、吸引民众的特点，电影成为当时与民众结合最为紧密的传播媒介，因而也被许多人士认为是最好的教育工具："电影和教育，根本有密切的关系，电影是教育的工具，反过来说，教育是电影要走到的目的，电影抛弃了这个目的，是电影的损失，教育者不利用电影做工具，是教育者的奇辱。"② 或者说"影戏事业，为吾中华民国当今第一伟大之新实业，补助社会教育，宣扬古国文化，提倡高尚娱乐，挽回狂澜漏厄，激增爱国热情"③。因此在中国电影工业发展之初，一些较大的制片企业多抱有"改良社会""传播文明"等教化宗旨，如商务印书馆摄制影片的宗旨即是"当借影戏为教育的一大助手"。而奠定中国电影伦理范式的早期影人郑正秋所创作的《孤儿救祖记》，则被称为是一部"教孝""惩恶""劝学"和提倡"义务市民教育"的影片。④ 在当时国民体质普遍较为羸弱的背景下，通过教育电影，在电影里"鼓吹运动，提倡体育，注重卫生，使每个人的身体，日臻健康……"也被认为是中国电影事业使命和出路的一部分。⑤

与此同时，在中国电影草创时期，中国社会经历了天翻地覆的变革，中国历史上最后一个封建王朝——清朝被推翻，中华民国建立，人们迫切需要以某种方式反映国人的形象，重新定义当代的国民身份，新兴的电影为确认新的身份和形象提供了手段和媒介。但

---

① 参见金开诚主编《中国电影的起源》，吉林文史出版社 2012 年版。
② 谷剑尘：《教育电影》，中华书局 1938 年版，第 172 页。
③ 程树仁：《创刊辞》，《中华业年鉴》1927 年。
④ 程季华主编《中国电影发展史》（第 1 卷），中国电影出版社 1981 年版，第60 页。
⑤ 孙建三：《20 世纪 30 年代的中国体育电影与抗日救亡运动》，《艺术评论》2008 年第 8 期。

是，当时在风靡中国的美国电影中，华人仍被赋予"东亚病夫"的刻板印象：华人在行为举止上怪异丑陋，经常是"移步蠕动，伛腰偻背，袖手痴望"，即便恶徒也"只能暗设毒计，谋害对手，苟遇搏战，则拳足未举，身已倒地"①。对此，国人非常不满，全面开展武术训练和教育即被认为是应对之策中非常紧要的一环，1929 年印制的《中央国术馆手册》在开篇"本馆缘起"中即强调："民气消磨，日甚一日，而东亚病夫之根，即酿成于此。……倘人人研究国术，发愤为雄，虽有健者，宁遑多让。国术与国家社会之关系，概可想见。"明确将振奋民族精神，洗雪"东亚病夫"之耻作为重要目标。武术运动在国内的广泛开展，以及武术迥异于西方技术武力的特点，极大地满足了国人的民族自豪感和民族认同感，许多人希望把武术搬上银幕："或欲联络同志，在本国创设影片公司，自行表演各种义侠尚武之故事，以扬国光，使外人见之，亦知我国之民性，与一切他国所不及之行为……"② 这也是带动当时武侠电影渐成风气的重要因素之一。

二　武侠电影中的武术变形与神化

如前所述，武侠电影肩负着深沉的社会教化功能而生，其中一点便是充分展现民族文化和精神："自摄足以发场中华民族高尚优美之影片，运往内地及欧美诸国，既可挽回利权，又可表示吾民族之伟大精神……"③ 在 20 世纪 20 年代的"国产电影"运动中，民族认同是一条非常重要的脉络，欧阳予倩撰写的《民新影片公司宣言》明确提出："中国固有其超迈之思想，纯洁之道德，敦厚之风俗，以完成其数千年历史上荣誉，苟能介绍之于欧美，则世界必刮目以相看。而

---

① 恺之：《电影杂谈》，《申报》1923 年 5 月 16 日、19 日。
② 匿名：《改良中国影片事业之先声，发起者为实业家与资本家》，《申报》1922 年 8 月 22 日。
③ 剑云：《影戏杂谈》，《申报》1922 年 3 月 15 日。

世界之新思潮，亦可从事于传播。"① 但在实践中，真正如实反映武术风貌的影片寥寥无几，只有 1920 年商务印书馆影戏部拍摄的介绍国术之影片《技击大观》（2 册）等区区几部。一度在民国影视屏幕上占据统治地位的武侠片却脱胎于当时的通俗武侠小说，且应用电影的视觉表达将其中的非武术元素显著放大，自然难以契合如此标准。

　　民国时期，武侠小说和武侠片可谓典型的"双胞胎现象"，两者之间存在着明显的逻辑传承，最初热映的《火烧红莲寺》即直接改编自风靡一时的武侠小说《江湖奇侠传》，可以说是武侠小说的风行直接催生了武侠片的"井喷"：1928 年春，上海明星电影公司将《江湖奇侠传》改编为《火烧红莲寺》第一集。"五月，正式上映，哄动一时，大收旺台之效；同年拍摄二、三集……十八年（1929），拍摄四至九集。十九年（1930），拍成十至十六集。二十年，续拍十七、十八集；《火烧红莲寺》艺术价值不高，开中国电影史武侠神怪片之先河……"而且影片中的女主角由著名影后胡蝶扮演，无疑为其增添了魅力元素，构成当时最流行的大众文化，因而这些影片的火爆程度是今人所无法想象的。根据茅盾的记载，影院内外挤满了人，电影院充满了喝彩、叫好的声音。1928 年任彭年自组月明影片公司，专拍武侠片，其中招牌作品《关东大侠》自 1928 年至 1931 年续拍了 13 集，卖座率极高。该公司台柱子邬丽珠以其高强的武艺，在银幕上大显神威，舞刀弄剑，戎马驰骋，令观众叹为观止，甚至被人们誉为"东方女侠"。而同一时期顾明道的武侠小说《荒江女侠》在文坛上轰动后，1930 年也被陈铿然主持的友联影片公司改编为 13 集电影搬上银幕，声冠一时。20 世纪 20 年代末到 30 年代初，武侠电影在内地，尤其是在电影创作中心上海完全占据了统治地位，《中国电影发展史》描述道："据不十分精确的统计，1928—1931 年，上海大大小小的约有五十家电影公司，共拍摄近四百部影片，其中武侠神怪片竟有二百五十部左右，约占全部出品的 60% 强，由此可见当时武侠神

---

① 予倩：《民新影片公司宣言》，民新公司特刊《玉洁冰清》1926 年第 1 期。

怪片泛滥的程度。武侠神怪片的第一把火是明星影片公司放的……于是红莲寺一把火，'放出了无量数的剑影刀光'，'敲开了侠影戏的大门墙'……"①

　　如前所述，民国武侠电影基本上都依据当时热门的一些武侠小说改编，而民国武侠小说吸引读者的核心恰在于其艺术化的夸张，从而满足了许多人逃避现实、幻想强大的愿望，在武侠小说向武侠片的形式转变中，这种艺术夸张更是被无限扩大：在开创"武侠片第一浪潮"的《火烧红莲寺》拍摄过程中，为表现剑侠飞行，该片摄影师董克毅创造出"空中飞人"拍摄法，为中国武侠电影留下了一个至今不衰的传家之宝——吊钢丝，影片采用吊钢丝、叠印、动画等技术，制造出隐形遁迹、空中飞行、口吐宝剑、掌心发雷、剑光斗法等奇幻效果，片中人物"或腾云驾雾，凭虚御风，或隐遁无形，稍纵即逝"，影片上映后，观众无不为之痴狂。

　　《火烧红莲寺》引发观影狂潮后，其表现手法在武侠片中得到普遍应用，此时的武侠片充斥着许多神怪元素，"人会喷火，兽会飞天"等画面屡见不鲜，神话法术或"怪力乱神"画面比比皆是，当时就有人抨击如此不利于中国电影的发展，李剑虹曾言：影戏公司"一味以迎趋社会观众的心理为依准""大做特做那什么鬼魔妖怪的把戏，只是图一时之快，却会断送了国产影片的生机"②。

　　武侠片本质上是商业电影，此类电影更关注市场效益，对普通民众有较强的归属感和亲和力，但影片内容实际上无关百姓的生活，更缺乏契合现实生活中武术的自觉，因而民众无法从中受到真正的教育，观看影片只能得到心理自慰。尽管一般观众对武侠片颇为追捧，但社会精英阶层对此却大加挞伐，斥之为愚民鸦片，如金太璞在《神怪片查禁后》一文中就抨击道："在无形中扩大了空想的虚无主义，

---

①　程季华主编：《中国电影发展史》（第1卷），中国电影出版社1981年版，第133—134页。

②　中国电影资料馆编：《中国无声电影》，中国电影出版社1996年版，第690—691页。

其在民间的流毒，真像洪水猛兽，一方面造成理想成事实的神行万能，以至于四川峨眉道上有许多神经疯狂者跑上去，另一方面还造成野蛮的英雄主义，到处的可以动手打人。"①

武侠片这种刻意宣扬鬼怪、"怪力乱神"的神秘化倾向显然与当时武术的科学化变革背道而驰的。武术要彻底实现科学化、体育化，重要使命之一便是祛除附着在传统武术之上浓厚的神秘色彩，"科学成为最具权威的衡量标准，它促使土体育武术，以科学作为自己的发展目标"②。这也是 1928 年成立的中央国术馆所确定的重要任务之一，该馆针对中华武术的系列问题进行了系统的研究整理：从武术源流到功法演练，从攻防招数到对拆破解，从拳法到拳理，从长兵器到短兵器等均纳入其中。在武术刻意向科学化变革的时期，武侠片却仍然有意识地将武术"神化"，通过其视觉传播塑造了一个迥异于现实的"神奇武术"空间，因此招致各界的强烈反对和抨击。

三 官方回击武侠电影"虚构武术"

社会舆论对于武侠片的普遍抨击，导致武侠片遭到了官方的正面遏制，首当其冲成为第一批遭遇查禁的国产影片——当然，其理由或曰"罪名"并不仅仅是虚构、玄幻化武术。

早在国产武侠电影兴起之时，南京国民政府已经认识到电影声画俱全的特点对于民众具有很强的感染力，堪称"思想交流的利器"，不仅有娱乐、教化功能，还足以成为意识形态宣传的工具。在此背景下官方对电影管理给予前所未有的重视，随即展开了一系列针对电影的管控活动：1930 年 11 月 3 日，行政院公布《电影检查法》，其中明文规定："电影片有下列情形之一者不得核准：一、有损中华民族之尊严者；二、违反三民主义者；三、妨害善良风俗或公共秩序者；四、提倡迷信邪说者。"1931 年 2 月 25 日，由教育部和内政部联合

---

① 中国电影资料馆编：《中国无声电影》，中国电影出版社 1996 年版，第 666 页。
② 马康祯：《论现实视角下的近代"土洋体育之争"》，《体育科学》2011 年第 2 期。

组成的电影检查委员会，开始实行全国统一的电影检查制度，武侠片随即遭遇严厉的查禁。

　　武侠神怪片在社会教化领域的负面影响颇为明显，这是其遭遇查禁的重要缘由。曾经主管上海电影检查工作的潘公展有言曰："在神怪剧风行的时期，报纸上时常可以见到小学生或学徒弃家访道消息，这是电影对于社会很明显的恶劣影响。"① 这在许多人看来是教坏了青少年，无疑是武侠片的一大"罪状"。此外，违背武术的科学性、宣扬封建迷信也是当局加于武侠电影的"罪状"之一，电影检查委员会成立之初，就要求各制片公司尽量多拍一些宣扬爱国精神、传播科学知识和鼓励探险求索的影片；同时告诫制片公司，武侠神怪一类影片与上面这些要求背道而驰。但武侠片中存在着大量神怪修仙之类的东西，而当时中国教育普及率低下，绝大多数观众缺乏基本的科学素养，竟然相信这些内容是真实的，这与政府试图通过电影等大众传播媒介训育新民，提倡新型民族形象的意图完全背道而驰。

　　民国武侠片勃兴之际，恰处在民族危机严重、救国救亡呼声高涨的时期，社会本期待素以"强种保国"为己任的武术文化能在这一进程中发挥积极作用，但武侠片却普遍宣扬远离社会现实、遁形打斗天地，被认为是在"麻痹人民心智"。"九一八事变"爆发后，日本悍然入侵中国东北，国难当头，各方纷纷要求查禁武侠片，1932 年 6 月，电影检查委员会发文称《江湖奇侠传》"自应一体查禁，以免流毒社会"；而《火烧红莲寺》"完全取材此书，其传播之广，为害之烈，甚于书籍"，故"禁止该片全部映演"。此后 3 年间，电影检查委员会共查禁武侠神怪片 60 余部，官方给出的理由都是违反《电影检查法》第 2 条第 3 款"妨害善良风俗或公共秩序者"或者第 2 条第 4 款"提倡迷信邪说者"。

　　至此，中国武侠电影遭遇了第一次严重挫折，在内地难以生存，一批导演转移到香港继续拍摄此类影片，但声势大不如前，直到 20

---

① 《上海市电影检查委员会业务报告》，序言。

世纪 50 年代后才以功夫片等全新形式迎来新一轮复兴。

四 武术界对武侠文艺"赋魅"的自我剔除

中华武术长期存在于封建社会，缺乏科学而系统的整理与传授，这是其不能构成近现代社会中体育的主要因素。20 世纪初叶，西方兵式体操与自然主义体育的传入则给武术的体育化、科学化发展指明了方向。"当西方文化和中国传统文化碰撞时，就显出中国传统文化的种种弱点和弊端，这就迫使传统文化不能不向西方文化学习。"[①] 西方体育传入后，武术界人士意识到，必须对武术进行科学整理，使之符合现代体育的标准，同时强调其本身即具有体育的特征和属性，如 1919 年北京体育研究社在《呈教育部请定武术教材文》中强调："我国拳术为最良好之运动法，学校体育须注意人格之修养及陶冶性情者方为适当。故学校锻炼与军队锻炼，不可混视者也。"该文还列出拳术的八大优点：使人身全体内外平均发育；得精神之修养；增进智慧；陶冶性情；便于锻炼；富于应用；材料丰富；长幼咸宜。[②] 从所列优点不难看出，这是在比照现代体育项目总结武术的优势。也就在同期，北京国会表决通过"以'中华新武术'定为全国正式体操"。

就在民国武侠小说、电影风行之时，国内爆发了第二次"土洋体育之争"，而 1932 年刘长春在洛杉矶奥运会赛场失利后，更是助长了这场争论——1932 年 8 月 7 日，天津《大公报》就刘长春失利的问题发表社论，提出让全体国民"脱离洋体育，回归到土体育"，这里所言"土体育"即指武术。随后体育类专业刊物《体育周报》则分析了"洋体育"的种种好处，并指出了不管"土体育"还是"洋体育"，只要适合国人，就应该发展，不能因噎废食。此后，不断有人撰文继续论战。这场持久的论战，虽然其初衷是比较武术与西方体育

---

① 张岱年、方克立：《中国文化概论》，北京师范大学出版社 2004 年版，第 328 页。
② 转引自李义君、尹碧昌《"土洋体育之争"的回顾与启示》，《体育学刊》2015 年第 5 期。

的高下优劣，但实际结果却促使武术界第一次有意识地喊出了"国术科学化"的口号，加速了武术与现代体育的融合。

在这次论争中，武术缺乏科学依据，是最受人诟病的弱点，如谢似颜指出："武术要受近代解剖、生理、卫生、教育等科学的洗礼，方认为有用处，绝对地不许再说那丹田还气、太阴少阳一派的话儿。"① 而大力倡导中华武术的权威人士如中央国术馆馆长张之江，在宣扬武术功效时也不忘提及科学性等因素："盖国术之用，不仅强身强种，且可拒寇御敌；既合生理卫生，又极经济便利；不拘于性别老弱，不限于时间空间；富美感，饶兴趣；锻炼甚便，普及亦易。"②

经过第二次"土洋体育之争"，借鉴西方体育长处，从更广角度探讨武术发展，成为国内武术界众多人士的共识，如唐豪曾说："今日吾国国技其缺点颇多，无学理、无程序，其最大弊也。欧西人士颇多赞成斯术，惟以乏学理的说明，故俱存疑虑之心，不敢决其果裨益身心与否。"③ 也有人提出："国术即是'人体力学'，就是以科学的方法来研究人体力量的运用，而从中发见因果法则，以健康身体为目的而兼之以技击技术的习得。"④ 还有人感叹道："若君等将所习之国术依据科学加以改进，当事半功倍。"⑤ 例如1933年，在此次"土洋体育之争"中居于"中立"地位的吴蕴瑞、袁敦礼即合著《体育原理》，这两位当时具有权威地位的"洋体育"专家，一致承认国术的体育性质，而且对中国古代体育做了充分肯定，只是希望对本土体育资源还需要研究，需要做系统性建设，努力使之成为具有现代体育特点的运动项目。⑥

这场论争增进了国人对西方体育的了解和对待外来文化的开放心理，

---

① 谢似颜：《评大公报七日社论》，《体育周报》1932年第30期。
② 张之江：《提倡"土体育"之应声》，《大公报》1932年8月11日。
③ 转引自李文鸿《民国时期武术的科学化变革》，《山东师范大学学报》2014年第4期。
④ 范振兴：《我对于国术的所见》，《体育杂志》1935年4月10日。
⑤ 沈维周：《今后国民体育问题》，《大公报》1932年11月6日。
⑥ 吴蕴瑞、袁敦礼：《体育原理》，勤奋书局1933年版。

并推动了武术的"体育化"改造与发展，使得"土体育"与"洋体育"由抵牾走向融合。① 此后，国内武术提倡者为充分彰显武术的科学性，着手进行了诸多科学研究与整理：著书立说，编写教材；用解剖学、运动生理学、教育学、力学、体育测量学等近代体育科学原理研究国术，促成其理论化、系统化；深入探究国术的运动原理及价值；对武术史料进行整理研究，建立武术文献学；改革传统教法，创立新的教学组织形式；将全国的武术分门别类，划分流域，去伪存真，重新整编套路；采取制定武术规则等一系列改革措施。② 这些举措的目标就在于消除武术的神秘性，进行"祛魅"，恰如刘蔚天在唐豪所编的《武艺丛书》"感言"中写到："把前代遗留下来的武艺上的东西——合理的使它存在，不合理的要无怜惜地剔除出来，扬弃它——作一度新的整理和估价。更要指明的是：武艺本身在人类历史进展上，目前以至将来的社会，它应该占着怎样的位置和价值？这样明了以后，我们总能得到一个正确的，带有科学性的实践标准，才不至于盲目的努力，从实践中可以更接近地证明了所谓武艺的价值在哪里。"③

不过，人们且莫认为这一阶段的武术"祛魅"全然是正向的作用，它同样产生了负面影响，一个突出特点是割裂了武术所蕴含的体育属性与文化属性，张之江曾多次言明武术大于体育：1928 年 5 月，国民政府第一次全国教育会议在南京召开，会上张之江发表了"国术研究与民族强弱之关系"的演讲，推出所谓"文化即国学，武化即国术"的观点；张之江还说："吾解析国术之功效，可以分为体育与技击两方面，属保健者曰体育，属于技击者，则真如乎体育范围之外。……由是言之，谓国术中包含有体育之效用则可，谓国术为体育之一种，则未当也。"④ 但在强势的西方体育文化冲击下，武术被迫努力追求自身的体育转向："这样

---

① 李义君、尹碧昌：《"土洋体育之争"的回顾与启示》，《体育学刊》2015 年第 5 期。

② 熊文：《民国时期国术科学化动因探析》，《体育文化导刊》2014 年第 7 期。

③ 转引自蔡宝忠、马健《近代"土洋体育"之争对武术发展的影响》，《沈阳体育学院学报》2007 年第 2 期。

④ 谭华：《70 年前的一场中国体育发展道路之争》，《体育文化导刊》2005 年第 7 期。

一来（中西体育的冲突），引起了体育界人士对以健身和武术为基本内容的传统体育的重新认识。其主要表现就是在对传统体育进行再检讨的同时，纠正片面地、狭义地视传统体育为单纯军事目的和纯属于个人娱乐的观点，开始对以健身术、武术等为基本内容的传统体育赋予'体育'的含义。"① 为此，有人如此形容土洋体育之争给武术带来的负面效果：近代以来中国武术在"西学东渐"的影响下，首先被限定在"体育"的框架下发展，导致其文化本色和传统精髓被大量过滤和丧失；其次，在体育系统中，也未能维持住"土洋体育之争"时期能够与西方体育平等对话的地位，而是从属于后者，并在体育大系统的诸多方面日渐走向边缘。②

　　总之，20 世纪 30 年代以东西文化冲撞为背景的"土洋体育之争"，对中国武术产生了很大影响。富有传统文化底蕴、内容瑰丽的武术，在体育化改造过程中有着借助现代体育的科学性、规范化，便于普及、推广的一面，同时它在价值观念的对立冲撞中，走上了一条充满艰辛且坎坷之路。在体育化过程中，以拳种门派为传承形式的武术被肢解成若干体育项目，在技术上难以完全符合现代体育的要求；在文化上又失去了传统武术所体现的中国人的文化精神。③ 换言之，这种"祛魅"表现为两个方面：一是消除附着在武术之上的神秘、玄幻色彩等，这种"祛魅"是必要且有价值的；二是解构了武术本身所蕴含的文化魅力："中国武术特别是传统武术在与西方竞技体育的比较中，更具有另外一种品位，传统武术是一种十分特殊的智性的文化，表现出智性的方式。这种智性方式和智性文化在于人与世界不可分的整一混沌的境遇，在于'体悟'的过程中，物我交融、相即相忘的那种难以言说的状态。但它绝不是那种传统意义上绝圣弃智的

---

① 崔乐泉：《中国近代体育史话》，中华书局 1998 年版，第 49 页。
② 刘文武：《论武术在当代社会的发扬》，《成都体育学院学报》2017 年第 2 期。
③ 李印东、李军：《从"土洋体育之争"的历史文化背景谈西方体育对武术的影响》，《北京体育大学学报》2010 年第 4 期。

怪人、狂人、侠客的专利，也不是'体育'、'竞技体育'的代名词。"① 这种解构并非人们所期望实现的效果，但在实践中却发生了，并对于武术后续发展产生了明显的消极影响。

从总体上看，20 世纪初期武术的"祛魅"情形最为显著：官方举办的国术馆以及民间的武术社团、学校等遍地开花，中央国术馆更是推行了一套从中央到县级的武术推广体系，国术馆开展培养师资、审编教材等活动，促使武术教育逐步普及，武术习练公开化，同时现代体育的竞技规则也相继融入了武术之中。在这一系列因素的共同影响下，武术渐渐被公众所熟悉，逐步退去其"神秘面纱"。不过，武术的"祛魅"实际上贯穿了武术体育化、竞技化的全过程，在推动武术进入奥运会的整个进程中，中国都在着力消除武术的神秘、非体育色彩，但大量流传到海外的武侠影视剧作品——以港台的功夫片、武打片等为主，却仍在相当程度上增加武术的玄幻色彩，为武术"赋魅"。可以说，"祛魅"与"赋魅"同时存在于武术的跨文化传播进程中，彼此交织着发挥作用，共同影响了武术全球传播的最终效果。

---

① 王岗：《民族传统体育与文化自尊》，北京体育大学出版社 2007 年版，第 195 页。

第三章 民族主义导引的武术
"走出去"

　　"走出去"的基本含义是"向外部空间迈进"，具体到武术"走出去"来说，其实存在着多层面的含义：其一是"走出境"，这是地理概念上的走出去，满足了最初步的"走出去"要求；其二是"走出华人圈"，这是文化层面的走出去，由于具备了跨文化传播的意味，通常也被认为是真正意义上的"走出去"；其三是"走进奥运会"，这是当下武术开展全球传播进程中最为重要的指针和目标，也是武术真正走向世界并且赢得世界主流体育文化认可的核心标志之一。

　　众所周知，历史上武术也曾实现了完整意义上的"走出去"：在汉唐等时期，中华文化对外具有强烈的吸引力，许多国家如日本等经常派出"遣唐使"来华学习，中国武术自然也通过这些文化交流渠道对外输出，影响了日本、朝鲜半岛等地，促进了日本相扑、柔道及韩国跆拳道等技击运动的形成和完善。不过，武术的这一历史作用主要推动了异域技击运动的发展，最终结果是形成了新的技击运动项目，并不能直接推动武术运动的全球扩展或影响力的提升，因此通常不被包含在当今的武术"走出去"范畴之内。

　　此后，在明末清初华人大批"下南洋"经商、谋生乃至迁徙的潮流中，武术也被其中的一些人带到了境外，这些懂得武术的人士通常会在小范围、小圈子内进行武术技艺的传授，形成一种无意识、自发的武术传播。不过，这种传播仅仅将传承地域变换到了境外，其实质与先前国内的私下传承没有根本的区别。总之，在20世纪以前，中国武术的传承关系较为封闭，大规模"走出去"行动难以实施。

进入民国时期，中国武术才真正具备了"走出去"的自觉，首先是精武体育会等民间组织在海外开设分会，有意识地在境外华侨华人中开展武术传播。此后，南京政府组建了中央国术馆作为全国性的武术教育、推广机构，中央国术馆先后派遣武术表演团奔赴东南亚、柏林奥运会等地进行表演，并产生了轰动效应。从此，武术与西方体育世界的交流逐渐增多——1949 年中华人民共和国成立后，武术作为外交活动的辅助行为，多次参与对外出访表演、教学等。自 20 世纪中叶以来，中国武术影视剧作品风靡世界，这些剧作成为外界了解中国武术的又一重要路径。

在 1982 年以前，中国武术的海外传播、跨文化传播始终在一条并行线上行走：传播集中在体育和文艺两个领域，传播内容则聚集在武术的动作、套路等技艺层面，而实际的传播活动又可以分为两个部分：其一是通过表演、教学等活动传递真实的武术技艺，增进海外人士对于武术的正确认知；其二则是通过功夫片、武打片、新武侠小说等文艺形式传播虚构、失真的"超凡武术技艺"，其结果必然导致人们只能接受脱离了真实情形的武术，陷入一种"想象的武术"里。不过，这些活动均可包括在同一思路下，即充分展现中国武术的神奇、魅力等，明显带有民族主义倾向。

第一节　武术境外传播的滥觞

清末民初，武术传播的封闭状况逐渐被打破，武术的开放性传播局面有了很大改观，一些武林中人陆续开始公开传授武术技艺，例如通臂拳大师张策就打破封闭保守、秘不示人的门户之规，先后于沈阳、北平等处设馆授徒，广招徒弟，传播技艺。在他逝世后，北平《民声报》曾撰文悼念曰："以是桃李半天下，门人弟子散走四方……"与此同时，国内第一批民间武术团体相继成立：1910 年，霍元甲等人在上海创办中国第一个民间武术团体——精武体育会，宗旨为"提倡武术、研究体育、铸造强毅之国人"。此后 1911 年叶云表、马凤图等人发起组织了"中华武士会",其宗旨为"团结武林同道,提高中华武术,振奋民族精神",而 1912 年由许禹生、郭志云等人创立的北京体育研究社,也以"发展武术运动,培养人才,达到强民救国"为创会目的。

这些民间武术团体普遍按照现代社团的组织模式运行,公开向社会招募会员,聘任教师开展课堂式、集体性的武术传授活动,同时积极倡导武术运动进入学校,建立系统性的武术教育体系:1914 年,中国体操学校创办人之一的体育教育家徐一冰在《整顿全国学校体育上教育部文》中,建议将武术列为中小学和师范学校的正课。1915 年 4 月,在天津召开的全国教育联合会第一次会议上,北京体育研究社委托北京教育会代为提出《拟请提倡中国旧有武术列为学校必修课》议案:学校体育"皆袭他人形式,未克振己国之精神,故兴学二十几年,而国民之强健,未见有若向之进步也,故拟提倡中国旧有武术,以振起国民勇往直前之气"。教育部采纳了此建议,明令"各学校应添授中国旧有武技"。至此,武术被列入各级学校体育课程,走向了合法化。[①] 作为武术公开传播的有机延伸,精武体育会在海外设立了诸多分会,有效促进了武术的跨境传播。有人评价道:广设分会是精武体育会武术传播的一大特征,由沿海而南洋的拓展路线,使精武会成为以武术为代表的东方体育文化海外传播的领航者。[②]

一 精武会的武术跨境传播

精武体育会成立之后,即以"弘扬中华武术"为宗旨,主张摒弃门户之见,破除"因袭宗法,师徒秘传"的陋习,汇集各地武术之精华,对中国南北诸多武术流派兼收并蓄,并确立了"强国、强民、强身"的精武精神,派遣教师走出武馆,前往学校、工厂、军队及社

---

① 陈涛:《中国武术传承的演变》,《滁州学院学报》2015 年第 2 期。
② 王占奇:《早期精武体育会武术传播寻绎》,《山东体育学院学报》2012 年第 1 期。

会团体等，向社会公开传播，在 20 世纪 20 年代又将武术传播到境外的华侨华人群体中，开创了近现代中国武术自觉"走出去"的先河。

就传播目的而言，精武会海外武术传播实属其国内传播活动的延伸，同样是本着弘扬传统武术事业，扩大武术传播的对象和范围，增加传播效果这一目标。精武会高举"爱国、修身、助人、正义"的旗帜，在海外建立精武分会，从而在海外得到了华人华侨的大力支持和响应，很快就遍及了东南亚一带华人较多的国家和地区。1920 年夏天，精武会派遣陈公哲、罗啸、黎惠生、陈士超、叶书田 5 人携带精武书籍及活动影片等前往东南亚国家开展巡回表演及推广，他们在新加坡、马来西亚等地巡行两月有余，不仅在各地发表演说，而且到学校传授精武武术，宣传精武精神及文化等，新加坡等地媒体纷纷报道其活动，南洋各地提出筹划成立本地的精武分会。1920 年，越南西贡成立精武分会。同年 9 月，新加坡成立了分会。之后，吉隆坡、槟榔屿、仰光、雅加达、三宝垄、爪哇等地相继建立分会组织，开展活动。

精武会从上海虹口区一个小弄堂起步，走出国门，
拉开了中国武术有意识向境外传播的序幕

1923 年 10 月，精武会组织"广高精武旅行团"，再次前往南洋，"该团此次旅行，先到星［新］家坡，以次及南洋各属荷属爪哇，法属安南等埠"，沿途以国操以及武术改编的武化舞、剑舞等向侨胞宣传精武事业。精武会在南洋，"足迹所至，莫不欢迎，故海外分会已达二十余所，会员万余人"①。截至 1929 年，精武会在世界各地已有 42 个分会，总会员数逾 40 万人，很好地在海外传播了传统武术，扩大了传播范围，引起了巨大的反响，极大地促进了武术在海外的传播和发展。另外，精武会还在香港、新加坡、吉隆坡等地创办精武女子体育会，开创了武术国际传播的新纪元。② 除华侨集中的东南亚地区外，欧洲荷兰、意大利等国和美国也有精武会会员的活动。精武会的武术通过广大华侨传到世界不少地方，"精武体育会成为武术向西方传播的领袖与旗帜"③。

马来西亚是精武会在东南亚开展海外传播活动的重要基地之一，其活动代表了东南亚地区精武分会的最高水准：从 1921 年起，马来西亚先后建立精武会达 20 个，使马来西亚的华人武术传播由私自传授、秘密结社，变成用学校和武馆形式向社会公开传播，极大地扩展了传播的范围和辐射面。此外，马来西亚精武会秉承"唯精唯一、乃文乃武"的宗旨，其活动科目中分设"技击、兵操、文学、游艺"四部，传播内容除保持精武武术传统技艺外，还包括其他中华民族传统体育和文化，如怡保等地精武会曾主办"中华文化艺术展览会"，实质上已经成为综合性文化团体，为巩固中华民族精神认同，推广、传播中华传统文化做出了巨大的努力和贡献。此外，马来西亚精武会在活动中还开设了诸多现代西方体育运动项目，成功地结合了民族文化和西方的体育精神，既体现出对传统文化的自信，也表现了对西方

---

① 丁守伟：《论民国武术的国际化》，《武术研究》2017 年第 5 期。

② 朱向中：《1983 年之前中国武术国际化寻绎》，《搏击·武术科学》2006 年第 12 期。

③ 易剑东：《精武主义和奥林匹克主义的比较研究——19 世纪末至二战前的东、西方体育文化》，《成都体育学院学报》1997 年第 4 期。

体育的认同和接纳。总之，马来西亚精武会不仅促进其成员锻炼身体，而且可以在活动中历练身心，提高其文化素养和生活品质。①

精武会在国内与海外的传播活动始终是一个有机的整体，自然是在同一目标统摄下，那就是"强民族之精神须从强民族之体魄开始"，在此基础上形成了"强国、强民、强身"的精武精神，这一点在其会歌《精武颂》中有最为直观的表达："国不强兮招毁灭，人不强兮难自立。振我精神锻我筋骨，充我智能坚我魄力。百练此身如钢铁，任何威武不能屈。大家齐努力，发扬精武式、卫国魂，尽天职。"而东南亚各地华侨华人纷纷响应精武会的号召，在当地建立精武分会，也在于他们高度认同精武精神，同样认为武术可以增强人的体魄，而国民体魄强健又直接关系到民族的存亡，在陈公哲等5人奔赴南洋开展宣传、推广活动，着力申述精武真义时，新加坡一位名叫陈安仁的先生曾撰写《论吾国之精武体育会》一文予以呼应："精武体育会于举国昏沉欲暮之候，大声疾呼，现身说法，以精武之义，提撕警觉国人，亦可谓于救国事业中为一种有光荣、有力量之盛举也。精武体育会提倡中国式之体操于学校教育中，提倡女子体育于社会教育中，吾知此后该会之发展，转弱为强，其在斯乎。以全国之大而以精武之灵魂点缀之，以全国之众而以精武之精神贯注之，岂中华民族不足以自豪大地也乎？祝该会发达，维持国魂，祝该会诸君子，努力进行，以发展国粹之光荣！"②而精武会在马来西亚等地持续开展中华文化传播，也与精武会在国内的活动拓宽及传播思路转变紧密相关：1915年以前，精武会的活动仅限于推广武术，而从1915年起则扩充学科，增设了兵操、文事、游艺等内容，拓展到文化传播的领域。

二　陈嘉庚邀请闽南武术团巡回表演

从历史上看，东南亚是中国武术走出国门的重要渠道和平台，这

---

① 李秀：《百年精武体育在马来西亚的发展及影响研究》，《黄山学院学报》2011年第5期。

② 陈公哲：《精武会50年武术发展史》，《武林》1986年第4期。

一方面是因为东南亚与中国地域和文化接近，另一方面在于当地拥有许多热心支持武术事业的华侨领袖，陈嘉庚就是其中的杰出代表。

除了著名侨领身份外，陈嘉庚给众多国人留下的第一印象通常是毕生热诚为国兴学育才的教育家，他先后创办或资助了集美学校、厦门大学和新加坡的多所华侨学校等，对于自己倾资兴学的动机，他曾经解释说："国家之富强，全在于国民，国民之发展，全在于教育，教育是立国之本。"

陈嘉庚在国家积贫积弱、国民体质羸弱的背景下兴办学校和教育事业，高度重视体育教育自是其中应有之义——陈嘉庚本人多年闯荡于南洋各地，"眼见欧美人士对体育之提倡，不遗余力"，这一情形与他所见的国人不重视体育的现象形成鲜明对比，因此感触颇深："目睹吾国一般民众，体质羸弱，青年学生亦多弯腰驼背，精神萎靡，似此人才，将来虽有满腹经纶，亦不足负国家重任。因此抱定决心，以提倡体育，恢复国民健康为所振兴教育之先决问题。"①

正因为陈嘉庚深刻理解"国民体格之健全，要在平时由素养得来"，所以自从 1913 年创办集美学校起，他就确立了德育、智育和体育三育并重的教育思想，规定学校要开设体育课，篮球、排球和足球等运动均被排入课表，连同早操，一律视为正课；为了加强体育教育，学校从北京、上海等大城市寻聘高水平的体育教师。为配合体育运动的开展，学校相继修建了大操场、足球场和游泳池等，便于开展多样化的体育活动；学校定期召开运动会，举办龙舟竞赛活动，对于毕业后将从事艰苦海上工作的水产、航海等专业的学生，水上锻炼标准更加严格，要求每个学生都能游 1600 米以上……

陈嘉庚在集美学校大力推行体育教育，积极倡导学生开展体育锻炼，取得了显著效果。1920 年 5 月 8 日在集美学校第二次运动会上陈嘉庚说道："回忆同学初进本校之时，身体羸弱，颜色青白者颇不乏人。迨经数月，身体健康，颜色红润，敏归功于海滨空气之佳，或致

---

① 转引自福建省华侨志编撰委员会编：《福建华侨志》（下篇），1989 年，第 143 页。

誉于校舍卫生之宜，而鄙见则谓不专系乎是，强半注意体育勤习运动，故能获此效果。然有一部分同学锐意攻书，而对于课外运动不甚注意，一是未悉三育并重之宗旨也。夫吾国积弱已达极点，尽人皆知，故自民国改定学制，于体育颇为注重，普通操之外，并课兵式体操，以养成健全之国民，为他日捍卫国家之预备，法至良也。"① 当然，陈嘉庚并没有就此满足，仍然不断告诫学校师生要持续重视体育，如 1921 年 10 月 10 日在集美学校三十节（民国十年十月十日）运动会上他就呼吁说："吾人为中华民国国民，应有健全之身体与精神，方可为社会服务，荷国家仔肩（责任）。故本校此次运动会，意在发扬精神，锻炼身体，扫除病夫之讥，并望能以学界少数而影响及于他界人士。"②

陈嘉庚如此重视体育，自觉深刻地认识到体育运动的重要性，他关注武术、热心促进武术在境外传播也就顺理成章了。1920 年夏季，精武会派出陈公哲等 5 人前往东南亚各地开展武术推广和宣传活动，陈公哲等 5 人访问各地后回到新加坡，为中华赈灾表演，取得了募捐 5 万元的不错成绩，作为新加坡当地知名侨领，陈嘉庚与其他侨领一起会见陈公哲等 5 人，表达了对其行动的极大支持，此举也为精武会日后在新加坡产生长远影响奠定了坚实的基础。

陈嘉庚对中国武术海外传播更大的贡献还在于他积极推动"中央国术馆闽南国术南游团"访问东南亚，开创了中国第一个民间武术团体出访海外的先河。

1928 年中央国术馆在南京正式成立后，开展了一系列武术教育和推广活动，其中一项即是推行武术"国考"，其目的在于选拔尖端武术人才，充实中央国术馆，进一步推动武术事业的开展。同年 10 月，第一届全国国术考试在南京举行，福建 70 岁的永春白鹤拳师潘世枫取得不俗成绩，荣获老年组第一名，中央国术馆馆长张之江赠予

---

① 陈嘉庚：《陈嘉庚教育文集》，福建教育出版社 1989 年版，第 180—181 页。

② 同上书，第 183 页。

其"国术超群"金牌以资嘉奖。同年冬，根据张之江、朱渊源的建议，在福建永春成立了"中央国术馆永春分馆"。

1929 年，陈嘉庚以"弘扬国粹，涤除积弱"为旗帜，邀请"中央国术馆永春分馆"拳师 20 余人前往东南亚各地进行巡回表演，尽管有资料称，该馆系"承南京政府嘱命"①，组成"中央国术馆闽南国术南游团"在新加坡、马来西亚等地进行长达近一年的巡回表演，但从后来人们将这次巡回表演定性为民间访问来看，"政府嘱命"更多是形式上、名义上的，真正促成这次盛举的当是陈嘉庚先生。

在"闽南国术南游团"出发之际，陈嘉庚即为其资助路费，赠送武术器械、服装等，当年 10 月 20 日该团抵达新加坡时，陈嘉庚及李铁民、陈镜清等侨领前往热烈欢迎，陈嘉庚还要求该团成员穿太平军服饰表演，以弘扬民族精神。此后陈嘉庚还多次接见永春白鹤拳师，并予以资助，支持白鹤拳的相关拳谱在海外印行。

"中央国术馆闽南国术南游团"巡回表演的项目有舞狮、闹狮、徒手、器械及对练等，深受海外侨胞的欢迎，表演时座无虚席，观众见到他们的精深拳艺都热烈喝彩，掌声不绝，武术在当地产生了强烈反响。1929 年 12 月 7 日《南洋商报》撰文称："洗去病夫之耻，以求扬我国光""实开侨界未有之破天荒也"。对此，陈嘉庚也深感欣慰，他多次与该团成员合影，并赠送两副对联表示赞誉，其中之一是"谁号东亚病夫，此耻宜雪；且看中华国术，我武维扬。"另一副对联内容则是"勿忘黄帝儿孙任人鱼肉；相率中原豪杰为国干城。"通过武术强国强种的强烈爱国之情跃然纸上。

"闽南国术南游团"也未辜负陈嘉庚等人的厚意，他们在南洋表演历时一年，表演收入除了一半左右作为该团的经费之外，另外一半则捐赠给当地侨团和学校。1930 年中秋时节，该团大部分成员载誉归国，另有部分拳师则应海外侨胞请求，留在新加坡、马来西亚等地设立国术馆，传武授艺，使咏春白鹤拳风行于东南亚各地，扩大了武

---

① 潘长安：《闽南国术团新马访问略历》，《中华武术》1997 年第 12 期。

术的知名度和美誉度。后来风靡世界的功夫影视明星李小龙也习练过白鹤拳。而该团的主要成员潘世枫、苏显忠等归国后，应陈嘉庚之聘，先后在集美学校及厦门大学担任武术教练。

第二节　中央国术馆的海外武术传播

南京政府正式组建中央国术馆以后，我国武术国际化传播逐渐纳入官方的视野和关注范畴，1929 年 2 月颁布的《中央国术馆组织大纲》第一条规定："中央国术馆以提倡中国武术，增进全民健康为宗旨。"中央国术馆围绕上述宗旨组织的主要活动有国术国考、武术教学、编辑出版专著及刊物、出国访问交流技艺和武术表演等，足见出访各地、宣扬武术在中央国术馆成立之初已然被纳入其重要活动范畴。中央国术馆主要通过武术表演向海外进行武术传播，一是组织队伍在武术基础较好的日本、东南亚地区等进行表演；二是 1936 年，中国国术队前往柏林奥运会及德国诸多城市进行表演，武术"走出去"、开展跨文化传播的自觉意识进一步提高，产生的社会影响也更大。

一　中央国术馆武术代表团出访亚洲

中央国术馆成立的主要宗旨之一便是传承中国武术，增强国民健康，以国术救国，对此，张之江在国术研究馆（中央国术馆前身）成立大会上疾呼："强国必先强种，强种必先强身，我国在国际地位的低降，物质文明的进步固然是一大原因，而'东亚病夫'的恶谥，却是降低的元素。其实我们四万万同胞，无论体力智慧，都不逊于欧美，衰弱的惟一原因，便是忽略了国术……国家之所以贫弱，完全因为我们忽略了强身的教育和方法。"[①] 他还认为，国术可以"将民族

①　《国术研究馆成立大会》，《申报》1928 年 3 月 26 日。

优美的武勇性，宣示环球"①，为此中央国术馆成立后，相继组团访
问了日本、东南亚等地。

按照时间顺序，中央国术馆访问日本明显更早一些：1933 年，
张之江率领中国武术代表团到日本各地进行表演访问，受到日本人民
的欢迎和好评。② 但笔者并未找到更多的资料。相比之下，1936 年初
中央国术馆访问东南亚的情形则在诸多史料里均有详尽记载：

> 1936 年初，为进一步宣传武术及募集资金，张之江计划组织
> "国术旅行南洋团"，在向国民政府的呈请报告中，张之江云：
> "本馆承命提倡国术，瞬已七年，国内省市业已渐次推及，惟海
> 外侨胞各处尚有待于提倡。兹已就本馆遴选十八人组织旅行团，
> 拟即前往南洋群岛各地唤起爱国侨胞对于民族体育之热忱。"这
> 说明张之江此行一个重要目的，就是在海外推广武术。③

张之江率领由中央国术馆和国立体育专科学校组成的"国术旅行
南洋团"，赴东南亚的新加坡，马来西亚吉隆坡、金宝、怡宝、雪兰
莪、霹雳、坛平、马六甲、槟榔屿，以及菲律宾等地，进行武术表
演。旅行团一行 17 人，其中武术队 10 人，"队长杨松山，队员张文
广、何福生、康绍远、李锡恩、温敬铭、李凤鸣、马正武、张登魁、
马文奎"④。国术旅行南洋团于农历大年初五到达新加坡，第二天新
加坡华侨召开欢迎大会，素来关注武术海外传播的陈嘉庚先生亲自主
持，"到会的有华侨委员会、新加坡商会、华侨体育协会、精武体育
会以及各团体，各报新闻记者，知名人士共万余人"。陈嘉庚在会上
说："南洋旅行团是武术的先驱，是一支传播中国国术的先锋队，它

---

① 张之江：《国术统一的促进与前途的展望》，《国术周刊》1934 年第 3 期。
② 国家体委体育文史工作委员会：《中国近代体育史》，北京体育学院出版社 1989 年
版，第 284 页。
③ 丁守伟：《论民国武术的国际化》，《武术研究》2017 年第 5 期。
④ 庞玉森主编：《中央国术馆史》，黄山书社 1996 年版，第 58 页。

将会把中国国术传播给东南亚各国，乃至全世界。南洋旅行团这次到来，给海外华侨增加了光彩。"会后，旅行团武术队乘兴表演了各种武术，受到全场观众的交口称赞。此后，旅行团武术队又在新加坡大世界体育馆和神仙体育馆进行了 10 场表演，依然是"场场客满，座无虚席"①。

武术表演之受欢迎程度，《申报》曾有详细描述：

> 国术之表演，每日节目更换，亦颇得观众欢迎。为限制观众维持秩序起见，由总商会规定购票入场……场内可容纳五六千人，但每场仍系拥挤，座位尚感不敷应用。在最后一日，为普及宣传起见，是日公开表演国术，不售票，惟距表演三时前，已告人满为患，挤得水泄不通。秩序无法维持，随将场门关闭，盖不准出入矣。后至者均不得其门而入，概抱向隅之叹。②

旅行团离开新加坡后，沿着铁路线到金保、怡宝进行武术表演，同样受到当地侨胞热烈欢迎和观众的赞赏。怡宝华侨黄济复受到武术表演的影响，加入新加坡精武体育会，拜陈玉河为师，学成各种武术后，在英国组建"之江太极拳研究学院"，把中国武术又传播到欧洲。③ 而旅行团在访问吉隆坡后，又访问了雪兰莪、霹雳、坛平、马六甲，最后到达槟榔屿。"武术队在马来群岛各地表演了 50 多场，所到之处，轰动一时。"各大报刊均给予了很高的评价，"认为中国武术确是强种健身、御侮救国的法宝"④。

在精武会委派陈公哲等 5 人在南洋开展武术传播和推广、"中央国术馆闽南武术南游团"在东南亚进行巡回表演后，此次国术旅行南洋团再度把中国武术传播到东南亚各国，促进了武术的国际化。与先

---

① 庞玉森主编：《中央国术馆史》，黄山书社 1996 年版，第 58 页。
② 《国体南征经过》，《申报》1936 年 2 月 18 日。
③ 庞玉森主编：《中央国术馆史》，黄山书社 1996 年版，第 60 页。
④ 同上。

前纯粹的民间武术传播和推广行为不同，张之江们此行属于官方组织，因而影响更大，国术旅行南洋团在各地总共进行了 65 场武术表演，引起了强烈反响，各地华侨纷纷组织武术馆、武术会、武术学校等。这些武馆、武会的教师，后来也由中央国术馆委派。①

二　中国武术首次亮相奥运会

1936 年 9 月，在德国柏林举行的第 11 届奥运会上，中国武术表演团炉火纯青的技艺，出神入化的表演，轰动了德国。本届奥运会主席李德华博士说："没想到中国武术这么高超，真了不起。"德国政府还指示奥运摄影队，特为温敬铭、张文广、郑怀贤、刘玉华、傅淑云等人摄制了录像片；在《德意志报》《汉堡报》等有影响力的大报纸上还发表了评论，盛赞中国武术功夫精湛卓绝，富有艺术性、舞蹈性，高超精妙，令人不可思议。国术队的表演，向世界体坛展示了中国武术的风采，极大地扩大了中国武术的国际影响。

单纯从时间上看，中国武术队去往柏林奥运会进行表演并非武术海外传播的先声，但在 20 世纪前半叶乃至整个 20 世纪，中国武术与奥运会的邂逅却堪称最大的亮点，直接促成这次表演活动的张之江由此也被誉为"中国国术开始走向国际体坛的第一人"。

（一）张之江倡议武术赴奥运会表演

尽管中国武术与奥运会的首次"零距离接触"发生在 1936 年柏林奥运会上，但奥运会与武术的相互影响却可以追溯到 1932 年的洛杉矶奥运会。

在洛杉矶奥运会上，中国仅有短跑运动员刘长春"单骑闯奥运"，且因准备不充分、旅途劳顿铩羽而归，这一失败致使国内正在进行的第二次"土洋体育之争"进入高潮，许多人将以武术为代表的"土体育"与西方的现代体育即"洋体育"完全对立起来，其中《大公报》在论争中观点非常偏激，发表社评呼吁："请从此脱离洋体育，

---

① 庞玉森主编：《中央国术馆史》，黄山书社 1996 年版，第 60 页。

提倡'土'体育!"① 而张之江本人作为中国武术的积极倡导者，在社评刊发后即撰文响应该报观点："盖国术之用，不仅强身强种，且可拒寇御敌；既合生理卫生，又极经济便利；不拘于性别老弱，不限于时间空间；富美感，饶兴趣；锻炼甚便，普及亦易。"② 虽然这次"土洋体育之争"的最终结果促进了传统体育特别是武术的科学化改造，在相当程度上实现了传统体育与西方现代体育的融合，但张之江始终认为，作为民族体育的国术，"在世界学术立场上，实居优越高尚之地位，为我中华民族国粹，为世界任何国家所罕有"③。为此他不遗余力地向外界宣传、推介武术。

1935—1936 年张之江出洋考察期间，发现自己虽对国术所习甚少，但偶尔表演便能得到外人赞誉。④ 这一现实情形进一步激发了张之江弘扬武术的热情。归国后，恰逢中国选拔参加 1936 年柏林奥运会的运动员，张之江极力主张中国应该派选手参加柏林奥运会表演武术，其用意非常明显：当时中国各项竞技体育运动的水准尚不高，与西方先进水平差距较大，要想在奥运会上取得好成绩几乎不可能，只有传统武术可以充分展示国人的崭新风貌——近代以来，"东亚病夫"的帽子压得国人喘不过气来，中国人迫切希望有一个机会来重塑自身形象，奥运会显然是最好的舞台，而武术则是最合适的项目。

经过张之江的呼吁，当时负责领导全国体育运动的中华全国体育协进会最终同意派遣一支精干的国术队随同中国体育代表团前往德国进行表演，其用意就在于提倡国术、振兴国威。这一消息传出后，国内不少武术爱好者和名家好手纷纷报名。1936 年 4 月，百余人云集上海申园健身房，举行预选赛，张伯苓、张之江、叶良、沈嗣良、郝铭等各界名流、要人都出席了比赛大会。经过十几天的激烈角逐，9

---

① 《社评：今后之国民体育问题》，《大公报》1932 年 8 月 7 日。
② 张之江：《提倡"土"体育之应声》，《大公报》1932 年 8 月 11 日。
③ 成都体育学院体育史研究所编：《中国近代体育史资料》，四川教育出版社 1988 年版，第 427—428 页。
④ 《张之江昨返国抵沪》，《申报》1936 年 4 月 11 日。

名武术高手入选：男子组录取张文广（北京）、温敬铭（北京）、金石生（河南）、郑怀贤（上海）4 人，另有张尔鼎（留日生）、寇运兴（河南）2 人为候补队员；女子组录取傅淑云（南京）、刘玉华（湖北）、翟连源（江苏）3 人，这些人都是中央国术馆高级班的学员。张之江则带队参加了柏林奥运会。

中国奥运会代表团选拔完成后，国民政府对这次出征奥运会高度重视，出发前蒋介石亲自给代表团成员训话。大概是知道中国运动员与世界一流水平差距巨大，蒋介石表示胜败无关宏旨，此次参与奥运会主要是向全世界展现"我国家民族固有礼义廉耻之精神""一切态度行动……当表现我东亚具有五千年光荣历史与崇高文化之堂堂大国民的风度"。在出发前的欢送会上，好几个社会名流也表示，胜利虽不可奢望，唯愿能表现出大国民的精神。① 这些言论为后来中国运动员在柏林奥运会赛场上的失利做了注脚，也凸显了武术队在德国表演的意义和重大影响。

（二）武术队精彩表演轰动德国

在柏林奥运会及德国表演期间，中央国术馆 9 名武术运动员的精彩表演得到一致喝彩，壮大了中国代表团的声威，堪称中国在那届奥运会上留给世界最深刻的印象。回国后张之江曾回顾道：柏林奥运会上，"我国参加各项竞技，均告失败，惟国术一门，颇能引起欧洲人士之注意与欢迎"②。对于当时的情形，各种资料记录颇详——中国武术队初到德国时，德国人与其他欧洲各国人民一样，只知道日本的柔道，而对于源远流长的中国武术则很陌生。应当地民众的要求，中华国术队上场表演了武术。男女运动员们都穿上白色丝绸练功服，漂亮大方、英姿勃勃。队员们先一起上场，集体表演了"太极操"，动作整齐划一，刚柔相济，博得雷鸣般的掌声。接着，由金石生表演了少林拳，继之以刀、枪、剑等兵器做表演；刘玉华女士与寇运兴表演

---

① 黄加佳：《1936：远征奥运》，《北京日报》2016 年 10 月 18 日。
② 渔江：《张之江谈国术》，《申报》1937 年 5 月 3 日。

了单刀对枪，傅淑云、刘玉华两女士表演了单打对拳；郑怀贤则施展身手，表演了他拿手的飞叉，把一手钢叉使得出神入化；翟连源表演了踢毽术，张文广、温敬铭等人也各显武技。他们出色的表演使德国民众眼界大开，赞叹不已。

中国武术队在柏林奥运会表演之际，时任柏林市长对中国武术队心存疑虑，就前去观看奥运会上的正式表演，表演结束后，柏林市长跷起大拇指说道："真是了不起，中国竟有如此般的民间体育。"为此专门为中国武术表演队举行了隆重的招待宴会。当时德国多家报纸盛赞中国国术是"艺术中的精华，体育中的骄傲"，如《德意志报》曰："中国国术具有攻防价值、体育价值、艺术价值三大特色。"还有舆论称"中国国术具有艺术、舞蹈、奋斗三大特色，反映了中华民族悠久历史文化及尚武精神"。

除了在奥运会上进行表演外，中国武术队还先后在柏林做了10多次表演，观众达几万人次。其后，中国武术队选手们参加了汉堡全市的游行大会。一路上，武术运动员们边走边用刀枪、剑棍等器械进行表演，深受欢迎。归国前，武术队又应法兰克福等几个城市的邀请做武术表演。除了进行表演传播武术外，武术队还印好了三种小册子，即太极拳、少林拳和武术宣传刊物，在每次表演时都分赠给来宾和官员们。离开柏林时，将剩下的宣传品留到了中国大使馆，并留下刀、枪、剑、棍等器械在大使馆陈列，供德国人参观学习。归国途中，中国武术队又在印度孟买和新加坡、香港等地区做了表演。

奥运会是全世界规模和影响都极大的体育盛会，每一届奥运会，尤其是夏季奥运会都会吸引世界各国各地区的体育代表团参加，在奥运会上进行表演，不仅传播对象广，而且影响度大，将会在全球形成知名度和美誉度，因此此次中国武术队奔赴柏林奥运会及德国表演，可以说是中国武术真正向世界传播的开始，在更高层面上向世界推介、宣传了中国武术，为中国传统体育争得了荣誉。为此，张之江获得了第11届柏林奥运会勋章——1937年6月17日，时任德国驻华使馆参赞费诗尔在德国驻南京大使馆将一枚奥林匹克勋章授予张之江。

（三）武术扬威难撑体育衰败

柏林奥运会终究不只是中国武术的国际表演场，而是一场规模大、水平高的全球性运动赛事，1936 年 7 月 23 日，中国奥运代表团抵达德国柏林，该团 78 名运动员除了武术队之外，尚有田径、游泳、篮球、足球等项目的选手，与 4 年前刘长春孤身参加洛杉矶奥运会形成了鲜明对比，因此当时德国报纸也曾用赞许的口气报道称：没想到，中国会派出这么多运动员参加奥运会。

但是，运动水平的差距在赛场上迅速显现出来，8 月 1 日柏林奥运会开幕后，中国诸多体育项目纷纷败阵，都未能取得理想成绩：雅号"美人鱼"的游泳名将杨秀琼在女子 100 米自由泳预赛中，竟然落后同组第一名 15 米；代表中国参加自行车比赛的旅荷华侨何浩华本来最有希望出成绩，无奈预赛中遇到了上届奥运冠军，以 1 厘米之差被淘汰；由"亚洲球王"李惠堂担纲的足球队在出征前被国人寄予厚望，但在预赛中就遭遇实力强大的英国队，对方派两名球员盯死李惠堂，使之难以自由发挥，比赛中中国队曾射进一球但被判罚越位在先而无效，最终中国队以 0∶2 失利，无缘晋级。全部比赛下来，中国运动员中只有撑竿跳高选手符保卢在预赛中通过及格线，但在复赛中也被淘汰。

中国运动员在竞赛中的连续失败冲淡了武术队精彩表演所带来的震撼效果，德国当地报纸固然对中国武术表演赞誉有加，但对于中国奥运代表团的糟糕成绩却极尽讥讽之词，有回忆文章如此描述当时武术队员们亲身经历的情形：

当时赴德的"中国体育考察团"领队袁敦礼是北师大体育教授，英语极好。他抽出一张报纸翻译道："这篇评论短跑选手刘长春，题目是《四万万人中跑得最快，奥运会则一败涂地》。这篇题目是《中国女人虽不裹脚，预赛未终已遭淘汰》。这篇是《阵容虽然庞大，难除"病夫"之名》。这篇是《中国不如小瑞士，比赛未终成看客》……"袁敦礼唉声叹气地念着，郑怀贤周身冰凉，瞪大眼指着一张报纸问："这又是啥意思？"原来这张报纸有一栏寥寥数字，却印有一个拳头大的"O"。袁敦礼声音有些发抖："那一行字是标题《奥运会战果赫赫，中国队饱吃鸭蛋》，画的那个'O'就是鸭蛋！"①

　　不过，最令人难忘也最让人气愤的是中国奥运代表团回国途经新加坡时，当地报纸发表了一幅堪称"经典"的漫画，讽刺、嘲笑中国人达到了极点：在奥运五环旗下，一群头蓄长辫、长袍马褂、形容枯瘦的中国人，用担架扛着一个大鸭蛋，题为"东亚病夫"。尽管国内许多人质疑该漫画的真实性，但《南方都市报》却在 2015 年 7 月 21 日刊登了这幅漫画，佐证其真实存在。② 柏林奥运会登台表演前，郑怀贤曾誓言："中国贫穷落后，中国人被视为'东亚病夫'。要让人家瞧得起咱们，得靠中国人自己争气才行。"结果，武术表演虽然成功了，中国体育却蒙受了空前的耻辱，武术队员们自然无法释怀。

　　国内报纸也对此次出征奥运颇多讽刺、挖苦的言论，进而发展到对中国参加奥运会整件事提出强烈质疑，《益世报》一篇名为《我国参加世运的动机之检讨》的文章写到："一个民穷财尽的国家，不惜费二十余万的巨款，资送一百五十几个自知必归落选的选手，去参加奥林匹克大会，以证明其失败的真实性，并暴露其弱点于全世界。这种变态的心理与动机，颇有检讨的价值。"③

　　当然，武术队这次奔赴奥运会表演的积极意义始终不容小觑，除了让世界见识中国武术的魅力之外，也促使国内学习西方现代体育的学者深切认识到武术的价值，如袁敦礼对武术队员们说："我是学洋体育的，以前认为国术犹如古董，有之不嫌多，无之不嫌少。今天才发现它真是国粹，连外国人也如此喜欢，我们考察团回国之后，一定大力提倡国术！"同时，通过亲身参加、感受奥运会，这些国内顶尖

① 郑光路：《中华武术首次赴奥运会表演全记录》，《党史文苑》2008 年第 11 期。
② 苏全有：《"东亚病夫"从何时开始流行？》，《南方都市报》2015 年 7 月 21 日。
③ 黄加佳：《1936：远征奥运》，《北京日报》2016 年 10 月 18 日。

的武术大师们对于现代奥运会的认识进一步加深，后来其中很多人担任了武术教授等职务，在他们的教学和科研活动中，西方体育的竞技化也潜移默化地改变着中国武术。

1948 年，中国也曾打算派员去伦敦奥运会表演武术，但因为当时内战正酣，无人顾及体育事业，武术队没有经费，此事只能作罢。因此也导致在 20 世纪余下的时间里，中国武术与奥运会再没有直接的接触和交流。

第三节 70 年代功夫片充当"传播大使"

20 世纪 50 年代后，由于西方世界普遍采取敌视中华人民共和国的态度，中国与西方世界在政治上长期处于对抗状态，在中华人民共和国成立后的 20 多年里，与美国、英国①、联邦德国、日本等主要西方国家均未建立正式、全面的外交关系，甚至在很长时间里退出了国际奥林匹克运动会，中国与西方的体育交流也陷入瘫痪状态，中国官方的武术"走出去"工作自然受到极大的影响，只能借助外交活动等路径向部分国家、人士进行范围较小的传播和扩散。

不过，从 20 世纪 50 年代起，以艺术形式展现中国武术的功夫片开始兴盛起来，到 70 年代已经风靡全球，产生了极大的社会影响，在很大程度上担负起向海外传播武术的重任，堪称当时武术海外传播的"大使"和"先锋"。

一 功夫片的兴起与繁盛

如前所述，20 世纪 30 年代，在上海等地红极一时的武侠片遭到南京政府的全面查禁，中国武侠电影遭遇了第一次严重挫折，一批导演等转移到香港继续拍摄此类影片，但声势大不如前，直到 20 世纪

---

① 中英虽然早在 1954 年就建立了代办级外交关系，但迟至 1972 年才正式建立大使级外交关系，实现真正意义上的完全建交。

50 年代才以功夫片等全新形式迎来新一轮复兴。

（一）黄飞鸿电影与功夫片的滥觞

武侠功夫片在香港的兴起是因为家喻户晓的一代功夫宗师黄飞鸿，这位出身于广东佛山的武术名家生于清末，卒于军阀混战时，其肝胆侠义精神为人所称道，民间有关黄飞鸿的传说很多，黄飞鸿号称以一招"佛山无影脚"，打遍天下无敌手。1949 年，香港导演胡鹏拍摄了第一部以传奇武林人物黄飞鸿为主人公的电影《黄飞鸿鞭风灭烛》。以《黄飞鸿鞭风灭烛》打头，在此后将近 50 年的时间里，黄飞鸿始终是香港武术功夫片的第一个著名品牌，到 1997 年徐克监制的《黄飞鸿之西域雄狮》，一共拍摄了 100 多部，黄飞鸿题材电影分别叙述了一个个感人故事，刻画出一个行侠仗义、扶危济困、锄强扶弱，具有中华传统美德的黄飞鸿艺术形象。在剧中扮演过黄飞鸿这一角色的包括早期多次饰演黄飞鸿的关德兴以及后来的功夫片明星成龙和李连杰等，其他导演、监制、主演等人员还包括王晶、赵文卓等人，真正算得上是名家汇聚。

在 20 世纪 50 年代，港台的功夫武打片大体上有两种类型：一类是神怪类武侠片，其代表作有《如来神掌》等片，这在一定程度上承袭了民国武侠片的传统；另一类则是像黄飞鸿系列一样的民国功夫片，后者逐渐成为功夫片的主导。功夫片与武侠片一样，都是以表现中华武术技艺为主体的影片，但两者之间的差异同样明显，如知名电影武术指导袁和平所说："武侠片可以天马行空，而功夫片真的要一拳一脚功夫对功夫。"这说明与民国时期的武侠片相比，功夫片更贴近武术的真实，重视通过奇妙的武术动作和技艺，展示中华武术的魅力，给人们带来艺术享受和美感。实际上，黄飞鸿系列电影中的一些基本元素被后来的功夫电影所广泛继承和反复再现，例如硬桥硬马的真实武打、自强不息的民族精神、谦虚守礼的传统道德……因此，袁和平也曾直言道："是《黄飞鸿》电影带起了功夫片潮流，功夫片是从黄飞鸿开始的。"

在延续 50 年的黄飞鸿电影中，宏大叙事呈现出逐步增强的态势，在早期的黄飞鸿电影中，民族主义叙事并非常见主题，民族情感在片中尚处于非"彰显"的阶段，因此黄飞鸿第一位扮演者关德兴版的黄飞鸿，仅仅是个惩恶扬善、打抱不平的英雄，他抗争的对象仍然是自己身边的恶势力等，没有上升到民族大义的高度。但是，到了徐克的作品里，黄飞鸿则以俊朗青年的面貌出现，置身于东西方、新旧文明的激烈冲突之中；更重要的是，他实践了金庸提出的武侠最高标准："为国为民，侠之大者。"以保家卫国、匡世济民为己任，徐克让黄飞鸿参与了中国近代史上的每一件大事，义和团运动、辛亥革命、护国倒袁……一部《黄飞鸿》就像是一部中国近代史。在剧中，黄飞鸿不仅与洋人、官府斗，且与民众的疾病和愚昧斗争，这就给黄飞鸿注入了理想主义、超前意识和启蒙思想。

在黄飞鸿系列电影之后，香港功夫片逐步成形，与先前的民国武侠片表现出诸多鲜明的差异，其中之一便是武术动作、打斗更趋逼真。

（二）功夫片真实打斗格调的形成

有人在总结功夫片与武侠片的差别时所提及的一点便是两者在动作设计方面有着鲜明的反差：武侠片多以刀剑技击为主，兵器多一些，拳脚少一些；功夫片则恰好相反，兵器少一点，拳脚多一些，大多武打动作是一拳一脚功夫对功夫，给人拳拳到肉的感觉。这段话无疑说明了一点：与武侠片相比，功夫片中的武术打斗显得真实，表演者的技艺更高超，带给观众的真实感更强烈。

同样的道理，早期的香港功夫片如"黄飞鸿系列"等在武术打斗方面也显出许多不足：一是动作本身存在瑕疵，尽管在武打动作上力图脱离超体能的神怪武功和表演式的舞台动作，讲究真功实打，但尚未完全过渡到以南拳为主的表现时期，有些高难度动作如武师由高空翻跟头跳下来的动作，依然是北派的舞台化动作；二是缺乏有效的武打协调和指导，剧中的打斗基本上靠演员自己把握，按照其经验表演，镜头只是进行简单的记录，并无任何调度上的技巧。直到20世纪60年代中期，《云海玉弓缘》《独臂刀》和《大醉侠》三部传世之作相继诞生，"武术指导"角色应运而生，其出现在很大程度上是为了确保剧中的打斗更真实，技艺更高超，为新派功夫片的崛起奠定了基础。

1965年长城公司拍摄了由张鑫炎导演，傅奇、陈思思等人主演的《云海玉弓缘》，该片演职员表里第一次出现"武术指导"这一职位，当时的武术指导是日后名声大振的刘家良，该片被认为是武打片的里程碑式作品。"武术指导"也正式成为武打影视剧里一个重要的角色，他们相当于武术影视动作片中的"编舞"，其职业具有相当高的专业性和独立性，往往是功夫片中实现导演意图的灵魂人物，因此香港功夫片著名导演张彻将"武术指导"定位为负责给电影设计武术动作及提供专业意见，刘家良成为武术指导的楷模，其"硬桥硬马"的动作设计风格很明显，基本上都是一板一眼的见招拆招，为了增强真实感，双方在肢体触碰的时候都会有一个小小的停顿，就是为了让观众看得更清楚。这种真功夫表演不仅增强了影像的真实感，也使电影导演的执导工作更加便利，徐克曾经如此评价刘家良：为电影界形成了一种刚强有力的武术风格。

此后，导演张彻、胡金铨分别在1966年拍摄了功夫片传世之作《独臂刀》和《大醉侠》，剧中武打动作设计虽大相径庭但同样精彩：张彻的武侠世界极尽阳刚，武打动作写实，暴力渲染直接，经常血流成河，据说，他每拍一部电影，用来做假血的番茄汁就要装满两大汽油桶，后来有"暴力美学"称誉的吴宇森就得了张彻的真传；而胡金铨的电影偏于写意，善于营造气氛，如《侠女》《空山灵雨》等电影将中国传统的山水意境与武侠打斗场景糅合为一体，充溢着古典情境，人们认为李安的《卧虎藏龙》颇有几分胡金铨的美学风格。

20世纪70年代初，为了表现更真实的打斗场面，电影公司大量起用武师做演员和武术指导，这些人为了更好地在银幕上将自己的功夫展现给观众，逐渐抛弃了吊钢丝之类武侠片常用的特技手段，而更乐于以见招拆招的套路对战博得观众的喝彩。这些功夫片努力展现正宗中国武术的风貌，在影片中出现的洪拳、咏春拳和十八般兵器及所使用的一招一式都是按照真实的功夫路数设计的。例如张彻就在其执导的电影中起用懂得真功夫的高手，如从小就习咏春拳的狄龙，出自"大圣劈挂门"（猴拳的一种）的东南亚国术比赛冠军陈观泰，黄飞鸿的嫡传弟子戚冠军以及他的御用武术指导唐佳、刘家良等人，他们通过一次次的实践锐意创新，将重复沉闷的招式精心剪裁成为漂亮利落的动作后搬上银幕，增加了功夫片的精彩程度。1981 年，由张鑫炎导演、在中国内地实拍，全部起用国内专业武术运动员担任角色和武术设计的电影《少林寺》堪称这一风格的典范之作，该片在武打电影史上具有里程碑意义，核心就在于其摒弃了此前港台武打片里常用的吊钢丝、弹床、替身、快速剪接等特技手段，多采用长镜头拍摄，不使用替身，全部是真功夫，对于武术的精彩展现令人叹为观止。

二 功夫片中的爱国主义基调

功夫片与武侠片的更大区别可能还在于武侠片多以古代为背景，其故事虚幻无可考，功夫片则注重选用近代真实历史人物为原型，营造出内忧外患的时代背景，并以主人公除恶扬善、匡扶正义、回击洋人的羞辱与挑衅等为主题，给观众造成强烈的"时代感"，爱国主义和民族主义思潮颇为明显。

（一）功夫片的"真人＋虚事"故事结构

在香港功夫片数十年的发展历程中，其影片主角许多都是清末民初的真实武林中人，前述黄飞鸿自不待言，另外几位不时就被香港电影界演绎的人物如霍元甲、马永贞等同样如此，是真实的历史人物，但影片中的故事却大多属于附会：除了徐克安排黄飞鸿"参与近代中国诸多大事"显然属于虚构外，许多主角在剧中的行为也是演义的——

马永贞本是清朝同治、光绪年间的拳师，上海市黄浦区区志等史料均记载，马永贞曾在上海跑马厅赛马会上，以骑术战胜外国骑士，轰动沪上，后被暴徒暗算，伤重身亡。但在 1972 年由张彻与鲍学礼联合执导的同名电影中，其故事被后移至民国年间，并增加了他在擂台上打倒洋人大力士、以雪国人之耻等内容，并以此片掀起"黑帮片"热潮，开创"上海滩争霸"的戏路。

霍元甲也是清末的武术大家，而且与陈英士等人共同发起组织精武体育会，在当时影响巨大。不过，在以电视连续剧《大侠霍元甲》和《陈真》为代表的多部香港功夫片中，霍元甲的传奇故事和人生经历也充满了"演义"和"变形"的成分，算得上是"真人 + 虚事"结构的典范：

第一，霍元甲的家境。在影视作品中，霍元甲出身于武术世家，其父亲、叔伯父和哥哥等都是武林人士，家里还开了武馆，霍元甲算是一个富家公子；而历史上真实的霍元甲家境很一般，是一个地地道道的农民。

第二，农劲荪与霍元甲的关系问题。在影视作品中，农劲荪被描绘成与霍元甲从小一起长大的小伙伴，是霍元甲的跟班。而在现实中，农劲荪与霍元甲的关系在许多地方甚至颠倒了过来——农劲荪是老板，而霍元甲却是打工的，农劲荪在许多方面提携过霍元甲，正是在农劲荪等人的帮助下，霍元甲才牵头成立了精武会。

第三，霍元甲开创"迷踪拳"问题。在影视作品中，霍元甲因独创"迷踪拳"而独步天下。其实，霍元甲创造的是"迷踪艺"，也没有影视作品中那么神秘，但这一技艺打破了传统的条条框框，集合太极、八卦、螳螂拳、内家拳等功夫于一体。

第四，霍元甲是否击败过外国大力士问题。影视作品中描写霍元甲独战四国大力士，最后与日本高手对决，在休闲时，被别人在茶杯里放了慢性毒药，最后惨死在擂台上。历史上的霍元甲曾经几度约战外国人，但始终没有打成，对方最终都不战而退。

第五，陈真是不是霍元甲徒弟的问题。在有关霍元甲的影视作品中，陈真是一个很重要的人物，他不仅是霍元甲功夫最高的弟子，而且在霍元甲死后，他独撑大梁，帮助霍霆恩办武馆，是霍元甲最忠诚的徒弟之一。通过影视剧的演绎，陈真形象深入人心。其实，历史上霍元甲并没有一个叫"陈真"的徒弟，主创者是把很多人物的事迹移植到"陈真"身上，使"陈真"这个人物形象更加饱满。

综上可见，香港许多经典功夫片都以清末民初为年代背景，剧中的主人公都是真实存在的武术名家，其高超的武术技艺有据可查，而在影视叙事中大多采取"大事不虚、小事不拘"的模式，在真人身上添加许多虚化的故事，不仅丰富了人物形象，而且令观众感觉是真人真事。

（二）功夫片爱国主题的彰显

当初民国武侠片被官方查禁，一个重要原因便是未能充分发挥电影的社会功能，在导引国民的精神和情绪方面没有起到积极的作用，这一缺陷在香港功夫片中得到了极大的弥补，"民族觉醒，奋发图强"的主题在功夫片中不断呈现，成为功夫片的标志性符号之一。

如此的主题选择，与中国武术界深沉的"东亚病夫"记忆有着密切的关联——近代中国被西方称为"病夫国"后，梁启超、曾朴及霍元甲等人先后提及中国人被称为"病夫"或者"东亚病夫"一事，精武体育会成立后即奉行"强国、强民、强身"的精武精神，奋力祛除压在国人身上的"东亚病夫"恶名，后来孙中山先生曾赞赏曰："精武体育会成立既十年，其成绩甚多。识者称为体魄修养术专门研究之学会，盖以振起从来体育之技击术，为务于强种保国有莫大之关系。推而言之，则民族所以致力于世界平和之一基础！"① 此后，张之江等人极力倡议将武术更名为"国术"，张之江曾说：拳术国技，为我国民族固有之体育；勇武之精神，为我民族之天性。② 张之江希望通过武术在中华大地上"全面开花"来"拯救文化，进而拯救民族"，实现"强国强种"的目标，因此中央国术馆创立时便提出了"强我宗族，壮我国魂，洗刷东亚病夫，振兴黄帝子孙"的口号，其

---

① 孙文：《精武本纪序》，《体育文史》1983 年第 1 期。
② 张之江：《恢复民族体育与抗战胜利》，《国民体育季刊》1941 年 9 月 15 日。

馆训则是"自强不息",而1929年印制的《中央国术馆手册》在开篇"本馆缘起"中即强调:"民气消磨,日甚一日,而东亚病夫之根,即酿成于此。……倘人人研究国术,发愤为雄,虽有健者,宁遑多让。国术与国家社会之关系,概可想见。"① 当然,许多人士也认识到"体育救国"以至于"武术救国"并不现实,著名教育家蔡元培曾加入鼓吹军国民主义教育的行列,但他后来深刻地反省道:"吾国以病夫闻于世也久矣,振而起之,其必由日新又新之思想普及于人人,而非恃一手一足之烈。"②

虽然"武术救国"作为一种社会实践没有成功,但这一思潮、一种要在身体上战胜列强诸国的思维方式却长期遗留在中国社会记忆和文艺作品中,也导致爱国情、民族情成为后来功夫片的重要基石。

有人曾在豆瓣网上写下这样一段话:徐克版功夫片有如此的标准配置——"一个动荡的年代,破碎的山河,外有列强侵扰,内有昏庸的政府、愚昧的百姓;一个身怀绝技、忧国忧民的一代武学宗师,胸怀天下,奋发图强;一段浪漫的传奇爱情。"言下之意是此类功夫片着重体现了两种情感:一是爱情,这是文艺作品永恒的主题;二是民族情,这恰是功夫片的特色和亮点所在。

功夫片中的民族情,一方面体现为汉族人士对于异族统治者的反抗,例如1970年张彻导演的电影《双侠》讲述了一帮英雄豪杰营救被金人劫持的北宋末代皇亲康王而最后壮烈牺牲的故事,是一部呼吁反抗侵略的电影,而在香港被屡次搬上银屏的一位武林人——方世玉则是明末清初人,影视剧中对于方世玉的刻画都突出了反抗清朝统治的背景。

不过,与国内各民族间的矛盾和冲突相比,功夫电影中的传统民族主义叙事更突出以洋人对华人的身体侮辱为标靶,其核心是表现国人借助武术技能击败洋人,回击对方的挑衅、羞辱等,通过武术表达

① 肖伊绯:《民国武术那些事儿》,《南方都市报》2017年5月23日。
② 蔡元培:《蔡元培政治论著》,河北人民出版社1985年版,第141—142页。

国人自强的意识，这种思潮从黄飞鸿系列电影就开始萌芽，但"自卫卫国"式的爱国主义精神宣扬，以 20 世纪 70 年代的李小龙电影和 80 年代初的霍元甲电视连续剧最为典型。

在电影《猛龙过江》中，李小龙扮演的唐龙在异国他乡，凭借拿手的截拳道技艺大败洋人，一方面证明了中国功夫的高超，另一方面展现出了在强势面前中国人保持民族尊严的无畏气概。不过，电影《精武门》则把爱国主义、民族情感等发扬到了极致，影片将先前功夫片的复仇主题与民族大义有机结合在一起，使其得到极大的升华——清末民初，霍元甲被日本人设计毒死，霍元甲亲传弟子陈真赶赴上海拜祭师父，查明是日本人暗害了师父，陈真便独自闯入日本道馆，与一众日本高手展开较量，最终陈真手刃了仇人，为国家与民族争回了尊严。剧情曲折紧张，武打动作设计高超，拼杀场面凶狠激烈，片中陈真回击日本人送"东亚病夫"牌匾挑衅、击败日本武士等情节，都以其强烈的爱国意识和民族精神引起了广泛共鸣，影片借助艺术化的叙事让中国人扬眉吐气。

而香港亚视出品的电视连续剧《大侠霍元甲》及其姊妹篇《陈真》则是 80 年代最具代表性的民族主义题材功夫影视作品。《大侠霍元甲》改编自精武体育会创始人之一霍元甲的传奇人生，剧中所蕴含的民族主义和爱国主义精神是其获得空前成功的主要原因：霍元甲力克俄国大力士波索夫，成为洗雪"东亚病夫"之耻的民族英雄，并成立了精武门；不甘服输的俄国人勾结民族败类龙海生伺机谋害霍元甲，而诡诈恶毒的日本人更是出尽毒计，最终害死霍元甲……该剧主题曲《万里长城永不倒》也堪称一时经典："昏睡百年，国人渐已醒，睁开眼吧，小心看吧，哪个愿臣虏自认……冲开血路，挥手上吧，要致力国家中兴，岂让国土再遭践踏，个个负起使命……"电视连续剧《陈真》从故事和思想两个方面都承袭了《大侠霍元甲》：作为东洋邪恶势力代表的东瀛武者妄图称霸中华武林，到处挑起事端，陈真见状决心重建"精武门"，使其阴谋不能得逞。东瀛武者的头领佐藤霸川一伙不甘失败，用卑鄙的手段绑架了霍元甲的儿子霍东觉，诱杀陈真，陈真不顾一切深入虎穴，不幸中计遇害，但也将佐藤的主要干将悉数杀死并最终与佐藤霸川同归于尽。叙事模式仍然如旧：铁血男儿凭借绝世武功，力歼群魔，弘扬中华民族正气，彰显爱国主义精神。

20世纪80年代初，受到香港功夫片，尤其是在内地取景的电影《少林寺》的影响，内地电影制片厂也拍摄了大量的功夫电影，其故事大多围绕戊戌变法、义和团运动、辛亥革命和抗日战争等历史事件展开，体现了浓厚的民族主义情结和爱国主义思想，包括《武林志》《大刀王五》《神鞭》《侠女十三妹》和《关东大侠》等，其中张华勋执导的《武林志》是这一时期最具影响力的国产功夫片之一，该片设定在20世纪初的天津，讲述了武林高手东方旭（据说其原型是韩慕侠）为捍卫民族尊严、挑战并击败俄国大力士达德洛夫的故事，大批专业武术运动员在影片中出演角色也增强了这部电影的真实感和吸引力。

三　李小龙力推功夫　赢得国际声誉

在国际上，从20世纪70年代开始，人们将表现中国武术、功夫的影视片统称为功夫片，这与香港功夫巨星李小龙是分不开的。李小龙在香港的电影生涯黄金期不过三年时间，其参与拍摄的几部电影故事情节也很简单，主要是以反西方的爱国主义、民族主义为主题，但这些影片均与李小龙独特的个人武术风格有机结合起来，李小龙的武术技巧在片中得到淋漓尽致的表现，这也是功夫片蜚声世界的重要缘由。

（一）李小龙的功夫片影视实践

李小龙出生在美国旧金山，幼时返回香港生活，其父为了使儿子体魄强壮，在李小龙7岁时便教他练习太极拳。后来，李小龙又拜武术宗师叶问为师，学习咏春拳，还练过螳螂拳、洪拳、少林拳、戳脚、节拳、白鹤拳等拳种，也擅长长棍、短棍和双节棍等各种器械。回到美国上大学后，李小龙在1962年开办了"振藩国术馆"，1967

年自创截拳道，1972 年以截拳道宗师身份，入选国际权威武术杂志《黑带》名人堂。长期习练武术的基础，为李小龙出演以中华武术为主体、以真实武功为表现手段的影视剧奠定了良好的根基。

虽然李小龙声名鹊起是在香港，但他率先展现自己的武术技艺却是在美国——1966 年，美国 ABC 播出电视剧《青蜂侠》，在这部 30 集的连续剧中，李小龙出演"青蜂侠"的华人助手加藤（Kato），尽管只是一个配角，且《青蜂侠》电视剧收视率未达到预期效果，原计划拍摄的续集也因此流产，但李小龙却让西方人见识了中国"惩恶扬善、见义勇为"的武术风尚。

李小龙于 1970 年 10 月从美国回到香港，1973 年 7 月 20 日即意外辞世，前后不到 3 年时间，其间共拍摄了《唐山大兄》（1971 年）、《精武门》（1972 年）、《猛龙过江》（1972 年）、《龙争虎斗》（1973 年）和未完成的《死亡游戏》（1973 年），虽然只有 5 部影片，但却在许多领域引起了革命性的变化：其一，引导了香港电影史上"导演时代"到"明星时代"的转折，此前功夫片中的导演乃至武术指导是核心人物，他们对于影片中的武术动作、对打等起着决定性的主导作用，而从李小龙开始，明星演员逐步成为影视作品的灵魂人物，他们的个人能力、武术技巧等完全左右了影视剧中的武术呈现，有时甚至会为他们"量身定制"一些动作乃至角色等；其二，李小龙主演的功夫片在世界影坛上产生了巨大影响，真正促成香港功夫片赢得了全球声誉，至今在世界影坛上仍流传着李小龙功夫神话。

20 世纪 70 年代，第一部在海外实现商业放映的香港功夫片是 1971 年由邵氏公司出品，郑昌和导演、罗烈主演的《天下第一拳》。该片同样秉承民族主义和爱国主义风格，在武打方面也不乏精彩场景，片中男主角大败江湖浪人、男主角与日本人的终极大战等都让人感觉热血沸腾，该片进入国际市场后曾在美国 1000 家主流影院同时上映，盛况空前，跻身全美七大卖座电影之列。公司老板邵逸夫在自己的传记中写道，《天下第一拳》在美国卖了 1000 个拷贝，当年美国的票房超过了 2000 万美元。

　　邵氏公司固然抢占了先机，却错失了与李小龙"强强合作"的机会，只能眼看着李小龙与其竞争对手嘉禾公司一起掀起功夫片更加汹涌的浪潮——1971 年，李小龙回港后主演的第一部功夫片《唐山大兄》在泰国开拍，该片的剧本由导演罗维与著名功夫片编剧倪匡合作完成，在李小龙看来这是"一部既有功夫又有侠义精神的佳作"，双方的合作在良好的氛围中开始。李小龙的武术技艺在《唐山大兄》中得到了充分的展示，给观众带来了全新的感官刺激。片中李小龙与恶徒激斗，以一敌十、迅猛犀利的三脚回旋连环踢、凌空飞脚以及高亢的啸叫等极具个性魅力的武打噱头令观众如痴如醉，影院内几乎每隔几分钟就会发出一阵欢呼声，影片取得了空前的成功。

　　1972 年 3 月，倪匡根据李小龙的个人特点，为其"度身打造"了"陈真"这一角色，在此基础上完成了电影《精武门》剧本——2007 年，倪匡在香港电台节目《倪匡看世界》中披露，他当初为电影《精武门》写剧本时，陈真是他创作的虚构人物，剧中很多陈真的故事则是由许多人的事迹拼接而成，而那块写着"东亚病夫"的匾同样出自他的虚构。《精武门》将极度渲染的民族主义情绪与李小龙的功夫魅力结合在一起，主旨是反映中国志士反抗日本帝国主义侵略者，为中国赢得荣誉，体现了民族大义；片中还让李小龙充分展现了他的截拳道、双节棍等武术技能。这种结合使影片大获成功，不仅在香港地区热映，还打开了日本、欧美等国际市场的大门，但风头并未超过《天下第一拳》。

　　1972 年，李小龙自编、自导、自演的首部作品《猛龙过江》投拍，其故事梗概与《唐山大兄》大致相同，只是将地点移到了欧洲的罗马，成为首部在古罗马竞技场拍摄的香港电影，而且在片中安排了两位曾获国际空手道冠军的运动员作为李小龙的对手，使得打斗场面愈发逼真，而李小龙在片中拥有绝对的主导权，完全发挥了他的动作电影理念，因此该片堪称李小龙最具代表性的作品。公映后，《猛龙过江》成为香港第一部票房收入超过 500 万港元的影片，在当年还打破了东南亚几乎所有地区的票房纪录。

李小龙这三部影片热映后，功夫片热席卷全球，好莱坞的华纳影片公司找到嘉禾公司合作，拍摄由李小龙主演的功夫片《龙争虎斗》。《龙争虎斗》仍然是在除恶扬善主题下的精彩武打，李小龙在武打中先后使用了齐眉棍、菲律宾短棍、双节棍三种武器，每一种都使得出神入化，充分展示了他对各种武器的熟悉和精通。《龙争虎斗》是李小龙处于全盛时期的功夫片的巅峰之作，也是美国电影史上第一部成功的好莱坞式的中国功夫片，至今票房累计数亿元，成为李小龙作品中票房最高的一部。遗憾的是，1973 年 8 月《龙争虎斗》在美国上映时，李小龙已经于一个月前在香港去世。

（二）功夫片热触发全球"功夫热"

20 世纪 60 年代到 70 年代，随着香港功夫电影的全面勃兴，尤其是李小龙的横空出世，功夫片终于在全球赢得了声誉，而且其影响并不局限于影视领域，更是对现实生活中的武术传播起到了极大的推动作用。

从李小龙的人生阅历不难看出，他在从事表演之前已经开办了武馆，后来又创立了截拳道，其生命的最后几年才以功夫片蜚声世界，因此可以说他首先是一个武术家，然后才是演员。李小龙本人也透露过这样的想法：为了替中国武术争一口气，决定把中国功夫搬上银幕，为中国武术争取光荣。事实也正是如此，被称为"国家之间文化交流大使"的电影极大地加深了外国人对中国武术的印象，许多人觉得武术高深莫测，始终能够克敌制胜，这一态势在李小龙时期已经显露出来，他主演的影片播出以后，武术顿时在美国风靡一时，当地的武馆数量一下子翻了两倍，"中国功夫"犹如旋风一般吹遍了美国。有人认为《猛龙过江》的上映是李小龙使中国功夫名扬世界的重要标志，李小龙特别的身手和演技是这部电影取得成功的核心所在；而李小龙辞世前拍摄的最后一部电影《龙争虎斗》更被认为是压卷之作，2009 年美国 *Total Film* 杂志选出 67 部改变世界的电影，《龙争虎斗》入围其中，该杂志指出，该片带起了 70 年代的美国功夫热潮。

实际上，李小龙对于武术传播的贡献不局限于美国，他对于"功夫"的发扬光大是世界性的——在香港功夫片风靡世界的同时，中国内地的武术也在欧洲和美国之外的地区流行开来，例如在南美的巴西就颇受欢迎，因李小龙的巨大影响力，70 年代"Kungfu"一词逐渐为西方所熟知，并被收入《牛津词典》，李小龙对武术在全球的传播做出了很大贡献，李小龙把咏春拳（原名永春拳）从香港带到美国，创立截拳道并把中国功夫搬上影视银幕后，咏春拳开始声名远播、名扬海外，成为当今世界上流传面最广、学习人数最多、影响最大的拳种之一。有数据统计显示，现在全球有 100 多个国家和地区设立咏春拳拳馆达 7000 余家，学习人数近 1000 万。

当前，全世界被观众认可度最高的中国电影类型仍然是功夫动作电影，在国际传播中这一特性更为明显，北美电影市场上中国电影票房最高的 10 部电影中有 8 部是功夫动作电影。

后来，一些西方国家也开始拍摄以"功夫"为卖点的电影，影片中插入越来越多的武打镜头，其中非常明显的一个例子就是从 1999 年起，好莱坞大片《黑客帝国》将科幻题材、电脑特技和中国功夫巧妙地结合起来，在世界范围获得了巨大成功。

迄今，"功夫"仍是海外认知中国武术的核心之一，2006 年美国《新闻周刊》评选出进入 21 世纪以来世界最具有文化影响力的一些国家文化及其形象符号，"功夫"赫然位列其中。学者巩向飞在其研究报告中提到：受访者感兴趣的中国文化，功夫列第五位。①

第四节　中华人民共和国的官方武术输出活动

1949 年中华人民共和国成立后，把作为中国传统文化及具有丰富表演艺术价值的武术通过各种渠道向国外推广，使之在国际交往中

---

① 胡凯、王燕：《武术的海外传播实证研究——以武术在美国孔子学院的传播为例》，《山东体育学院学报》2017 年第 5 期。

发挥了重要的纽带作用。在 1949 年以后的近 30 年时间里，中国的官方武术输出活动主要通过两种基本模式展开：一是向特定的外国人士进行武术技巧传授；二是派遣武术队出访，通过武术表演等方式向境外观众展示武术。

一 向外国友好人士传授武术技能

中华人民共和国成立之初，接受武术技能传授的外国人士大多来自东亚、东南亚等地区，这些人或者是国家领导人，或者是所在国的对华友好人士，总之都与中国存在着密切的关系。按照中国方面的看法，向他们传授传统武术技艺在相当程度上带有加强外交工作、促进友好交流的成分。另外，这些人士本身往往也比较了解中国武术，对于武术有一定的亲近感。

根据有关部门的统计和介绍，第一位接受中国武术技能传授的外国领导人是越南的胡志明，他早年在中国活动多年，1930 年曾在上海学过中国拳术，这一经历帮助其身体恢复了健康。1956 年 10 月，周恩来总理、贺龙副总理访问越南时，与时任越南劳动党中央委员会主席、越南民主共和国主席、已经成为越南国家元首的胡志明进行交流，主管体育工作的贺龙介绍了中国太极拳在医疗、保健等方面的价值，并说其对老年人更为适宜。胡志明主席对此很感兴趣，提出要习练太极拳，希望中国方面能派人员教授其习练。回国后，这一要求被传达给国家体委，经过研究后派出当时对陈式太极拳及推手有很深造诣的顾留馨去越南教胡志明习练太极拳。这也是中华人民共和国成立后首次派出武术教员出国教拳。

1957 年 1 月至 4 月，顾留馨在越南教胡志明打太极拳。基本上每天都要教授两次，每次大约半小时，经过一段时间的习练，胡志明表示：太极拳的效果很好，对睡眠很有帮助。由于感觉到习练太极拳在身体保健、锻炼方面具有明显的效果，胡志明的学习兴趣很浓厚，不仅向中国方面提出延长顾留馨在越南的传授时间，将最初预定的一个多月延长到四个月左右，还要求越南的体委、军委各派 10 名青年学太极拳，以便日后在越南国内推广。顾留馨后来回忆说，他的这次越南之行，对太极拳的推广起到了一定的作用。

后来，胡志明到我国杭州来疗养，顾留馨接受任务，再度去教授其习练太极拳。在双方的交谈中，胡志明告诉顾留馨，他一直坚持练拳，效果显著，因此希望中国专家帮助他巩固、提高学习太极拳的效果。

在胡志明之后，几位日本对华友好人士也先后在中国武术专业人员的指导下习练太极拳——

1959 年 10 月 1 日前后，中华人民共和国举办国庆十周年庆祝活动，日本自民党顾问松村谦三应周恩来总理之邀，率团来京参加盛典。周恩来在北京体育学院会见松村时说：太极拳是中国的一种优秀传统文化，内容十分丰富，充满哲理，与中国传统医学有着血缘关系。学练太极拳是一项很好的健身运动，可以强身健体，可以防身自卫，也可以陶冶情操，是一种美的享受，还可以给人们的生活带来无限情趣和幸福，可以延年益寿。松村当即渴求习练，当时的国家体委随即指派著名太极拳师李天骥向松村传授 24 式太极拳，此为中华人民共和国成立以来，太极拳正式向日本传播的开端。当时负责向松村谦三传授太极拳的李天骥在 20 世纪 50 年代已经是国内顶级的太极拳名师，1954 年便担任了全国竞技指导科武术班（即中国武术队）的第一任总教练，足见其在武术界的地位之高。

这仅仅是李天骥向日本友好人士教授太极拳的开始。1959 年与松村一道访华的还有被周恩来总理赞誉为"中日友好掘井人"的古井喜实。1962 年，古井喜实实现第二次访华，并将带回国的简化太极拳图解翻译成日文，自己印制后分送给友人。在其推动下，以简化太极拳为中心的太极拳活动在日本民众中逐步普及，1968 年，古井发起的日本太极拳协会成立。1972 年 4—5 月，中央办公厅向原国家体委发函，告知古井喜实将来华访问，这次古井提出了学习太极拳的要求，请国家体委派员教授，以满足他的要求。这一次，教授古井太极拳的任务落到了李天骥和当时还非常年轻的张山身上，他们前往古井喜实下榻的北京饭店，引导他来到楼顶平台上练习，在一周时间里先后向他教授了杨氏太极拳、太极剑和二十四式、八十八式太极拳等。

总之，从 1959 年开始，李天骥长期承担了向日本友好人士传授太极拳的任务，其间许多日本代表团来华，他多次亲自授课，参与习练的人士还包括日本前首相大平正芳等。此外，李天骥还多次出访日本传授太极拳等武术技艺：1980 年，李天骥随中国武术代表团赴日本，在一个多月的时间里先后访问了 13 个城市，为日本武术爱好者做过太极拳、武当剑示范表演，受到日本武术界极高的评价。1982 年 11 月，李天骥又应邀去日本讲学，这次日本武术界不仅把他的讲学示范录了像，电视台还做了实况转播，《朝日新闻》专门发了他的照片和讲学教拳的消息。1986 年 6 月和 1987 年 3 月，李天骥又两度应邀到日本讲学，日本《中国武术》杂志封面大标题写到："中国武术界的至宝，太极拳一代宗师李天骥老师。"李天骥积极推动了太极拳在日本的开展，曾被日本太极拳界誉为"日本太极拳之父"。

中国改革开放之初的 1978 年 11 月，日本国会议员代表团来华访问，时任国务院副总理的邓小平同志在北京前门烤鸭店举行盛大午宴欢迎日本嘉宾。席间，日本代表团三宅正一团长谈到他正在学习中国太极拳，小平兴趣盎然地向对方介绍了太极拳运动的优点，三宅正一深感小平对太极拳有很深的造诣，遂请求小平为广大日本太极拳爱好者题词，以作纪念。小平同志欣然答应，随后题写了著名的"太极拳好"四个字，这一故事已经成为中日武术，尤其是太极拳交流史上的一段佳话。

从上述个案不难看出，中华人民共和国成立后接受中国武术，特别是太极拳技能传授的外国友人，都是将武术作为健身、锻炼的方法和手段在运用，而几乎没有考虑其技击、进攻等功能。

二　武术代表团出访展示技艺

中华人民共和国成立后，1950 年和 1952 年，中华全国体育总会和国家体委两度将武术列为推广项目。与此同时，中国共产党和国家领导人也多次提出要重视武术的发掘、继承和推广工作：1956年3月，刘少奇在同国家体委负责人谈话时指出："要加强研究、改进武术、气功等我国传统体育项目，研究其科学价值，采用各种方法传播推广。"1960年3月，毛泽东在为中共中央起草的党内指示中要求："凡能做到的，都要提倡。做体操，打球类，跑跑步，爬山，游泳、打太极拳及各种各色的体育运动。"

中国官方武术输出活动也从1960年夏天起步，当年6月22日至7月4日，应捷克斯洛伐克共和国邀请，新中国组成了第一支国家武术队出访，参加捷克第二届全国运动会暨"友谊晚会"的武术表演，此举拉开了新中国武术正式"走出国门"、开展国际传播的序幕。当时出访的男女武术运动员共计18人，负责武术运动管理的国家体委武术处特意为这次出访创编了集体性的大穗剑，作为集体表演项目。那次一共有80多个国家和地区的代表队汇集捷克参加表演，中国代表团乘飞机从北京出发，经莫斯科到捷克，休整3天后出场演出，第一场就是中国队表演，代表团18个人表演大穗剑，整齐划一，队形变化自如。表演结束后，很多国家的运动员都上台和中国运动员拥抱，表达对中国武术的仰慕。后来，中国代表团还做了几次单场表演，也是场场爆满，反响很好。

当时出访捷克的武术运动员以国内涌现出来的青年新秀为主，包括日后逐渐成名的徐其成、于立光、张植彬等人，而在1960年12月，中国武术队在周恩来总理的率领下去缅甸进行巡回表演，这次则真正是少长咸集、群贤毕至，代表团汇集了国内多位武术名家，其表演也在国际上产生了强烈的反响。

此次出访缅甸是为参加缅甸独立30周年的庆典活动，因此访问团规模庞大，总共有300多人，其中体育方面有八一足球队和武术队，武术队一方面负责表演，另一方面也担负了保护周恩来总理等人安全的重任。武术队虽然只有18人，但不乏享誉全国的武术名家，早在中央国术馆初创时期即已声名大振的王子平任武术队总教练，而参加过柏林奥运会武术表演的名手张文广等人也在代表队中，队伍中还有日后崭露头角的于海等。武术队在缅甸期间，参加了缅甸独立30周年庆典表演及各地巡回表演，还同缅甸武术界和华侨武术爱好者进行了多次技术交流，中国武术队的表演赢得了缅甸国家领导人和人民的热烈赞赏，增进了中缅两国间的友谊。此后，武术队出访逐渐成为新中国外交活动的内容之一，几乎每年都有武术团队出访。

从缅甸出访归来后不久，在高校任教的张文广于1962年建立了第一支北京体院武术队，这支武术队进一步对外宣传了我国武术运动，他们先后为到访的外国代表团表演数十次，众多外国元首、政府首脑和世界名人观看了他们的表演。其中，1972年2月，随同美国总统尼克松访华的基辛格在观看武术队的表演之后，对中国武术赞叹不已，回国后立即邀请中国武术队访问美国，使得武术也加入了中美"体育外交"的行列。

1972年2月底的一天，基辛格在中方人员的陪同下，参观北京体育学院，并观看了国家体操队和武术青训队的表演。尽管当时武术青训队只有12人，但坐在主席台上的基辛格仍然被武术表演惊呆了，他竖起大拇指，赞不绝口："真好！我从未见过，这叫什么项目？"陪同人员介绍说："这是中国武术，有着几千年的历史。作为一种优秀的传统文化，是中华民族在长期生活和斗争实践中，逐步积累和发展起来的，既可强身健体，防身自卫，又可修身养性，自娱娱人，深受广大民众的喜爱。"

随即，基辛格正式向周恩来总理提出，邀请中国武术队访美，周总理给予了肯定答复。在中美建立正式外交关系前，乒乓球队是第一支访问美国的体育运动队，其后是国家体操队，武术代表队则是第三支出访团队。

对这次武术组团出访美国的全过程，当时担任国家体委武术处副处长的张山都是亲历者，后来他撰写回忆录做了详尽记载——

武术队访美任务于1973年初正式下达，要求组团于1974年

6 月访美。当时武术项目没有国家队，只能在全国范围内选拔优
秀运动员；由于中国武术拳种丰富，为充分展示传统特色和地域
属性特征，先是组织了武术调研组，对全国尚存武术专业队的省
市进行摸底，根据调查结果，汇总集训名单。

　　在集训队伍里，中、青年选手居多，张山觉得如果增加两三名少
年，一则可以活跃气氛；二则能说明中华武术后继有人。于是，他便
到北京市什刹海业余体校武术队选拔，最终相中了后来在影视界闯出
一片新天地的功夫巨星、时年仅 10 岁的李连杰，以及与之年龄相仿
的吕燕和崔亚辉。

　　历经 6 个月的集训，最终留下 35 人，可以说汇聚了当时武术界
的精英，个个身手非凡。经过上级领导多次审查，总共确定 50 多个
比较精彩的表演项目，其中单人项目有：张玲妹的五路查拳、陈道云
的飞鸿剑、于海的螳螂拳、任继华的通臂拳、高西安的翻子拳、牛怀
禄的形意拳、莫少能的南拳、李连杰的单刀、王金宝的银龙棍、邱方
俭的九节鞭、王常凯的长穗双剑、白彦侠的双钩等。对练项目有：王
金宝和韩明南的对打、韩明南和任继华的对擒拿、周涛和李启明的单
刀进枪、于海和邱方俭的朴刀进枪、张福云和何伟琪的叉子进枪、刘
学志和郭省聚的夺匕首、李连杰和崔亚辉及吕燕的三人对棍和空手进
双枪。集体项目有：女子集体二十四式太极拳、男子集体刀术、男女
集体剑舞等。

　　1974 年 6 月，中国武术代表队踏上美洲大地。6 月 5 日晚，率先
在墨西哥首都的民族厅表演，引起轰动，成千上万的观众为之倾倒。
墨西哥《宇宙报》发文称："参加表演的运动员们，把一项体育运动
变成一件无可比拟的艺术作品，完美无缺，值得大加称赞。"

　　经过墨西哥练兵，中国武术代表队随后抵达美国檀香山、夏威
夷、旧金山、纽约等地。面对高水平的节目，绝妙精湛的技艺，多类
型不同风格的武术，观众看得目瞪口呆，掌声从四面八方响起来。在
表演结束，队员上车前，常被观众围住要求签名合影，往往经安保人

员的帮忙才能上车。

7月10日晚，武术队在美国首都华盛顿首演，受到2400名观众的热烈欢迎，多位美国高官出席并观看了表演。7月12日下午2时半，美国总统理查德·尼克松由基辛格陪同，在白宫玫瑰园接见中国武术代表队全体成员，观看了代表队年龄最小的三个运动员吕燕、李连杰、崔亚辉的表演。李连杰和崔亚辉在草地上进行拳术对打。李连杰开始的第一个动作，一掌拍向崔亚辉胸膛，速度之快，声音响亮，惊呆了所有在场的美国官员。尼克松猝不及防，戏剧性地用双手捂住了脸，情不自禁地"哇呜"一声。表演结束后，他对李连杰说："以后我找保镖，就请你了。"① 中国武术代表队在访美期间，在檀香山、旧金山、纽约、华盛顿等地共表演了16场，表演项目有集体拳、集体刀、翻子拳等，每场均配中国古典音乐，富有浓厚的民族特点，在国际上引起强烈反响。

此后，中国武术队代表团又陆续前往日本、英国、莫桑比克、埃及、土耳其等国访问、表演，极大地展示了中国武术的魅力，深深地吸引着世界人民。随着时间的推移，中国武术代表团的足迹遍及五大洲，武术以其特有的文化和体育魅力吸引着世界各国人民，极大地拓展了中国武术的声誉和影响。

第五节　武术对外传播中的民族主义

从20世纪初期开始，直到20世纪80年代以前，中国武术的系列对外传播活动，始终都带有明显的民族主义倾向，即在武术上寄予了非常浓厚的民族情感，认为武术很优秀、很有价值，通过向境外传播武术，可以充分展示民族自信；这一思潮在功夫片中可谓得到了十足体现，功夫片刻意营造出"中国功夫不可战胜"的氛围，将中国武术对外传播中的民族主义推到了一个近乎极端的位置。

---

① 张山主编：《武林春秋》，人民体育出版社2012年版。

一　民族主义与武术的关联

"民族主义",即指以自我民族的利益为基础而进行的思想或运动。美国学者汉斯·科恩指出:民族主义是一民族的普遍表现并要求将其普及至所有成员的一种精神状态;它承认民族国家是政治组织的理想形式,承认民族是一切文化创造力和经济福利的源泉。[①]国内学者徐迅则把民族主义概括成"对一个民族的忠诚和奉献,特别是指一种特定的民族意识,即认为自己的民族比其他民族优越,特别强调促进和提高本民族文化和利益,以对抗其他民族的文化和利益。"[②]

从各界的共识来看,民族主义包括民族意识与民族认同两个基本方面:英国学者乔治·古奇认为,民族主义是"一个民族的自我意识",以集体意识为中心,它与实现、维持与延续本民族的认同、整合、繁荣等欲求结合在一起;而英国学者爱德华·卡尔也认为:"民族主义通常被用来表示个人、群体和一个民族内部成员的一种意识,或者是增进自我民族的力量、自由或财富的一种愿望。"国内也有学者提出:"民族主义是对本民族文化、语言、宗教、心理、习俗和生活方式的认同,这一认同使某一民族殊异于周围其他民族。"[③]

总之,积极意义上的民族主义以充沛的民族情感为基础,在思想理念上通常表现为对本民族的高度忠诚,以及由此形成的民族认同感、自豪感、优越感等,在实践行为上则体现为各种努力和行动、运动,意在实现和维护本民族的利益。中国武术的对外传播滥觞于清末民初,当时中国国力衰败,国民体质羸弱、精神萎靡,素以"东亚病夫"闻名于世,武术在相当程度上担当了振奋民族精神、强种救国、御侮图存等使命,如蒋介石曾提及"拳术国技为我国固有之体育,奋

---

① 〔美〕汉斯·科恩:《民族主义的观念:关于其起源和背景的研究》,纽约,1944年,第3—24页。

② 徐迅:《民族主义》,中国社会科学出版社1998年版,第40页。

③ 朱素梅:《极端民族主义与恐怖主义》,《世界知识》1999年第14期。

发振作之良好运动"①。

在中国近代武术发展史上，精武体育会是第一个现代武术社团，也是率先开展武术海外传播的组织，其创立及其诸多后续活动都表现出浓厚的民族意识：霍元甲创办精武会之时，一个重要目标便是通过武术振奋民族精神，洗雪"东亚病夫"之耻，救国救民，唤醒国民自救于危难之中；而处在反清革命的前夜，身为孙中山革命党重要成员的陈其美等则力图将精武会作为培养革命人才的重要场所，"希望十年内训练出千万名既有强健体魄，又有军事技能的青年以适应大规模革命运动和改良军事的需要"。

从总体上看，精武会是在爱国精神的感召下诞生的，其核心理念是"爱国、修身、正义、助人"，并以提倡武术、研究体育，铸造强毅之国民为主旨，意图在近代以来积贫积弱的中国大地上，竖起一面振奋民族精神、弘扬中华国威的旗帜。这便是鲜明的民族主义。

在精武会大力开展海外传播的进程中，霍元甲次子霍东阁也前往南洋，几经磨难后终于创办了 8 个精武会。在《南溟精武大事记》的序言中，霍东阁这样说：我精武之所以能得国人之信仰，缘其具有改良风俗，化除疆域，统一民族，进而谋全世界人类之健康，不使有此强彼弱之弊，而收一视同仁之功之大愿望。② 这段话在很大程度上提升了精武会的理念和境界，从起初的民族主义拓展到谋求人类的共同健康，立足点更加高远。

与精武会相比，中央国术馆的重要创办人张之江更直接地论述了武术与民族主义的关系，并在此基础上积极倡导将武术更名为"国术"，极大地提高其社会地位，扩大其影响力和普及面。

关于国术与民族主义的关系，张之江阐释道："民族图存必以武力为后盾，而武力之最后胜负，证诸个人作战经验，常不在火炮，而在国术能力之高下。"他还指出："凡是任何一个民族，能够把文化

---

① 李印东：《论武术与军事的历史渊源》，《北京体育大学学报》2009 年第 12 期。
② 晨曲：《精武会宗旨的演变过程》，《天津日报》2015 年 10 月 28 日。

武化合起来并重的，他所造成的国家，一定可以强盛的。"① 张之江提出，过去中国的失败是由重文轻武所致，"国家多所以衰弱，完全是与国同生死的武化给忽略了。"为此他申请民国政府将"武术"改为"国术"："我国技击之术，发达本早，代有传人……与国学同有优异之点，故正名曰国术……将'武术'改为'国术'，视为与'国学'同等地位。"

张之江一方面积极呼吁官方提高武术的地位，另一方面持续宣传武术在强身、抵抗外敌侵略、维护民族尊严等不同维度上均具有很大的价值，吸引人们自觉接受武术、习练武术。对于武术的强身功能，张之江论述道："吾人深知欲求强国，当先富民，欲富民，当努力增加生产，欲增加生产，当从强健身体入手。研究国术，即为强身健体之捷径，旧法具存，师资不远，急起直追，事半功倍。"当时多数人质疑在火枪大炮面前武术失去了军事价值，张之江回应说："虽火器精利，枪林弹雨中，擘空搗虚，似不需要，然遇夜战，雾战，肉搏，刀接，最后之胜负，必视此为分判，故冲锋格斗，杀敌致果，国术尤能独操胜算。"因此其主持中央国术馆时明确提出"健身强种，自卫卫国"等口号，赋予武术以强烈的爱国主义内涵。总之，张之江如此归纳武术的重要意义：增加生产力，维持社会秩序，抵抗压迫，保障民权，或直接或间接，均与国术有密切之关系，小可保障身家，大能造福民族，热心教导，与有志研究者，尽兴乎来。

此外，不少人士也对武术在民族自强和民族复兴进程中堪当重任充满信心，武术界名士吴图南在《太极刀》一书的"自序"中说："倘自今以往，国人能全体一致，提倡国术，互相探讨，加紧锻炼，不出十年，国民体质均可强健，则健全之国家，亦可因之而产出，庶我中华民族，能与世界列强并驾齐驱，帝国主义自然闻风败走，一切不平等条约，不待废而自除，此非达到自由平等之地位也乎？"②

---

① 林辉锋：《张之江国术思想述略》，《广东社会科学》2014 年第 6 期。
② 吴图南：《太极刀》，山西科学技术出版社 2004 年版，第 10 页。

1934 年，杨澄甫所著《太极拳体用全书》出版，蔡元培先生为该书出版题词曰："可以御侮，可以卫生，愿以此有百利而无一害之国粹为四百兆同胞之典型。"

二　武术亮相奥运会的民族自信

民族主义的积极意义在于增强民族的凝聚力、自信心等，20 世纪初叶中国武术"走出去"的目标多在于此——武术是中国传统体育运动中的典范和翘楚，能够让国人产生自信心和自豪感，因此我们极力向外界传播和推广，其中尤以 1936 年武术代表队亮相柏林奥运会开展表演活动最为突出。

中国人素有浓厚的"奥运情结"，百年前国人即大声疾呼"奥运三问"，其目标依次是"何时能派运动员参加奥运会？何时能获得奥运会金牌？何时能在中国举办奥运会？"在这一愿景中，后两项都有较为明确的标准——获得金牌、举办奥运会即为成功，唯独第一项比较模糊，派出运动员参加奥运会比赛就算成功了吗？其实未必。1932年刘长春独闯洛杉矶奥运会，实现了中国选手在奥运赛场的首次参赛，赛前《申报》曾对刘长春参赛的意义给予高度评价：其一，"开我国运动史上新纪元，使国旗首次飞扬于世界运动场上"；其二，"志在观摩各国，促进我国体育，胜败非所计"①。

但是，刘长春在比赛中运动成绩欠佳，两项短跑在预赛中即相继失利，消息传来，国内舆论哗然，天津《大公报》就此发表社论呼吁："请从此脱离洋体育，提倡土体育！中国人安于做中国人，请自中国文化之丰富遗产中，觅取中国独有的体育之道！"②

这里所言的"土体育"就是以武术为代表的中国传统体育运动。于是，在民族意识崛起的 20 世纪 20 年代到 30 年代，武术再度与民族自尊心紧密联系在一起，国内武术界、体育界人士将其视为在国际

---

① 《世界运动会中华选手刘长春昨日安抵上海》，《申报》1932 年 7 月 15 日。
② 《社论：今后国民体育问题》，《大公报》1932 年 8 月 7 日。

体育舞台上挽回民族尊严、提振民族精神的法宝。

尽管一些人士愤然提出中国不再参加奥运会,但国内诸多有识之士如张伯苓、中国第一位国际奥委会委员王正廷等人均认为出席奥运会是重塑国家形象的重要机遇,因此积极促进中国选手参加奥运会比赛。在 1936 年柏林奥运会前,王正廷曾撰文分析:"兴邦与救国绝非一人所能负其责,而世界之物质文明,导致人类身体有逐渐衰落之趋势,长此以往,民族之前途何堪设想,为提倡体育,举行运动会为最佳良方。"[①] 在此背景下,中国派出庞大的体育代表团出席柏林奥运会,与世界各国选手展开交流。不过,张伯苓、王正廷等人已经意识到中国选手无法在正式比赛项目上获得良好的成绩,因此与张之江等协商,在参赛选手之外再组建武术队去德国进行表演,展示中国传统体育运动的魅力,一心想宣传武术的张之江自然大力配合。由此,一支"土洋体育结合"的代表团成行,书写了民国时期中国人参加奥运会的最精彩篇章。

不出人们所料,柏林奥运会中国参赛选手依然以失败告终,但中国武术队的表演却极为出彩,让现场观看的希特勒和全场观众看得目瞪口呆,德国当地舆论界称"中国国术具有艺术、舞蹈、奋斗三大特色,反映了中华民族悠久历史文化及尚武精神"。对此,不仅张之江非常满意,王正廷也给予了充分肯定:"中国武术第一次走出国门,受到超乎意料的好评,称赞中国武术是艺术品中的精品,是体育界的骄傲。有人称,武术集艺术、搏斗、舞蹈于一体,世界任何项目也无法与之相比等,证明了武术是中国传统文化的精髓,是中华民族的骄傲,所以说民族的也是世界的,也算是为国争了光。"[②]

三 民族主义情绪下武术与西方体育对立

为了让武术发挥振奋民族精神、增强民族自信等作用,国内武术

---

① 王正廷:《发刊词》,《体育季刊》1935 年第 1 期。
② 毛庆根:《中国"奥运之父"——王正廷传》,浙江大学出版社 2012 年版,第 57 页。

界许多人士对其科学性、合理性等进行了大量的论述，张之江即在中央国术馆成立大会上突出强调国术合乎科学规律："国术是我们固有的技能，是最高尚的卫生，是锻炼体魄最优美的方法，是我们国民最优美的技能。从前习练国术，只晓得他是一种自卫的方法，只能知其然，而不知其所以然。自从近数十年来，许多同志们用了科学的方法，生理学数学的标准，来估计我们国术的价值，才晓得我们的国术，不但不是反科学的，而且是在科学的立场上，也有他崇高的位置。"①

不过，在民族意识崛起的时期，尤其在"土洋体育之争"的潮流中，对于武术功能、作用的肯定有时难以把握好"度"，不免出现对武术的过分溢美现象，有时甚至将武术与西方体育对立起来，通过贬低西方体育达到宣扬武术的效果——在 1918 年鲁迅与陈铁生有关武术的争论中，陈铁生在反击鲁迅对于武术的抨击时，引用了蔡元培在上海爱国女校演说中的一句话："外国的柔软体操可废，而拳术必不可废。"蔡元培此言由于缺少语境分析，很难做出具体判断，但类似的观点在当时颇多，几乎可以信手拈来——著名武侠小说家向恺然（平江不肖生）同时也是知名的武术理论家，他在《拳术传薪录》中明确写到："拳术非柔软体操可比，柔软体操无变化，拳术之妙，全在变化。"

也有人从不同角度论证武术较之西方体育所具有的优越性："国术乃普及全民之运动，有天然之活泼，非若外人之体操拳术等技，只及一部，且有呆滞之弊。"② 或者说，"至于欧美式之运动，固亦强身之一道也。然其动作激烈，设备复杂，未免失之于贵族化，故不足取也。且在同一之时间与地方，不能使全体同时练习，已失去练习机会均等之原则，至若欧美式体操故能多数人同时练习，乃其径走直线，与生理诸多乖谬，亦未能尽美尽善。"③

---

① 《国术研究馆成立大会》，《申报》1928 年 3 月 26 日。
② 金恩忠：《国术名人录》，山西科学技术出版社 2000 年版，附录 8—9。
③ 吴图南：《太极刀》，山西科学技术出版社 2004 年版，第 3—4 页。

这种情绪在 1932 年"土洋体育之争"中达到了高潮,《大公报》的社论直接提出了"土洋体育"互不相容的意见:中国"应舍弃过去模仿西洋之运动竞赛,从此不惟不必参加世界欧林匹克,且应决然脱离远东欧林匹克"。"欧美日本流行之运动竞赛,乃有闲的国民之游戏事也。""往往损害健康,甚至夭寿。"并得出结论:"西式之运动,中国既不暇学,亦不必学。"① 而到了 1961 年,顾留馨仍在《文汇报》上撰文称:近百年来,太极拳的技击性、体育性、医疗性开始平行发展。由此证明中国传统武术在许多方面确实优于西方体育运动项目。

在各种功夫片中,武术更被描述为占据世界格斗擂台中心的技击项目,一再演绎出中国武术人在擂台上以纯正的武术击败外国武士的故事,以此宣扬民族主义。在此类影视作品中,武术通常被塑造成一种标志性的符号,它在中外武士对抗中体现出压倒性的优势力量,如霍元甲打败俄英大力士等,这种民族主义情结的展示,突出了武术具有抵御外辱的能力和作用——在电影《猛龙过江》中,李小龙饰演的唐龙就是用高超的武艺打败了欺辱华人的意大利黑帮,而这种情结在电影《精武门》中体现得最为明显,陈真痛击日本人、踢碎"东亚病夫"牌匾等情节最大限度地满足了人们的意愿和想象。

---

① 《社论:今后国民体育问题》,《大公报》1932 年 8 月 7 日。

第四章　路径依赖下的武术传播及效果失控

进入 20 世纪 80 年代，中国武术全面"走出去"导入了一个全新的阶段：1982 年 12 月，国家体委明确提出"要积极稳步地把武术推向世界"，从此后，竞技武术成为中国武术传播的主体内容，促进武术进军奥运会则一度成为我国武术对外传播牢不可破的第一要务，有人甚至喊出了如此口号："促进武术成为奥运会项目，是我们向国际推广武术所要完成的一次飞跃，是竞技武术发展的最高目标。"[①] 在这一目标的反衬下，武术全球传播的其他目标都显得微不足道。

争取让武术项目进入奥运会，充分借助奥林匹克运动的强大号召力和影响力推动武术在世界范围内进一步传播，势必有利于武术运动的国际推广和交流。但这一目标过于明确和功利，实现的路径非常狭窄，在国际奥委会屡次推出"瘦身计划"的当下难以奏效。同时，武术争进奥运会，必须按照奥运会比赛项目的标准进行大幅度、多层面的改造和变形，这些举动会在许多方面侵蚀武术的"价值核心"和"完整性"，使得武术所具有的深厚文化内涵等遭受损害。

更关键的是，虽然国内各界均认可武术"入奥"目标的重要性，但具体的武术传播活动与行动却未能真正统一起来，并未在"入奥"目标感召下实现步伐一致或高度匹配，许多时候甚至是相互矛盾、互

---

① 王勇、卫京伟：《武术入奥并非武术发展的最佳选择》，《体育学刊》2006 年第 4 期。

相掣肘的，例如，功夫电影长期都是海外观众了解中国武术的重要窗口，却容易引导观众误读中国武术，不利于推动武术"入奥"，有关方面并未能将这两类存在本质差异的武术传播活动有意识地予以厘清，有时甚至利用功夫电影所产生的影响力推进武术"入奥"宣传，反而妨碍了武术"入奥"目标的实现。

第一节　力争"入奥"的竞技武术传播进程

武术争取进军奥运会，一个基本前提是符合体育竞技的标准和要求，因此竞技武术的形成及其规则完善是必不可少的。从发展和演变过程来看，中国的竞技武术是在传统武术基础上发展起来的，它不是专为"入奥"而生的，但从诞生起就深受西方体育理念的影响，并在"入奥"目标指引下进行了多种努力，以适应奥运会对于竞赛项目的各种强制性规定。

按照国际奥委会的规定，某一运动项目要获得许可、成为奥运会正式比赛项目，至少需要具备四个方面的条件：第一，获得国际奥委会的许可，成为被认可的竞赛项目；第二，足够的普及程度和覆盖面；第三，具有一定的观赏性；第四，具有可操作性，即能够通过一定的标准判断运动员的竞技水平高低。对照这些基础性标准，中国方面以及中国主导的国际武术联合会采取了一系列举措，主要包括修订、完善武术竞赛规则，在全球范围内推广和普及武术运动，向国际奥委会申请竞赛项目许可等，这些都是非常明确的传播行为，清晰地向外界传达出一种理念和态度：我们愿意进行各种改造和变革，以促进竞技武术进入奥运会，成为正式比赛项目。

一　竞技武术竞赛规则的演变

中国传统武术的现代化改造始于辛亥革命前后，20 世纪上半叶的两次"土洋体育之争"对于武术的现代化改造产生了极大的推动作用，其改造路线则是参照西方体育理念，使武术不断契合现代体育的标准和要求而实现体育化，进而全面开展竞技比赛。早在中央国术馆负责推进国内武术运动发展的时期，1933 年武术就被列为全国综合运动会的竞赛项目，促使武术按照运动竞赛的要求，选定项目，制定和完善竞赛规则。① 此后，武术竞技活动逐步突破了先前单一的擂台较量方式，形成了以打分为主的评定模式，为后来竞技武术的诞生奠定了重要基础。

新中国成立以后，武术的发展愈发偏重于竞技武术，向着"高、新、难、美"的方向发展。1953 年在天津举行了首次全国民族形式体育表演及竞赛大会，武术作为主要表演内容，迈出了进入现代体育领域的第一步。1957 年，当时的国家体委将武术列为正式比赛项目。武术被列为竞赛项目后，中国武术协会邀请一批有经验的武术工作者，仿照西方竞技体操的评分方法，起草了第一部《武术竞赛规则》，该规则于 1959 年颁布实施，现在人们通常将其视为竞技武术正式诞生的标志。

竞技武术包括套路与散打两个不同性质的项目，率先出台的是套路竞赛项目，武术套路也是我国着力推动"入奥"的武术竞赛项目。从总体上看，在过去的 50 余年里，武术套路竞赛规则先后进行了多次修订和完善，其目标就是与西方现代竞技体育项目"接轨"。

1959 年竞赛规则以普及面较广的长拳、南拳、太极拳等拳种作为竞赛内容，对于比赛套路的内容、完成的时间、动作规则及评分标准都做出了明确的规定，例如，在规则方面，用较大篇幅规定了"各项动作的组别及其基本要求"，促使武术竞赛实现规范化，增强了武术动作外形的可比性。同时在规则方面，规定长拳类项目套路中"必须包含跳跃"等动作，使原来演练长拳类套路时强度不大、动作速度较慢等弊端有了明显改变，引导武术套路的结构、内容等渐趋复杂化，使得动作完成的灵活性和速度等得到相应提高，套路竞赛的观赏性得到了较大的提升。总体而言，第一套武术套路竞赛规则为比赛评

---

① 国家体委武术研究院编：《中国武术史》，人民体育出版社 2003 年版，第 328 页。

分提供了较为完整的依据和标准，实现了武术竞赛的科学化。

此后，武术套路的竞赛规则又经过了多次修订和完善，使得评分标准进一步明晰、严密，总体上朝着更为公平、合理，更有利于该项目发展的方向迈进——1960年，国家体委提出了"难度大、质量高、形象美"的武术技术发展方向，致使武术竞赛套路更具观赏性，运动负荷和动作难度增大，这在当年修订的竞赛规则中得到了体现，即增加了规定套路比赛的条文，强调技术的统一和在同等条件下进行竞赛，强化了动作外形的可比性。不过，如此规则也导引某些套路技术忽视发掘自身的风格与特点，过多吸收体操及舞蹈动作，在一定程度上削弱了武术原有的技击特点。

1973年制定的竞赛规则首次将评分标准改为按功架、劲力、风格、套路结构等技术内容分类定出分值，同时设置了"出色完成难度动作（跳跃、翻腾、平衡）和创新难度动作的评分"，在这些规则的导向下，武术套路编排中出现了追求难度的风气。

1979年正式实施的竞赛规则针对先前出现的瑕疵进行了一定程度的纠偏：此前在套路技术中跳跃、翻腾动作的使用过多，影响了技术的全面、正常发展，因而此次规则修订对跳跃动作给予"限制"，而着重强调了武术动作规格、基本功、攻防意识及技击特点等方面的要求，对一些非武术动作做了明确限制，尽可能避免武术运动的舞台化和体操化倾向，使武术本身的特点得到了加强。

进入20世纪90年代后，中国武术走向世界的步伐显著加快，武术套路竞赛规则与西方体育竞赛"接轨"也成为一种必然的趋势，在此背景下，对武术竞赛规则连续进行了几次大幅度的修订，从根本上改变了以往总体估分的评分方法，采用切块评分方法，促使评分更加透明，以保证比赛在公开、公平、公正原则下顺利进行——1996年武术套路竞赛规则的一个显著变化是将评分标准细化，整个10分由动作完成分和演练水平分两大部分构成，其中动作完成分为6.8分，演练水平分为3分，另外0.2分设为对运动员难度动作创新的加分，鼓励运动员或教练员创新难度动作；相应地在比赛中安排两组裁判员分别评分，每组裁判员 3—5 人。此外，规则还规定在比赛过程中设立竞赛监督委员会，对裁判员、教练员、运动员与工作人员的各项工作进行监督，最大限度地防范有碍公平竞赛的行为发生。

2003 年修订的新规则保留了切块评分的基本模式，并在此基础上进一步完善，首先，改变了各个板块的基本分值：动作质量为 5 分，演练水平为 3 分，动作难度为 2 分，与先前相比极大地增加了难度动作的分值，并对难度动作的符号赋予了编码，使裁判员更易于操作。同时在新规则中明确规定：在个人项目中如果运动员得分相同，难度分高者名次列前；如得分仍然相同，则以完成高等级难度数量多者列前。由此鼓励选手在比赛中展现出难度较高、完成质量好、创编构思新颖的动作，充分契合精武武术套路运动追求"高、难、美、新"的特点和发展方向。其次，新规则对裁判分工更为细致明确，将裁判员分为 A 组、B 组和 C 组，每组各有 3 名裁判，A 组负责动作质量分评判，B 组负责演练水平分评判，C 组专门评判难度分，如此细化使裁判员在竞赛中的工作更加专一，其评分也更加准确、客观，减少了主观性等不利因素，有助于提高比赛的公平、公正性。总之，新规则更为简单实用，可操作性强，为裁判公正、准确评分提供了标准和规范。

适应竞技武术规范化、标准化、国际化发展的实际需要，2012 年版的《武术套路竞赛规则与裁判法》首次将竞赛规则与裁判法进行分离，使得竞赛规则更加细化、合理化，进一步量化，与奥林匹克运动"更快、更高、更强"的宗旨有机结合起来，提高武术竞赛的公平性、可比性和区分度，使之朝着科学化、规范化、合理化的方向发展，实现竞技武术内在的"高、难、新、美"目标，和稳步实现国际化的高度相契合。这一次竞赛规则的制定，主旨与先前历次修订保持一致，都在于健全竞赛机制，倡导科学量化，追求公正准确，引领技术方向，提高竞技水平。

众所周知，西方竞技体育具有"物理体育"的特色，它在表现形式上具有明显的外在性、直观性，运动员的技术发挥可以通过其肢体运动表现出来，可直观地被观众感知和理解；竞赛规则作为指引中国武术套路竞赛发展的重要规范，始终引导着武术套路比赛向西方竞技体育靠拢，使运动员的技术发挥、水准高低等可以通过评分直观地呈现出来。因此，武术套路竞赛规则的修订实际上也是一种传播活动，意在向国际奥委会表明中国方面愿意按照奥运会竞赛项目的要求和标准改造武术运动。

二　拓展武术运动的全球普及度

按照国际奥委会的要求，某一运动项目如果希望被批准进入奥运会，应在全球范围内达到一定的普及程度，目前确定的基本标准是"男子项目至少要在四大洲75个国家广泛开展，女子项目至少要在三大洲40个国家广泛开展"。当然，这只是最低标准，当下成为夏季奥运会正式竞赛项目的各项体育运动，其普及面都远大于此。

为了符合这一基础性的要求，中国方面在提出"要积极稳步地把武术推向世界"的口号后，先后动用各种组织传播手段向全球传播武术，发起成立世界武术联合会，推动建立各大洲的武术联合会机构，并积极组织多种类型的国际性武术竞赛，不仅包括世界性、各大洲的武术锦标赛等单项赛事，也力推武术成为世界大学生运动会、亚洲运动会等综合性体育赛事的正式比赛项目。

（一）全球武术组织的建立

1985年8月，第一届国际武术邀请赛在西安举行，尽管当时只有18个国家和地区的100余名选手参赛，只设置了长拳、南拳、太极拳、棍术、刀术等8个比赛项目，但就在这次邀请赛期间，与会各方人士就成立国际武术联合会的事宜进行了磋商和讨论，表示将增进团结与合作，共同推动国际武术运动的发展，并决定成立国际武术联合会筹备委员会，筹委会由日本、意大利、英国、中国和新加坡的代表担任，秘书处设在中国北京。会议还决定举办武术国际教练员培训班，由中国派出专家组到各地考察、联络、讲学，并继续编制技术录像和资料。这次邀请赛以及国际武术联合会筹备委员会的成立标志着武术走向世界迈出了真正的步伐。

1985 年 11 月，第一个洲际武术组织——欧洲武术联合会在意大利波伦亚市成立，发起国包括意大利、英国、法国、西班牙、比利时和波兰等，该组织舍弃了在欧洲常用的"功夫"一词，使用"武术"的名义，显示出对于武术运动的高度认同感。

1986 年 11 月，南美武术功夫联合会在阿根廷拉里奥哈省累西多市成立，该机构由阿根廷、智利、巴西、秘鲁、玻利维亚、委内瑞拉、厄瓜多尔、乌拉圭、巴拉圭 9 个国家组成，其宗旨是推动和发展南美洲的武术运动，通过比赛和交流加强相互间的友好与合作。后来，该组织扩展成泛美武术联合会，其成员遍及南美洲和北美洲。

1987 年 9 月 25 日，亚洲武术联合会在日本横滨成立，当时的成员有中国、日本、新加坡、泰国、菲律宾、尼泊尔、马来西亚、澳门、斯里兰卡、印度尼西亚等 11 个国家和地区。这是一个推动武术运动发展，促进武术运动普及和技术水平提高的体育社团，其目标在于团结亚洲武术工作者和爱好者，倡导和普及武术运动，努力促进武术运动理论和技术水平的提高，积极稳妥地推动亚洲武术进一步走向世界。同期还在日本横滨举行了第一届亚洲武术锦标赛，成为一项固定的武术赛事。在亚洲武术联合会的领导下，东南亚武术联盟也于 1994 年 6 月 14 日在印尼雅加达成立。

1989 年由扎伊尔牵头，非洲成立功夫联合会。目前该组织的成员已经超过了 30 个国家，2017 年 7 月在贝宁共和国举行了第六届非洲武术锦标赛，2018 年 4 月在喀麦隆首都雅温得举办了首届非洲武术节，而 2018 年 7 月在阿尔及利亚首都阿尔及尔举行的第三届非洲青年运动会也设置了武术项目。

1990 年 10 月 3 日，经过 5 年的筹备后，国际武术联合会在中国北京成立，当时有 38 个成员，其宗旨是在世界范围内以各种可能的形式推动和鼓励发展武术运动，推动和鼓励发展武术的国际交流，并通过武术竞赛和健身，提高世界人民的健康水平等。国际武术联合会成立后，于 1991 年在中国北京举办了首届世界武术锦标赛，以后此项赛事每两年举办一届，目前已经先后在亚洲、北美、欧洲等多个国家和地区举办 14 届比赛，为来自全球的诸多武术运动员提供了切磋技艺、较量水准的绝佳舞台。2006 年 8 月，首届世界青少年武术锦标赛在马来西亚首都吉隆坡举行。

1998 年 6 月 5 日，大洋洲武术联合会在新西兰首都惠灵顿成立，至此武术运动拥有了 5 个洲际的社团组织，涵盖了世界各大洲。

（二）武术进入综合性运动会

在各级、各类综合性运动会上设立正式的武术竞赛项目，无疑是提升武术社会影响力，促进武术运动发展的有效途径，因此以中国为代表的各种国际武术组织不断努力，积极推动武术进入各种综合性运动会，成为正式比赛项目。

1987 年 9 月，亚洲武术联合会成立伊始，就着力推动武术项目进入亚洲运动会，这次大会通过了《关于呼吁把武术列为第十一届亚洲武术运动会比赛项目的特别决议》；1988 年，亚洲奥林匹克理事会通过决议，将武术列为亚运会正式比赛项目。1990 年在北京亚运会上首次举行了武术比赛，来自 11 个国家和地区的 96 名男女运动员参加比赛，这是武术被纳入国际性综合运动会的开端。

受到亚运会接纳武术项目的影响，1990 年 11 月东南亚运动会的 10 个参赛国举行会议，同意将武术列为正式比赛项目，共设置 14 个小项。1991 年，在菲律宾举行的第 16 届东南亚运动会首次进行武术比赛。

1993 年，首届东亚运动会在中国上海举行，由于武术在东亚各国和地区都较为普及，竞技水平也比较高，因此从首届东亚运动会开始，武术就被列为正式比赛项目。

进入 21 世纪后，武术在国际体育赛事中亮相的级别更高，超出亚洲层面而跃升到全球的高度：2008 年北京奥运会期间，武术以"特设项目"的身份现身，既不算是正式比赛项目，也不被称为表演项目，其赛事定名为"北京奥运会武术比赛"，在套路项目上设置了 10 枚金牌。国际奥委会破例允许奥运会期间在奥运会主办城市举行不属于奥运会比赛项目或表演项目的体育比赛，这在奥运会历史上是第一次。

2010 年在孟加拉国举行的第 11 届南亚运动会上，武术也成为正式比赛项目。

2014 年在中国南京举行的世界青年奥林匹克运动会（简称"青奥会"）上，武术再度以"特殊身份"亮相——经国际奥委会批准，由国际武联主办了"南京 2014 武术比赛"，其赛事标准和竞赛要求完全参照青奥会的正式项目，武术比赛设置 15 个小项，最终中国选手获得 8 枚金牌，越南和印度尼西亚各夺得两枚金牌，美国、马来西亚和法国选手也有金牌入账，另有 17 支队伍的运动员夺取了奖牌，显示出武术运动在全球开展范围已经颇为广泛。

2015 年，中国青岛举行了世界休闲体育大会，武术被列为 9 个国际体育比赛项目之一，共产生了 157 枚金牌。

2017 年 8 月，第 29 届夏季世界大学生运动会（简称"大运会"）在中国台北举行，武术套路和散打成为正式比赛项目。世界大运会素有"小奥运会"之誉，武术能在大运会上闪亮登场，其意义非同寻常。

武术项目相继出现在众多国际性综合运动会上，其传播意义是非常明显的：一方面向参加这些运动会的选手、教练和体育官员等彰显了竞技武术的体育属性，另一方面也向国际奥委会等机构展示出武术运动在世界上普及面已经很广，产生了较大的社会影响。

三　争取国际奥委会正式许可

前述的大量工作，诸如制定、修订与完善武术竞赛规则，建立各种国际性武术组织，推动武术成为各类国际性运动会的比赛项目，尽管产生了很大的传播效果，但这些对于实现武术"入奥"的目标而言，终究只是一些必要的铺垫——武术要想真正进入奥运会，一个基本前提是必须得到国际奥委会的正式认可。

1990 年 10 月，国际武术联合会（简称"国际武联"）在北京正式成立后，很快就在 1994 年 10 月被国际单项体育联合会接纳为正式会员。1998 年 11 月 2 日，国际武联将申请书递交给当时的国际奥委会执委何振梁，希望得到国际奥委会的承认——从实质上说，从此时起，武术才真正开始了它的"入奥"步伐。1999 年 6 月 20 日，国际武术联合会得到国际奥委会的临时承认，但这并不符合武术进入奥运会、成为正式比赛项目的基本要求，武术必须得到国际奥委会的正式承认，才可能被纳入奥运会的竞赛项目。

2001 年 7 月，北京获得了第 29 届夏季奥运会的举办权，国际武术联合会认为这是武术进入奥运会的良机，加快了申请武术"入奥"的进程。同年 12 月，国际武联正式提出将武术运动列入奥林匹克运动会：当时担任国际武联主席的李志坚致函国际奥委会主席罗格，代表国际武联和全体武术运动员，申请将武术运动列入奥林匹克运动会。2002 年 2 月，在美国盐湖城举行的国际奥委会第 113 次全会通过正式承认国际武术联合会的决定，武术同时成为国际奥委会承认的体育项目，具备了申请进入奥运会的资格。

第二节　武术"入奥"的努力进程

通过梳理前述的武术国际传播活动不难看出，从 1982 年中国方面提出武术全球传播的目标开始，到 2002 年武术项目获得国际奥委会的正式承认，前 20 年的国际传播活动取得了明显的效果，为武术申请进入奥运会扫清了诸多障碍。不过，等到武术真正具备了申请"入奥"的资格后，却屡次在申请或竞争中失利，始终无缘奥运会。

从 2001 年武术项目申请进入奥运会迄今，真正成为武术"入奥"机会的总共有三次，这三次的失利原因各不相同，但都在不同程度上反映出传播策略的失当。

一　武术进入北京奥运会未果

2001 年 7 月，国际奥委会在俄罗斯莫斯科召开第 12 次全会，投票决定 2008 年第 29 届夏季奥运会的举办城市，投票仅仅进行了两轮，北京就以空前的压倒性优势赢得举办权。北京胜出后，中国方面感觉这是争取武术进入奥运会的绝佳机会，随即加速了武术"入奥"的申请步伐，国家体育总局甚至专门成立了"武术争取进入奥运领导小组"主导此事。但是，对照国际奥委会的相关规定，这次武术"入奥"的传播活动存在着致命的硬伤——提出时机太晚，无法按照国际奥委会的要求完成各项程序。

人们都知道，现代奥运会是在西方竞技体育的基础上发展起来的，目前常设的大项绝大多数是传统意义上的西方体育项目，只有两个大项例外，它们分别是来自东方的柔道和跆拳道（空手道虽然被列为 2020 年东京夏季奥运会比赛项目，但属于临时项目），而这两个大项都是亚洲国家在各自举办奥运会时增添的：1964 年，东京举办奥运会，日本借此机会使柔道成为奥运会正式比赛项目；1988 年，汉城（即首尔）举办奥运会，韩国也努力使跆拳道成为表演项目，并在隔了两届之后于 2000 年"转正"成为比赛项目。中国最初的想法就是仿效日本和韩国的做法，觉得北京赢得 2008 年奥运会举办权以后，武术理所当然应成为奥运会上第三个东方体育项目。但是，中国并没有得到日本、韩国那样的机遇，早在 1996 年亚特兰大奥运会时，国际奥委会已不允许奥运会新设表演项目——武术"学步"跆拳道，先成为表演项目，然后寻机"转正"的路径被阻塞了。

唯一的路径，只能是直接申请成为正式比赛项目了。但是，就在北京赢得 2008 年奥运会举办权的同时，比利时人罗格接替萨马兰奇，当选国际奥委会新任主席。他上任后开始实施奥运会"瘦身"计划，不再轻易批准奥运会增加正式比赛项目，其中有一项程序性规定："运动大项列入奥林匹克运动会比赛项目，至少在有关的奥林匹克运动会召开前 7 年确定，确定后不允许有任何变动。"换言之，武术项目要进入 2008 年北京奥运会，必须在 2001 年底确定，否则便属违规。

事实上，国际武术联合会在 2001 年 12 月才正式提出武术"入

奥"的申请，2002 年 4 月北京奥组委再次向来访的国际奥委会 2008
年奥运会协调委员会表达了让武术进入奥运会大家庭的愿望，以后又
多次研究武术进入北京奥运会的问题，这在时间上已经明显滞后了。
对于这一点，国内武术界人士在文章中含蓄地指出——

> 　　2001 年 11 月 11 日上午，国际武联主席李志坚率国际武联部
> 分主要官员，在广州白天鹅宾馆与国际奥委会主席罗格举行了会
> 谈。李志坚向罗格通报了武术在世界上的发展情况，表达了国际
> 武联争取武术成为 2008 年奥运会比赛项目的愿望。罗格对有机
> 会在九运会期间会晤国际武联的官员表示高兴，他请国际奥委会
> 体育主任费利介绍了奥运会接受新项目的规定和程序。罗格祝国
> 际武联好运。在罗格应邀抵达广州时，新华社记者就武术进军奥
> 运会的可能性向他提问时，罗格只是说："2008 年奥运会的项目
> 设置将在 2002 年年底决定，让我们等着看吧。"①

　　从这段文字来看，当时罗格的表现是很值得玩味的，他安排专门
官员"介绍了奥运会接受新项目的规定和程序"，在很大程度上就是
表达武术申奥在程序上已经来不及的意图；他回应新华社记者采访时
的冷淡态度，同样表现出他对此事的结果并不看好。

　　结果印证了罗格的态度：2002 年 8 月，国际奥委会执委会在洛桑
召开会议，审议项目委员会提交的 2008 年奥运会设项方案。执委会
会议文件的第一项议程便是项目委员会建议拒绝武术等八个单项进入
2008 年奥运会，不过项目委员会同时表示，拒绝将武术作为进入北
京奥运会的项目，是从技术层面考虑的，执委会可以从政治层面考虑
决定。从表面上看，武术尚未被彻底否决。不过，最终国际奥委会并
未批准武术成为 2008 年北京奥运会的比赛项目。

　　最终的结局是在北京奥运会期间举办了"北京 2008 武术比赛"，

---

① 李杰：《李志坚与武术申奥》（中），《武当》2017 年第 11 期。

尽管众多国人对此很不满意，但也有记者认为，这是我们可以争取到的最佳结果：如果国际奥委会把武术与其他申请进入奥运会的项目一起按规定的程序交给项目小组进而交给全会由委员投票，不可能得到2/3以上的多数票，也不可能成为奥运会的正式赛项。那样，武术连被破例作为奥运会"编外"项目的机会也没有了。①

二　两度备选东京奥运会落败

北京奥运会后，武术申请进入2012年伦敦奥运会和2016年里约奥运会的努力在备选阶段就失败了，随后又经历了两次通过备选"关口"，争取成为2020年东京奥运会正式比赛项目的进程，但无一例外都未成功了。

2011年7月，国际奥委会在南非德班宣布，武术、空手道和其他6项运动被国际奥委会列为2020年夏季奥运会备选项目，当时尚未确定东京为此届奥运会举办地。2013年5月，国际奥委会执委会在俄罗斯圣彼得堡召开，摔跤、棒垒球、空手道、轮滑、攀岩、壁球、滑水、武术共8个备选项目逐一向国际奥委会执委会进行了入奥申请陈述。随后，除主席罗格外的其他14名国际奥委会执委进行了多轮投票表决，从8个备选项目中选出3个提供给同年9月在阿根廷首都布宜诺斯艾利斯举行的国际奥委会第125次全会表决，确定最终入选奥运会的唯一项目。

在圣彼得堡投票前，中国方面对于武术实现"8进3"的突围表示了充分的信心，甚至期望能在阿根廷进行的"3进1"较量中成为最后的赢家。但是投票的结果却令人失望：在第一轮投票中，2013年2月意外被剔出奥运会的摔跤获得超过半数执委的支持，赢得8票率先突围，武术此轮得到3票位居第二；第二轮投票先后进行了5个回合，武术坚持到第4回合被淘汰，首轮一票未得的棒垒球最终击败空手道而晋级；第三轮投票仍然呈现胶着状态，同样是从得票最少的

---

① 王俊璞：《武术为什么没能进奥运》，《记者观察（上半月）》2008年第10期。

项目开始淘汰，武术在最后决战时不敌壁球而出局。同年 9 月，国际奥委会全体会议对候选的 3 个项目进行投票：在首轮投票中，摔跤获得 49 票，棒垒球获得 24 票，壁球获得 22 票，根据投票规则，摔跤获得了超过半数的选票，直接入选 2020 年和 2024 年奥运会临时大项。

对于此次失利，武术界一个普遍的观点是摔跤刚被国际奥委会"踢出"奥运会，不该在短短几个月后立即参加候选项目的竞争；如果摔跤不参加角逐，武术在现有的稳定支持者之外，很有可能争取到游移票，可望在次轮或者第三轮闯关。

本来，阿根廷的投票表决已经解决了 2020 年夏季奥运会的设项问题，与武术性质近似的日本传统技击项目空手道也面临失败，这是其继 2005 年、2009 年两次差点入围奥运会后又一次功败垂成，外界的分析在于，在已有的柔道、跆拳道之外，奥运会实在难以再消化一个格斗类项目——这同样是制约武术的重要因素。

2013 年，德国人托马斯·巴赫接替罗格担任国际奥委会主席，这位国际奥委会新掌门人一上台就对旧体制进行大刀阔斧的改革，其中之一便是在 2014 年提出了一项改革举措：给予奥运会主办城市额外新增一个或多个比赛项目的权力，以提高奥运会比赛的收视率，同时吸引更多的赞助商予以支持，而 2020 年东京奥运会恰好成为首次实行这一新规定的奥运会。

这一新规定实施后，共有 26 个项目申请纳入 2020 年东京奥运会新增比赛项目行列，既有刚刚在奥运项目备选中败北的棒垒球、壁球等，也有日本流行的相扑，还有拔河等，武术、空手道等也在其中。2015 年 6 月，"2020 年东京奥运会东道主城市提议候补比赛项目选择大会"从"国际受欢迎程度""对年轻人的影响""在东道主国家日本的受欢迎程度"三个方面进行考虑、筛选，决定棒垒球、武术、壁球、空手道、冲浪、保龄球、轮滑和攀岩 8 个项目进入最终的备选项目名单。

尽管武术此次仍在备选项目之列，但这次提名权完全掌握在日本方面，实际上已经注定了武术无缘 2020 年奥运会——日本的传统体育项目空手道与武术性质近似，他们怎么可能舍弃空手道而选择武术？果然，2015 年 9 月 28 日，2020 年东京奥运会组委会宣布了他们向国际奥委会提交的新增项目提名名单，该名单包括 5 个项目即棒垒球、空手道、攀岩、冲浪和滑板，武术未在提名项目之中。2016 年 8 月 4 日，国际奥委会投票通过了在 2020 年东京奥运会上新增五个项目的提案，空手道抢在武术之前成为奥运会正式比赛项目——跟先前的柔道和跆拳道不同，空手道只是临时性入选，并不会在 2024 年巴黎奥运会上自动延续其竞赛项目地位。

第三节　武术"入奥"层面的传播瑕疵剖析

中国着力推动武术项目进入奥运会，除了一些人眼中较为功利的目的"让中国选手多拿金牌"之外，显然还有更为深刻的含义，即借助奥林匹克的平台传播自己的文化。

借助奥林匹克平台传播自己的文化，主要路径有二：一是举办奥运会，每个国家举办奥运会，都会努力融入自己国家的文化：奥林匹克文化是获得国际认同的文化，主办国通过把本国文化"嵌入"奥林匹克文化，实现全球形象传播，寻求国际上的积极认同，以获得文化"软实力"。[①] 二是推动本国、本民族的传统体育项目进入奥运会，最大限度地引导各国各地区运动员参与此项运动，并吸引全球体育爱好者的关注，以拓展其文化影响力。正因为如此，中国、日本、韩国为了推动武术、柔道、跆拳道和空手道进入奥运会都使出了浑身解数。

不过，对比柔道、跆拳道和空手道在"入奥"传播进程中的各种举措，以及摔跤回归奥运会时所采取的许多有效传播策略，人们不难发现中国在武术"入奥"传播方面存在着明显的瑕疵。

一　传播策略失当

对于武术"入奥"，中国方面其实有着明确的目标和指标，那就

---

① 杜婕、张秀萍：《奥运传播与文化》，北京体育大学出版社 2006 年版，第Ⅳ页。

是武术进入奥运会,成为夏季奥运会的正式比赛项目。从理论上说,这一目标明确之后,有关方面应该拟定相应的传播策略,以促进这一目标的实现,相关的传播策略至少需要包括如下几点:向谁展开传播?突出武术的哪些特点和优势?如何充分彰显武术的优势?其中非常重要的一点是,在奥运会项目已经饱和的态势下,我们要让全球体育界,尤其是国际奥委会真正认识到"奥运会需要武术",而不是单纯表达"武术需要进入奥运会"的诉求。

对照这些基本策略,我们先前的许多传播活动都存在着疏漏和弊病,妨碍了武术"入奥"传播目标的实现。

(一)国际奥委会委员对武术理解不够

一个体育运动项目要想进入奥运会,必须在全球范围内得到普及,这是一个基础性条件,但是,全球普及只是运动项目"入奥"的必要条件,而非充分条件,真正决定某一项目能否被奥运会接纳的,还是国际奥运会的一系列投票活动,主要是执委会的表决和全体委员的投票,以 2013 年国际奥委会确定 2020 年东京奥运会新增项目的过程来看,首先由执委会从八个备选项目中投票选出三个项目,然后再将这三个项目提交国际奥委会全体大会表决,确定唯一的"幸运儿"。

由此可见,让国际奥委会的执委、委员们深刻了解武术,真正认识到武术的独特价值和优势,并在历次投票中支持武术,是促成武术"入奥"的关键。基于此,当前中国方面以及中国主导的国际武术联合会应该把国际奥委会的诸位委员作为最重要的传播对象,说服他们支持武术,否则一切都将成为泡影。

针对国际奥委会的委员们展开传播活动,其前提是国际奥委会规定的"逆向代表制",委员们无须遵从其所在国家、地区政府或体育部门的意志,可以根据其判断,独立行使表决权。

"现代奥林匹克之父"顾拜旦在复兴奥林匹克运动之初,就将奥林匹克理想置于至高地位,为此他坚持国际奥委会应是独立的、国际性的、拥有最高权力的团体,不受任何意识形态、政治、经济的干扰,能够独立自主地体现奥林匹克理想;为最大限度地克服外界因素对于国际奥委会的影响和干预，国际奥委会实行特殊的"逆向代表制"，规定其委员不由各国、地区政府或奥委会委派，而由国际奥委会自行选任，国际奥委会委员不是其所属国家或地区在国际奥委会的代表，而是国际奥委会在该国或地区的代表。这种"逆向代表制"的意义无须赘述，从2001年北京在第二轮投票中就以压倒性优势赢得2008年夏季奥运会的举办权便可看出，众多委员投票给北京，就是因为北京的陈述、准备工作等打动了他们，他们不受其他因素的干扰，果断地支持北京。

但是，"逆向代表制"也并非万能的，委员们不是生活在真空里，各种外来因素对于委员们的选择难免会产生影响，国际奥委会委员不断被曝光受贿丑闻就是非常典型的个案。此外，涉及北京申办奥运会、武术备选奥运会竞赛项目的多次投票也出现过"逆转"现象，其结果都对中国方面不利，这说明一些委员的选择是游移不定的。在此背景下，武术"入奥"必须建立在有效传播的基础上：我们针对了解武术、关注武术的委员进行传播，把武术的特色和优势说清楚、说透彻，真正触动他们，使其从内心认可武术，在表决、投票时坚定地支持武术，为武术"入奥"赢得稳定的票源，而非建立在依靠"游移票"取胜的基础上。

应该说，中国方面为促进武术"入奥"展开了诸多传播活动，包括面向国际奥委会委员们的传播，增进他们对于武术的了解和关注，但从外界反馈来看，这种传播还存在明显的不足：2013年5月圣彼得堡投票后，我国知名体育活动家魏纪中表示，从他接触过的一些国际奥委会委员来看，国外对武术仍缺乏深入了解，甚至存在一些错误认识，"受功夫电影误导，有人以为武术和功夫一样，动作全是假的，是靠特技完成的"[①]。一些国际奥委会委员对于武术的认识居然停留在如此地步，这些对武术"入奥"命运具有决定性作用的人士对于武术的误解如此之深，足见我们的传播活动还有很大的欠缺，

---

① 高鹏：《魏纪中：武术落选不是失败》，《京华时报》2013年5月31日。

如果不能迅速弥补这些缺陷，武术"入奥"仍然困难重重。

（二）对于武术优势的表达不到位

武术"入奥"有助于东西方体育文化的交流与融合，这是武术的优势所在，也是我们对外传播的重要方面，但它并不足以说服国际奥委会接纳武术成为奥运会竞赛项目——我们的一个传播误区，便是将奥林匹克运动与奥运会混同，只注重针对奥林匹克运动阐述武术的文化底蕴，而没有针对奥运会分析武术的特色和优势。

对照奥林匹克运动的标准，武术无疑有很大的自信：

奥林匹克运动堪称现代世界体育与文化最完美的结合，它是以体育运动为基本内容的一种社会文化现象，但并不局限于体育，而且有着丰富的文化内涵，国际奥委会已故主席萨马兰奇曾说奥林匹克运动就是文化加体育，奥林匹克精神就是当今世界体育文化中最为核心的内容，它是人们在体育生活和体育实践过程中，为谋求身心健康发展，通过竞技性、娱乐性、教育性等手段，以身体形态变化和动作技能所表现出来的具有运动属性的特殊体育文化，也是各种文化形态中最积极、最先进、最健康、最具有生命力、能够被不同种族接受的世界文化。

奥林匹克文化意在促进人类的精神发展，以此造就全面发展的人，它已经成为当今世界体育文化发展的主流，其倡导以宽广的胸怀和开阔的视野善待各国的文明成果，以尊重替代歧视，以交流代替排斥，以友好竞争代替对抗，以共处代替冲突，而奥林匹克运动最重要的载体——现代奥运会则是充分展示人类文化多样性的巨型舞台，是全人类各种优秀文化交流、整合、适应的桥梁和纽带。

但是，武术"入奥"的目标是成为奥运会竞赛项目，就必须严格遵循奥运会竞赛项目的标准打造自身：奥运会的宗旨是"更快、更高、更强"，因此在奥运会比赛中，要求运动员、运动队的成绩能够以科学量化的标准来衡量，并有相应的量化测定仪器设备或规则标准，明文规定具体的测量或评判方法，运动员通过力量、速度或者身体技巧来取得成绩。这一点恰好是竞技武术，特别是武术套路的弱项，具体表现为套路规则、打分标准、参赛等级不够规范，在量化评分方面存在诸多问题。

与武术定位基本近似的柔道、跆拳道等东方技击项目为了成为奥运会竞赛项目，都在保留自身文化特征的基础上进行了大量的改造，一方面延续其固有的格斗特点，保持竞技双方的身体对抗性，并以严格的规则使得对抗很容易评判。例如跆拳道在发展进程中积极吸收本国尊崇的儒学礼教思想，将其在比赛中以仪式化的形式表现出来，进入奥运会的竞技跆拳道保留了一部分传统套路，充分体现出赛事活动的文化内涵，彰显了鲜明的东方文化特色；更重要的是进行了大量竞技层面的改造，将原来较为杂乱的技术动作进行了规范整理，如今在比赛中运动员只能用腿功，让人一目了然，击中哪个部位的得分也十分明确。武术则不然，推荐进入奥运会的武术套路完全舍弃了直接的身体对抗，而以动作难度和完成质量决定胜负，在外行人看来更像是表演，缺乏对抗本身就削弱了武术的技击本质，而动作的难度级别又很难划分得非常清楚，导致武术的量化标准难以令人信服。早在 10 余年前，中国著名奥林匹克活动家何振梁就说过："中国武术要进入奥运会，首先要进入一个奥运的竞赛体系，就目前的竞赛制度来看，应该进一步'量化'打分规则。"[①]

（三）未能构建"奥运会需要武术"的理念

国人常说："武术需要世界，世界也需要武术。"这是一个良好的愿景，也是武术得以"入奥"的坚实基础。但是，在传播实践中，中国方面更多的是在表达"武术需要进奥运"的愿望，却没有真正说服世界体育界尤其是国际奥委会形成"奥运会需要武术"的理念。

"武术需要进奥运"是不言自明的，本无须多言，但我们却说得很多，希望以此打动国际奥委会，让其许可武术成为奥运会竞赛项目。殊不知，这种单向的愿景很难得到对方的积极回馈，北京申办奥

---

① 阎小娴：《何振梁：武术要进奥运会 打分需"量化"》，《新民晚报》2006 年 3 月 21 日。

运会的经历在相当程度上也体现了这一点：

北京第一次实质性"申奥"是申办 2000 年夏季奥运会，当时北京"申奥"的主题口号是"开放的中国盼奥运"，但国人更熟知的可能还是这个口号："给北京一个机会，还世界一个奇迹。"这些口号，尤其是"给北京一个机会，还世界一个奇迹"被一些学者认为反映了内敛、谦虚、礼让的中华传统文化价值观，但在一定程度上缺乏大气、积极、志在必得的信心和勇气，似乎是在期待国际奥委会的恩惠、赐予，"请给我机会吧！"最终，北京以两票微弱的差距败给悉尼，没有获得举办权。

随后，北京又加入了 2008 年夏季奥运会的申办行列，这次北京的申办口号是"新北京，新奥运"。与前一次的申办口号相比，"新北京，新奥运"显然自信了许多，它显示出北京申办奥运会是一种双向的需求，可以在相当程度上实现"双赢"，当然，这是建立在北京和中国各方面建设取得重大进步的基础上的：一方面，有着三千余年建城史的北京，经过改革开放的洗礼，将以崭新的、多姿多彩的面貌进入新世纪，她将以饱满的热情欢迎全世界的体育健儿和各界朋友，共同参与奥运盛会，这是"北京需要奥运会"。另一方面，现代奥运会以将"奥运圣火燃遍全球"为目标，而拥有世界人口 1/5 的中国未能举办奥运会始终是一个巨大的缺憾，在北京举办奥运会将使奥林匹克精神得到更广泛的传播，将翻开奥林匹克运动的崭新一页；同时，进入新世纪的奥林匹克运动，长期以西方体育文化作为支柱和核心，体现东方体育文明很不充分，而在北京举办奥运会可以有效实现二者的结合，使奥林匹克运动一贯追求的世界性、开放性和平等性得以充分实现，让奥林匹克文化彰显多元性，其文化内涵更加丰富，人文精神更加独特，奥林匹克运动也将以全新面貌向世界人民展示其特有的魅力，这可以理解为"奥运会需要北京"。这一次北京的申办口号体现出寻求平等、对话与交流的意愿，而这显然更能引起国际奥委会诸位委员的共鸣，在 2001 年 7 月莫斯科的表决中，仅进行了两轮投票，北京便以巨大的优势胜出，荣膺举办权。

北京"申奥"成功充分说明了自信的重要性，但武术"入奥"显然缺乏北京那样的自信：被定位为格斗类运动项目的武术，一方面应当突出其技击、对抗等特点，但国际武术联合会推荐给国际奥委会的竞技武术比赛项目全部来自武术套路，完全回避了身体对抗，去技击化色彩浓郁，是一种表演、舞蹈性质的竞技，这种缺乏技击价值的表演性套路经常被外国人嘲笑为"芭蕾"。另一方面，武术赖以自豪的一点是它代表了东方传统文化，但目前奥运会上已经有了柔道、跆拳道等东方格斗项目，在相当大的程度上体现了东西方体育文化的融合，这也使"奥运会需要武术"，武术"入奥"的必要性大为降低。

二　传播时机滞后

西方人对于程序是严格遵循的，这在西方法学领域有着深刻的阐释，西方一位宪法学家说过："如果我们认真地想一想，我们就不难发现，现代民主和法制的所有成果，几乎都是程序法制的副产品。"的确，程序具有价值中立性，其运行体现出公开、透明的特点，使整个过程被置于当事人、利益集团以及公众的监督之下，可以排除各种外来因素的干扰，保证了决策、结论的客观正确，既与现代民主精神相契合，又可以有效防止腐败的滋生。

国际奥委会固然不是严格意义上的执法机构，但它同样吸收了西方"程序正义"的思想，对于关涉到奥林匹克运动和奥运会的重大决策问题，都设置了明确的程序。如果中国在武术"入奥"申请过程中遵循程序要求，结局或许会大不相同。

众所周知，武术"入奥"的最佳机会在于 2008 年北京奥运会，而按照国际奥委会的规定，如果想让武术成为北京奥运会的比赛项目，则应当在奥运会前 7 年即 2001 年确定下来。如果中国熟悉这一程序性规定，提前布局，尽早提出武术"入奥"的申请，还是有机会的。主要理由如下：

第一，时任国际奥委会主席萨马兰奇大力支持。

在 2001 年 7 月以前，国际奥委会主席是萨马兰奇，此人历来对中国十分友好，1979 年中国恢复国际奥委会席位的时候，他就做过很多积极工作，后来他长期担任国际奥委会主席，也在诸多体育事务上支持中国，许多人坚信：如果在申办 2000 年奥运会的最后一轮投票时，北京能多得一票，与悉尼形成平局，时任主席萨马兰奇将投出决定性的裁决票，他必定会选择北京！

的确，萨马兰奇对中国申奥等事情表达了极大的关注和支持，他曾半开玩笑地说："如果北京申奥不成功，我就不退下来。"事实也正是如此。2001 年 7 月在莫斯科宣布北京申奥成功是萨马兰奇先生在国际奥委会主席任上的最后一件大事。后来，也在国际奥委会任职的其子小萨马兰奇接受中国记者采访时转达过父亲的话："我相信，北京奥运会将会是史上最好的一场赛事，世人也将了解组委会与中华人民共和国政府所付出的努力。中国积极的投入与坚定的决心是成功举办奥运的最佳保证。拥有数千年的古老文化、传统、礼仪与待客之道，中国将会了解如何赢得世人的赞赏。"

通过分析萨马兰奇对中国的深厚情感不难判断，如果中国在北京申奥成功前，及时提出武术"入奥"的申请，他必然也会给予最大的支持和帮助，而他在国际奥委会内部有着极高的威望和号召力，推动武术"入奥"的希望还是较大的。

第二，北京申奥优势巨大，各方委员态度较明朗。

回顾 2001 年 7 月北京赢得第 29 届夏季奥运会举办权的过程，不难发现北京的优势非常明显，全体委员投票仅仅进行了两轮，北京便赢得了过半数的多数票，许多媒体披露，北京当时获得了 56 票，而第二名巴黎只有 22 票，北京超出第二名 34 票，这是历史上奥运会举办权竞争中差距最大的一次。

这一结果印证了一点：此次北京申奥成功完全在情理中，许多委员早就在内心里认准了北京。对此，中国方面应当有所预料，提前预判北京将取得举办权。如果在表决前就提议武术"入奥"，至少在时间上宽裕许多，不至于无法完成必要的程序。

当然，中国方面一定要等到北京赢得 2008 年奥运会举办权以后

才提出武术"入奥",至少也有两个方面的可能:

其一,北京申奥成功是更重要的目标,避免因为武术"入奥"而冲击这一紧要任务。

中国人素来主张"饭要一口口吃",不愿意同时提出多个目标,因而必然要分出个轻重缓急来。在当时的状况下,北京申奥成功显然更重要、更紧迫,成功的可能性也更大,为了避免武术"入奥"对此形成干扰和冲击,没有同步提出也是完全可以理解的。

其二,有关方面对于程序问题理解不透彻。

从事后媒体披露的信息来看,国内一些部门和体育官员对于"奥运会项目必须在赛前7年确定"的规定并不理解,因此在2001年底正式提出武术"入奥"问题后,2002年仍多次讨论、追问武术"入奥"的事情,但由于不符合程序规范,国际奥委会项目委员会先以技术层面的因素拒绝武术进入北京奥运会,表面上留下了从政治层面继续考量的余地,但事实上并无后续的讨论或投票等,武术"入奥"就此"胎死腹中"了。

武术"入奥"提出的时机不恰当,还有一个特殊的背景:在北京申奥成功后仅仅数天,萨马兰奇离任,国际奥委会选出了新任主席罗格,他上任后很快推出了"奥运瘦身计划",棒垒球和摔跤都曾被"踢出"奥运会,摔跤也属于格斗类项目,而且成为奥运会竞赛项目的历史非常悠久,它尚且遭遇如此境遇,对于武术而言自然不是好事。后来空手道得以突围,则是现任国际奥委会主席巴赫的"新政"——进一步分析,它恰好也与申奥成功紧密相关,东道主可以利用举办权自主增设临时项目,但这些项目未被列入正式比赛项目范畴。

三 国家扶持不足

一个体育项目能否进入奥运会,表面上看是体育事项,实际上它往往被看成是一项国家战略,需要举全国之力来促成。日本、韩国在推动柔道、跆拳道进入奥运会的进程中,国家的扶持力度是非常大的，而在中国，武术"入奥"问题长期只被认为是体育界的事情，对应的各种传播主体如国家体育总局、中国奥委会及中国主导的国际武术联合会等都局限在体育范围内，体育之外的参与力量明显不足，国家对于武术"入奥"的支持显得很不充分。

柔道进入奥运会的过程显得比较简单，1964 年东京奥运会时，日本利用当时的东道主权力将其"国技"——柔道纳入竞赛项目范畴，后来虽然在 1968 年奥运会上被取消，但从 1972 年以后就牢固地成为奥运会比赛项目。不过，在向世界推广、普及柔道，扩大柔道的全球影响力方面，日本却是官民商各界齐动员，可谓不遗余力。

在国内，日本的举措是推动柔道进入校园，进而使之在全民中普及，成为国人的生活方式之一：1911 年，日本就将柔道纳入学校选修课程；1930 年后，日本正式将柔道纳入学校必修课，成为学校的重要体育课程之一，且专门设立了柔道教学教材。"二战"后的 1951 年，日本政府成立专门小组对柔道的教育价值、学校的柔道教育实施方案进行讨论，厘清了传统体育在现代社会中的价值，充分认识到柔道符合现代教育对"德、智、体、美"培养的要求，能够促进学生个体的全面发展，达到对学生身心协调发展的期待。随着学校教育的稳步铺开，柔道逐渐成为日本人的一种生活文化，随即开始产业化进程，通过广泛的社会教学、培训等在全民中普及了柔道运动。柔道被日本国民普遍习练和热爱后，其内含的文化理念逐步成为日本的文化底蕴，被视为国家文化软实力的重要组成部分，日本官方和民间自觉地在国家和民族交流过程中开展柔道运动及其文化输出，使越来越多的世人认可柔道运动的魅力。

在全球推广方面，日本注重将传统技术与世界体育接轨，把柔道由先前单纯的格斗技术升华为集"体育""胜负"和"修心"等理念于一体的现代体育项目，体育属性和现代性明显增强，更便于西方世界的接受；大量派遣柔道专业人员到世界各地开办道馆，深入当地开展柔道培训和教学，将柔道推广到世界范围内；日本还发起成立了国际柔道联盟，推行与日本国内竞赛不同的国际比赛规则，按照国际规则举办世界锦标赛等，实现柔道的国际化；广泛、深入的世界性普及，以及国际竞赛规则的推行，使得世界上其他国家和地区的选手也具备了与日本选手几乎同等的竞争力，避免了日本柔道在世界上"一家独大"的局面。

此外，日本"柔道之父"嘉纳治五郎还利用他自己是亚洲最早的国际奥委会成员这一特殊身份，积极宣传柔道，提高其国际知名度和美誉度，这对于加快柔道"入奥"进程同样是大有裨益的。

韩国为推动跆拳道进入奥运会，同样从政府到体育界都做了大量的前期准备工作，许多方面与日本的举措可谓殊途同归：为体现民族特色和传统文化，政府规定本国大、中、小学必须开设跆拳道必修课程，国防、军队和警察也把跆拳道作为技击格斗的必修课，极大地促进了跆拳道在国内的普及。在世界各国的传播推广中，韩国方面从20世纪60年代起就以个人示范为主要输送方式开始向海外传播，从1972年起韩国政府开始向非同盟国家及发展中国家无偿派员进行跆拳道的示范，在世界各地开设"道馆"进行宣传，增加习练人数；韩国还组织本国军人在东南亚各国的军队中进行巡回表演，并向各国派出教官团，使各国军人对跆拳道有了清晰的理解。

为了适应奥运会比赛的公平、公正、竞争、安全、娱乐、观赏等基本原则和理念，韩国方面多次对跆拳道竞赛规则进行修订，相继增加了击头、旋转等高难度动作的分值，鼓励组合技术的运用，增加双方交互交手的回合，刺激选手主动进攻意识等，促使竞赛更加精彩、激烈。韩国通过不断的全球普及与竞赛规则的改革，避免外界产生"韩国垄断跆拳道"的印象，防止国际体育界排斥跆拳道。

总之，在推动柔道和跆拳道进入奥运会方面，日本和韩国官方的各种组合性措施集中体现在以下几个方面：加强国内的普及，尤其是将柔道和跆拳道纳入学校教育体系中；通过派遣大批教练员、专业选手等开展海外推广工作，提升其他各国各地区运动员的水平，形成竞争格局；促进竞赛规则国际化、现代化；高层官员直接为其作为体育项目呼吁等。

　　反观中国对于武术的推广和传播，在上述几个方面均表现出较为明显的欠缺——

　　第一，武术学校教育尚未普及。在民国时期，武术一度被纳入学校教育体系，但中华人民共和国成立后却未能延续下来，近年来虽然推行"武术进校园"工程，力图实现"增强学生体质，提高运动技能，塑造健全人格"三大目标，但目前教材和课程体系等明显不完备，距离在各级学校中全面普及武术教育的目标还有很大差距。

　　第二，海外推广力度有限。1984 年 11 月，中国曾组织武术专家组访问瑞典、英国、意大利等国家，这是改革开放以后武术人士第一次出国考察、讲学。近年来，为了推广中国武术，中国武术界频频派出武术运动员出国表演。但是，考察、表演和短期讲学等活动与深入的海外普及工作始终是无法画等号的，它很难让海外观众真正认识武术，更无法使他们中的许多人对武术产生浓厚的兴趣，产生习练武术的欲望，相反，这类"蜻蜓点水"似的表演多了，还会给很多人留下一个印象：武术是一种表演的艺术，而不是体育比赛。

　　第三，没有自觉地将规则国际化。到现在为止，武术竞赛规则仍然是国内比赛规则，例如 2018 年第 7 届厦门国际武术大赛，2018 年中国·沧州国际武术节（境外组）的比赛均执行 2012 年的《传统武术套路竞赛规则》，没有专门设置国际性武术竞赛的单独规则；完全采用国内竞赛规则，必然有利于长期研究这些规则、比照规则进行练习和比赛的中国运动员，而不利于境外选手，双方之间的水平差距较大，中国"一家独大"的格局难以改观，如此局面反过来又不利于国际体育界认可武术项目。

　　第四，高层罕见直接支持武术。在一些项目"入奥"或者面临出局的紧要时刻，许多国家元首、高层领导等往往直接出面支持：2013 年国际奥委会投票选举奥运会项目，跆拳道一度风传有可能被"投出"奥运，韩国政府对此高度重视，当时还候任总统的朴槿惠特意会见国际奥委会主席罗格，向后者宣传韩国跆拳道的优秀性，直言跆拳道作为韩国传统武术是一种修身养性的体育运动，韩国国民通过体育运动加强了团结并获得了自信，希望罗格对跆拳道予以更多关注；罗格当时即表示很了解跆拳道所追求的价值，清楚跆拳道是一项有益于身心的体育运动，十分尊重跆拳道精神。对比罗格听到中国提出武术"入奥"时的反应，可见韩国的传播效果显然更好。此外，摔跤在2013年2月被国际奥委会执委会会议剔出夏季奥运会常规大项后，美国、俄罗斯、日本、伊朗等摔跤强国迅速发起了"拯救摔跤"的请愿活动，俄罗斯总统普京也直截了当地表示摔跤被剔出奥运会是"不合理"的，加之国际摔跤联合会修改规则鼓励进攻、实施"男女平等"，最终摔跤于同年又被吸纳为2020年和2024年奥运会临时项目。但在中国，近年来却难以找到高层直接为武术"入奥"大声疾呼的事例。

分析武术始终未能进入奥运会的原因，曾参与该过程的国际奥委会前委员、国际羽联前主席吕圣荣说："总的来看，中国在把武术推向世界的过程中所付出的努力不如当年日本和韩国。"[1] 其中非常重要的一点就是中国在武术全球传播方面缺乏有效且能致胜的"组合拳"，而关键因素之一在于各方面对武术界、体育界的支持不够。

第四节　武术"入奥"传播中的各种纷扰

客观地说，武术"入奥"的传播活动并非一无是处，虽然没有完成"武术进奥运"的"临门一脚"，但其取得的成就也是有目共睹的，不仅在2008年北京奥运会期间举办了特设的武术比赛，而且两度成为2020年东京奥运会的8个备选项目之一。按照国内武术界人士的说法，武术"入奥"虽然难度较大，但始终是有希望的，在2014年8月第一届全国武术大会闭幕时，国家体育总局武术运动管理中心时任主任高小军公开表态："如果我们继续保持推广力度和这个项目的水平，向着奥运会模式的标准化建立竞赛模块，我想实现武

---

① 王俊璞：《武术为什么没能进奥运》，《记者观察（上半月）》2008年第10期。

术项目进入奥运会只是时间问题。"①

从理论上说，武术"入奥"传播的基本思路不应当发生变化，而应继续在现有基础上不断完善、提升，一方面努力适应竞技比赛标准化的要求，另一方面保持中国武术最本质的文化内涵和特色。但是，近年来有关武术"入奥"，乃至中国传统体育运动项目"入奥"却出现了许多"杂音"，有些声音甚至叫得很响，这些传播行为事实上都会对我们实现武术"入奥"目标产生巨大的阻碍作用。

一　以中国摔跤取代武术套路"入奥"

中国武术是一个集合概念，其内涵纷繁复杂，从竞技类型区分包括武术套路、武术散打和中国式摔跤等，而在国内得到认可的拳种也多达120余种，如此庞大的体系根本不可能全部塞进奥运会，因此在正式推动武术"入奥"时，国际武联综合考量了武术的技术难度、风格特点、生理特性及在各大洲的发展状况等因素，从世界武术锦标赛的31个比赛项目中，选择了符合要求的8个武术套路项目推荐给国际奥委会，男女各4个小项，具体是男子长拳、南拳、刀术、棍术，女子长拳、太极拳、剑术、枪术。

应该说，推荐这些武术套路的小项代表武术"入奥"，一方面是考虑了它们的全球推广状况，另一方面也是当时的环境使然：国际奥委会有一个不成文的规定，某一体育大项申请进入奥运会，必须是男子项目和女子项目同时进入，而且这些项目在正式"入奥"申请前至少两次被列为世界锦标赛或洲际锦标赛，这导致武术散手比赛失去了申报的基本资格，因为在21世纪初的大型国际武术比赛中，从来没有设立过女子散手项目。

这便是武术"入奥"申请的逻辑起点，它一直也是中国方面争取武术"入奥"的努力基础和奋斗目标，尽管迄今仍未实现进入奥运

---

① 刘大伟：《全国武术大会闭幕 负责人：入奥只是时间问题》，《北京晚报》2014年8月11日。

会的终极目标，但通过多年的努力工作，已经得到国际奥委会部分委员的高度认同，例如在 2013 年 5 月俄罗斯圣彼得堡的国际奥委会执委会会议上，在几轮投票中武术项目都有比较稳固的支持者。

但是，近年来却有不少人要"改弦更张"，其理由是武术套路表演性较浓厚、技击对抗性明显不足，又属于打分项目，缺少了搏击比赛应有的对抗性和体育比赛应有的竞技性，不容易得到国际奥委会的最终认可，因此他们建议另行推荐中国式摔跤或太极推手等武术项目"入奥"。

2013 年武术在圣彼得堡投票中失利后，国内有学者分析道：

> 从 20 世纪 90 年代开始，在中国武术进入奥运会项目的选择问题上，我们坚定地选择了很难实现"更快、更高、更强"的竞技武术套路，这也是武术"入奥失败"的缘由之一。
>
> 博大精深的中国武术"化"为竞技运动，"摔技"是最好的元素；因为它应是最早从武术中"化"为运动项目的，它已经拥有了独立成熟的技术体系、竞赛模式和竞赛规则等。
>
> 依据奥林匹克运动发展的要求，遵循"更快、更高、更强"的奥林匹克理念，坚守"更干净、更人性、更团结"的奥林匹克运动发展目标，应将搁置多年的中国武术中的"摔技"——中国式摔跤，请回到"武术项目群"之中，也许才是中国武术"入奥"的唯一选择。①

这并非个别学者的意见，程大力教授也持类似观点："在对待民族传统体育项目申奥态度上，中国式摔跤和龙舟在竞技运动化上已经相当成熟，我们应该全力以赴向奥运会推出。"② 2018 年 8 月，在雅加达亚运会期间，上海体育学院著名武术教授邱丕相接受采访时也提

---

① 王攀、王岗：《中国武术"入奥"失败的理性反思》，《上海体育学院学报》2014年第 2 期。

② 程大力：《体育文化历史论稿》，四川大学出版社 2004 年版，第 144—153 页。

出：我现在比较主张武术应该采用对抗性的项目来申报奥运会，比如说中国式摔跤、太极推手，这些对抗性的项目容易判断胜负。①

一方面，从历史渊源来看，中国式摔跤的确有着悠久的发展历史，其技击、对抗特色鲜明，尤其是胜负评判方式远比武术套路更清晰、明确，也曾经是我国全运会的正式比赛项目，但1993年第7届全运会取消了该项目，此后全国综合性运动会上再难见到这一传统体育项目，国内的普及程度已然不够，更遑论在世界范围内开展有效的推广和普及工作了，其全球普及程度很难达到国际奥委会的标准。另一方面，同样古老、长期在现代奥运会上占据一席之地的摔跤项目也曾经被投票剔出奥运会，然后费尽周折才实现"临时性回归"，在此背景下国际奥委会能否接纳一个新的摔跤项目则严重存疑。

更关键的是，如果中国方面选择以中国式摔跤替代武术套路，作为武术"入奥"的新项目，意味着原有的传播工作及其成效基本上全部作废，只有立足于全新的传播活动为"入奥"铺平道路：第一，必须迅速在世界范围内推广中国式摔跤，尽快达到国际奥委会的要求和标准，而东西方许多国家都有自己的传统性摔跤活动，中国式摔跤能否吸引他们不免让人担忧。第二，迅速组织中国式摔跤的国际性赛事，这一点难度似乎不大，但需要一定的时间，同时要努力提高其他各国各地区运动员的竞技水平，形成国际竞争的态势。第三，说服国际奥委会的诸位委员，使他们乐意推荐中国式摔跤进入奥运会，且不说他们能否从技术、规则等层面接受中国式摔跤，那些以往坚定支持武术套路"入奥"的委员们可能在情感上很难接受这种随意更改的做法，而一旦委员们在情感上产生抵触，该项目"入奥"前景就堪忧了。

因此，"白手起家"推动中国式摔跤"入奥"，总体难度不亚于继续推进武术套路"入奥"，尤其是这种行为会在某种程度上伤害一

---

① 匿名：《武术入奥荆棘遍地？换个角度海阔天空》，http://www.sohu.com/a/249025477_649768。

些支持过武术套路"入奥"的国际奥委会委员们的情感，而传播是心灵、情感之间的沟通和默契，如果失去了这一基础性条件，估计很难取得较好的效果。

二 炒作"功守道"进军奥运会

2017 年，伴随着马云主演的微电影《功守道》的上映，一个新的体育名词——"功守道"逐渐进入人们的视野，据相关资料介绍，这是马云、李连杰等人创立的运动项目，并宣传其由太极推手演变而来："功守道在太极推手的基础上进行了国际化创新，保留了刚柔并济的理念及太极推手的核心规则，以'掤捋挤按'为基本法则，以'采挒肘靠'为基本技法，并通过对比赛规则、比赛场地的修改和创新，使比赛更具对抗性和观赏性。"

根据介绍，"功守道"是以中国传统武术太极为基础发展出来的一项全新的徒手推手对抗运动项目，它较智、较力、较技，是对太极这一中国传统文化的创造性转化和创新性发展。李连杰曾公开表态说：太极拳是太极的 1.0 版，太极推手是太极的 2.0 版，"功守道"就是太极的 3.0 版，是把太极从平面的做成立体的。2017 年 11 月中旬，在北京还举行了"太极功守道"比赛。

如果仅止于此，人们对于功守道不会有更多的印象，它真正引起公众兴趣的，还在于马云和李连杰等人不断宣传他们的下一步目标：让"功守道"成为太极文化的载体，代表中国传统武术走向奥运，走向世界。李连杰甚至预计，"功守道"有望最快于 2028 年冲击奥运会。

与之相呼应，外界对此展开了持续的传播，其中最突出的是两点：一是将马云在雅加达亚运会闭幕式出场、参与"杭州 8 分钟"认定是功守道争取"入奥"的绝佳良机；二是渲染阿里巴巴集团所具有的"国际奥委会合作伙伴"的特殊地位，声称这一身份使阿里巴巴"在奥运体系中掌控了相当的话语权"，言下之意是有助于推动"功守道""入奥"。

杭州是 2022 年亚运会主办城市，马云作为"杭州名片"在"杭州 8 分钟"表演中亮相是人们意料之中的事情，从现场情形来看，当时马云牵着小姑娘的手来到舞台中央，向全世界发出邀请，希望大家在 2022 年齐聚杭州。

对于这一现象，有人做了非常独特的解读，认为它是"'功守道'起源地杭州在国际舞台上的一次华丽亮相"，进而展开了丰富的联想：最能代表中华文化的运动项目是武术，武术中最具文化底蕴的是太极，而代表对抗式太极的是"功守道"。2022 年杭州亚运会是将武术与"功守道"介绍给全世界的一个良好的契机，"功守道"作为第一个将对抗性、规则性引入太极的赛事，将努力争取进入亚运会的比赛项目，助力武术进入奥运会。"功守道"看似简单的规则，实则承载了博大精深的太极文化，其最终愿景是作为一个独立的比赛项目进入奥运会。①

另外一些人的论断显得更加"剑走偏锋"，他们把商业合作当成了"功守道""入奥"的重要法宝：2017 年 1 月，阿里巴巴与国际奥委会签署了 3 个周期、横跨 12 年的长期合作协议，成为其全球顶级合作伙伴。外界估算，此次合作金额将不低于 8 亿美元，这份协议不仅缔造了中国之最，甚至比过往所有中国赞助商加起来"送给"奥运会的钱都多。阿里巴巴成为奥运会最大金主后，与之相辅相成的是，马云以及阿里巴巴在奥运体系中掌控了相当的话语权，可以说阿里巴巴加入奥运会"TOP 计划"，不仅代表了中国力量影响世界体坛的决心与能力，也势必会从很多细节与方向上加强中国、中国观众与奥运会的联系，以及争取更多的权益。②

经认真分析，这两段话语其实都建立在高度或然性、臆测等基础之上，缺乏充足的现实可行性，因而只能归结为炒作——

---

① 匿名：《"杭州时间"尽显中华风采，2022 推动武术功守道入奥》，http：//www.xinhuanet.com/sports/2018—09/03/c_ 1123374022. htm。

② 陆离：《马云拉开了〈功守道〉的序幕，更吹响了中国文化的进击号角》，http：//www.sohu.com/a/202341149_ 116015。

第一，"功守道"目前尚未被确定为杭州亚运会的比赛项目，由于其在国外普及程度很低，甚至没有举办过国际性比赛，中国方面是否会提议在武术大项中增加"功守道"作为小项十分值得怀疑。

第二，即使"功守道"借助杭州举办亚运会的"主场之利"而成为亚运会项目，它能否长期留在亚运会里也是个未知数；再退一步说，亚运会是区域性运动会，为保持地区特色，长期设置多个非奥运项目，例如武术套路和壁球比赛都是亚运会上的"常客"，它们都曾多次申请进入奥运会，却始终没能成功。

第三，阿里巴巴集团的合作伙伴地位难以发挥如此重要的作用，当下国际奥委会的全球顶级合作伙伴数量超过 10 家，阿里巴巴不是"唯一"，而仅仅是"之一"，因此它是否属于"奥运会最大金主"也值得考量。同时，以前从未听闻其他全球顶级合作伙伴在奥运会比赛项目确定过程中直接向国际奥委会施加压力的事情，素来讲究程序正义且西方委员居多的国际奥委会也不太可能轻易为阿里巴巴"破例"。

第四，阿里巴巴与国际奥委会的合作伙伴关系只有 12 年期限，在此期间将举办 2020 年东京奥运会、2024 年巴黎奥运会以及 2028 年洛杉矶奥运会共计 3 届夏季奥运会，其中东京奥运会的临时项目已经确定，后两届夏季奥运会都将在西方国家举行，要动员这些国家主动提出将代表东方体育文化的"功守道"列入奥运会备选项目，难度极大。再往后，阿里巴巴是否继续与国际奥委会合作尚且未定，施加影响自然无从谈起。

第五，回归最基本的程序问题，"功守道"能否代表竞技武术申请"入奥"，其决定权掌握在国际武术联合会手中，而该机构由中国体育界和武术界主导，因此获得官方的认可和支持是"功守道""入奥"最初步的门槛。就目前的情形而言，中国武术界并没有从官方正式表态支持"功守道"进入亚运会，而武术"入奥"影响更大，相信他们更不会轻易表态了。

就技术层面而言，许多人也并不认同"太极拳是 1.0 版，太极推手是 2.0 版，功守道是 3.0 版"的观点，一些太极拳界人士曾抨击推手比赛，称其是既非摔跤、柔道，又非散打、搏击的"四不像"，甚至主张取消太极拳推手比赛。而一些观众看了"功守道"比赛，也普遍抱怨"看不出是太极"。在如此情势下，指望中国武术界承认"功守道"是太极的"升级版"，并从官方角度支持"功守道""入奥"的希望渺茫。

其实，就在马云、李连杰等人推出微电影《功守道》，提出以"功守道"项目申请进入奥运会时，就有人直接泼了冷水：最适合"功守道"的长远目标可能不是进奥运，而是与 WWE 对标看齐，成为有中国特色的太极格斗娱乐赛事。①

三　龙舟申请"入奥"与武术内讧

就在武术连续申请"入奥"失利的背景下，最近几年来，中国另一个传统体育运动项目——龙舟也加入了"争进奥运会"的行列，笔者所见到的较早的公开报道是在 2014 年，中国龙舟协会时任秘书长余汉桥在一次全国性龙舟比赛后说："希望能为未来中国龙舟申请入奥，带来新气象。奥运会没有中国项目是一个遗憾，也是奥运的美中不足，中华传统体育项目很多，无论从受欢迎程度还是普及程度上讲，龙舟都大有希望。"② 此后这种报道屡见不鲜，2017 年 10 月国际龙舟联合会主席、英国人麦克·托马斯来到昆明参加第十三届世界龙舟锦标赛，也在接受中国记者采访时表达了对龙舟未来能够进入奥运会的热切期待："希望能让更多人认识龙舟，让这项有益的运动在世界范围内被更多人知晓和喜爱。"③

从具体的实施步骤来看，龙舟"入奥"已经进入了实质性阶段：2016 年 8 月，国际龙舟联合会向国际奥委会递交认可申请书，待国

---

①　雷雨：《让传统文化涌起时代浪花》，《人民日报》2017 年 11 月 1 日。

②　姚勤毅：《龙舟进奥运，有没有戏?》，《解放日报》2014 年 10 月 13 日。

③　许珂、陈雯韵：《美丽滇池适合龙舟——访国际龙舟联合会主席麦克·托马斯》，《中国体育报》2017 年 10 月 23 日。

际奥委会正式认可后，龙舟项目将进入奥运项目排队程序；而中国龙舟协会秘书长余汉桥透露：龙舟"入奥"的方案正在修改阶段，其中重要的一点是以变换竞赛规格换取奥运会的接纳：22 人龙舟"入奥"可行性不大，我们就推 12 人龙舟；大项目进不了，我们就推小项目。此外，我们还可以努力让冰上龙舟先进冬奥会，或者让龙舟先进青奥会。为此，2018 年 2 月还在中国吉林省吉林市举办了第一届世界冰上龙舟俱乐部锦标赛。

从一些可量化的数据性指标来看，龙舟项目具备了申请"入奥"的基本条件：目前，国际龙舟联合会成员达到了 85 个，已经超过了进入奥运会的基本普及程度要求；世界锦标赛举办也超过了 10 届，持续时间也够了。但是，当下新加入奥运会大家庭的体育项目普遍符合年轻化、潮流化等特点，例如 2020 年东京奥运会临时增设的空手道、攀岩、滑板和冲浪均属于场面精彩、刺激，深受年轻人喜欢的项目。从全球范围来看，龙舟尚算不上年轻化、潮流化运动，其电视转播效果则与赛艇、皮划艇项目等颇为相似，迄今缺乏特别重要的赞助商的扶持，其申请"入奥"的难度必然相当大。可以预见，在"奥运会瘦身"的基本格局下，短时期内龙舟项目难以实现"入奥"目标。

龙舟"入奥"成功的机会不大，但其申请"入奥"工作已经实质性地展开了，对于武术"入奥"的负面影响却是具体而实在的：首先，武术项目会增加一个竞争对手；其次，更关键的是，两者都以中国传统体育运动的名义开展全球传播和推广，国际龙舟联合会主席麦克·托马斯接受采访时经常挂在嘴上的一句话就是："龙舟不仅仅是一项运动，更是中国的传统。"多次表示国际龙舟联合会不仅要推动龙舟运动在全世界的展开，而且要积极推广与龙舟相关的文化、历史以及传统，让龙舟这项中华传统运动"原汁原味地得以传扬"。

龙舟如此定位，正面与武术发生冲突，而且很可能在"入奥"最关键的环节——投票表决中对武术形成直接威胁：影响支持中国传统体育的国际奥委会委员、执委们做出判断，使他们面临"两难选择"，究竟是支持武术还是支持龙舟？从眼下的态势来看，龙舟要想获得足够的支持票几乎不可能，其最大的可能是分流武术的得票，将有可能"过关"的武术也"拉下水"。

柔道和空手道都是日本的传统体育运动项目，日本方面自然很希望把它们都塞进奥运会，而且最终他们也达成了目标，但在推动这些项目"入奥"的过程中，日本完全遵循"先后有序"的原则，先推柔道，等到柔道彻底站稳脚跟后再提议空手道"入奥"，避免自己的项目发生"内讧"，导致两败俱伤。武术和龙舟两个项目的"入奥"进程都由中国方面主导，理当借鉴日本的经验，而且武术与龙舟在"入奥"的可能性上存在巨大差别：国际龙舟联合会成员仅有85个，而国际武术联合会成员达到149个，后者在全球普及层面上远胜于龙舟；龙舟当下还处于争取国际奥委会正式认可的阶段，何时能成为奥运会的候选项目尚不可知，在这个方面与武术的差距更是明显，在此情形下暂时放缓龙舟"入奥"的步伐，集中精力推进武术"入奥"才是正途。

国际龙舟联合会主席麦克·托马斯在2016年就曾经说道："对于龙舟运动来讲，体育竞技和文化同等重要，只有将金字塔的基础夯实，才能走向世界，有所作为。"对于龙舟项目而言，眼下更重要的使命是增大爱好者尤其是青少年爱好者队伍，为此项运动夯实塔基，展示龙舟运动的文化魅力恰好是扩大其影响的重要环节，因此当下需要大力传播龙舟运动所体现的同舟共济、团结奋进的团队精神，也要着力传递龙舟运动所蕴涵的爱国爱民、团结协作、乐观向上、勇往直前等人文精神，以及追求生态和谐、社会和谐的思想等，促进青少年在真正理解其文化内涵的基础上喜爱龙舟运动，等到龙舟项目真正成为全球青年向往、追捧的体育运动后，再参与"入奥"申请也不迟。

在龙舟大张旗鼓地申请"入奥"之外，有人还提出推动中国另一传统运动麻将"入奥"。事实上，"麻将入奥"的民间呼声一直存在，媒体上也不时出现此类言论，2017年4月国际智力运动联盟宣布麻将正式成为第六个国际智力运动项目后，许多人再度浮想联翩，作为中国传统棋牌文化代表的麻将有望成为 2022 年北京冬季奥运会的比赛项目，还有官方微博言之凿凿地发布信息①，声称这是国际智力运动联盟主席陈泽兰的表态。对此，新华社当天赶紧发布消息澄清传言，陈泽兰表示智力运动进入冬奥会只是面向未来的长期愿景，而麻将目前既不是国际奥委会正式认可的项目，也不是中国正式开展的体育项目，"入奥"根本无从谈起。而人民网等媒体也直言"麻将入奥不靠谱"，因为在现阶段它只是各国人民喜好的一种游戏，游戏与竞技不能混为一谈，也不是所有游戏都可以成为正规比赛项目的。

尽管现阶段龙舟"入奥"尚不具有现实可行性，"麻将入奥"更是无稽之谈，但这些言行传播活动却会给武术"入奥"产生不利影响，使外界人士形成"中国体育项目入奥不能指望武术"的印象，事实上也有自称"特约体育评论员"的人以如此标题在媒体上发文，一方面反映出有人借此哗众取宠，另一方面也显示出在武术"入奥"的传播过程中各种杂音、干扰之声层出不穷。

第五节　传播竞技武术对武术内涵的损伤

1982 年以后，由于将武术"入奥"作为首要目标，中国方面在开展武术全球传播时特别注重竞技层面的武术推广和普及工作，从传播的基本思路到具体的传播举措、路径等都围绕竞技武术而展开，而较少考虑全面展示武术作为中国传统文化所具有的独特魅力。这种将武术局限在竞技体育领域的思路和做法，对于传播武术深刻的文化内涵是颇为不利的，在许多方面损伤了武术的文化底蕴。

一　传播基本思路"重竞技轻文化"

从总体上说，竞技武术与中国传统武术有着非常深刻的渊源，有

---

① 实名认证为"共青团中央"的官方微博于 2017 年 8 月 2 日发布信息"麻将或成为北京冬奥会比赛项目，最新竞赛打法你可能不会"。

人如此分析这种传承关系："竞技武术是在传统武术基础上改革出来的新成果，是众多武术专家心血与汗水的结晶。尽管它有某些不足，但它现在还体现着中华武术的基本特征，它同样是承载中华民族文化的载体，在同世界人民的文化交流中发挥着独特作用。"①

不过，竞技武术与中国传统武术也存在着明显的差异，其产生初衷便是促进中国武术与以西方体育为主导的世界体育接轨，现代奥运会是以西方体育为基础构建起来的，东方传统体育项目要进入奥运会，必须对自身进行改造，这在日本的柔道、韩国的跆拳道"入奥"进程中已然得到验证：作为东方的格斗项目，在进入文化背景迥异的西方运动会中，必然要进行自身的改革。这种改革，一方面要符合奥林匹克的要求；另一方面要符合西方人的价值认可。② 因此，竞技武术将中国武术文化对世界体育文化生态的趋同与适应体现得淋漓尽致："政府发展武术的政策改变了武术的性质，使武术成了一种'艺术化体操'，舞蹈化、去技击化。为此，提出了'现代武术'或'武术现代化'的新概念，不但大力改编传统武术，使之'套路化、规格化、量化'，还为之创造武术的'新理论、新概念'。"③

换言之，从中国方面选择将竞技武术作为全球传播主体形式之时起，就已经显现出一种偏向，即主动靠拢西方体育规则、比照奥运会的标准进行自我"塑形"，奥运会项目追求公平竞争，比赛必须在可以量化评判的环境下进行，中国便通过逐步修订竞赛规则，在武术套路项目中引入整齐划一的难度标准和评价规则，以满足开展各种武术竞赛的需要，实际上，中华武术源远流长，在几千年的发展演进过程中，它已经形成了多重的功能体系，不仅有攻防格斗、强身健体的功能，还具有演练观赏价值和修身养性的功能等，体现出体育、文化、哲学、医疗等不同层面的价值，武术的精华就在于其对中国传统文化

---

① 栗胜夫：《论 2008 年北京奥运会后中国武术的发展方略》，《体育科学》2008 年第9 期。

② 郭玉成：《武术传播引论》，北京体育大学出版社 2006 年版，第 136 页。

③ 于志钧：《中国传统武术史》，中国人民大学出版社 2009 年版，第 9 页。

的综合与浓缩，堪称中国优秀传统文化的集大成者，武术的许多价值是无法轻易、简单地通过动作呈现出来的，更难以凭借动作难度的评判而分出高低。

由于当初确定在世界范围内推广竞技武术，与之相适应，中国最初的武术全球传播也以追求竞技武术的国际化为目标，通过各种传播路径将竞技武术扩散到全世界，以推动武术进入奥运会，成为正式比赛项目——

第一种模式是编辑出版一批武术书籍、录音、录像教材等，为其他国家和地区的竞技武术教学、习练等活动提供指导，但这种模式的弊端非常明显，境外教练、运动员等面对着他们完全陌生的武术动作、套路等，看书、听录像只能学个架势，明白一些基础的知识，对那些深层的内容却很难理解，更难以准确把握某些专业术语，武术的传授活动，尤其是在起步阶段必须依靠言传身教。

第二种模式则是派遣中国表演队、表演团前往境外开展动作、套路演示等，这种模式一直持续至今，例如2017年12月中国武术代表团就曾赴英国伦敦进行武术表演，一方面向英国公众公开展示武术，另一方面与英国的武术界人士展开交流，双方各自进行武术表演、切磋技艺，交流训练、比赛心得与经验等，中方教练员和运动员还对英方运动员的技术动作进行了指导。此类表演、展示通常是短期的，公众固然可以零距离地见识中国武术高手的现场表演，却难以准确理解其中的精髓，甚至难以看清一些难度较大的武术动作、套路的奥妙。

第三种模式是派遣武术骨干出境执教，早期以对外援助的模式为主，如今也有武术教练在孔子学院等机构进行教学活动。1981年12月江苏武术教练钱源泽赴墨西哥任教一年，被认为是新中国派出的第一位援外武术教练，武术教练在境外执教时间普遍较长，对于武术的传播往往更深入，效果也较前两种模式更好一些。而且随着孔子学院等模式的逐步铺开，武术教练指导的对象也从专业运动员扩展到普通的武术爱好者等群体。不过，由于偏重于对武术技术动作的传授，其传播效果仍然在一定程度上受到制约：由于缺乏对武术文化内涵的充分阐释，境外人士只能单纯就动作来理解武术的价值，武术套路过分注重动作的美观和难度，动作中所蕴藏的攻防含义越来越少，其"舞蹈性"被过度放大，有人甚至认为它是一种"中国舞蹈"，很多境外民众因其难以习练又缺乏实用价值而对其缺乏兴趣，这是当代武术竞技套路很难打开西方市场的根本原因。武术散打套路虽相对而言较为实用，但除了源于中国传统摔跤法的快摔技术以外，其他方面与自由搏击并无太大区别，在动作杀伤力方面尚不及后者，也难以引起公众的习练欲望。

其实，武术最大的魅力并不在于竞技性：论对抗性，武术似乎不及拳击、跆拳道等激烈；论难度和观赏性，武术也难以完全超越体操、艺术体操和跳水、花样游泳等。武术独特的优势是其具有浓厚的文化底蕴：竞技性的动作、套路等不过是武术的"器"而已，蕴含在其中的文化内涵、精神实质才是"道"，是武术的精髓，外界真正需要了解、认识的，恰恰是武术表象中所蕴含的"道"，从武术动作、套路的传授、传播逐步升华到文化精髓的传递、弘扬上，才真正是武术精神的发扬和传播。[①] 而在过去的很长时间里我们只重视对武术竞技层面的传播，在相当程度上减损了武术的魅力，不利于武术在全球范围内吸引更多民众的关注。

二 功利性传播不利于深度普及

为了争取让竞技武术进入奥运会，中国在过去一段时间里曾以明显具有功利性的手法开展全球普及工作，通常的做法是派遣表演团队前往当地进行武术展示和表演，几十年来中国武术表演团队的足迹可谓踏遍了世界五大洲，举行的各种武术表演不计其数，国内武术界官员曾如此形容其效果："很多国家的政要和百姓都非常喜欢观看武术的表演活动"，这被官方认为是武术在海外得到广泛认可的一种标志；

---

① 庹继光、刘海贵：《武术文化"走出去"与进军奥运辨析》，《新闻界》2013年第6期。

通过武术展示，吸引当地官员及民众的兴趣，进而动员当地成立武术协会等组织并加入国际武术联合会，迅速增加其成员数目。此外，中国陆续派出援外教练，帮助一些国家或地区培养专业武术运动员，一旦这些运动员在国际性比赛中取得不错的成绩，就能对所在国家或地区的武术发展起到相当大的推动作用。

在如此带有"速成"性质的推广之下，武术在世界范围内的普及工作取得了明显的进展，国际武术联合会的成员达到149个，而且据说全球共有数亿人在练习武术，但这一总数背后是巨大的区域差异：在中国及东南亚等国家、地区，武术颇为普及，其武术人口在世界武术爱好者、习练者中占据了主体地位，而在欧美等国，武术运动并不普及，因而武术的主要影响范围仍然局限在华人圈和东南亚等区域内，在西方现代体育理念浓厚的欧美等地尚未产生深远的影响，2007年，时任国际奥委会执委的奥斯瓦尔德接受中国记者采访时曾说："中国武术的世界普及程度不够是进军奥运会的最大障碍，武术虽然在一些地区开展得很好，但在大多数国家和地区知道武术的人还是太少。"

对于如此格局，中国武术界其实也是十分了解的，有官员曾经总结说：过去，我们更多地采用表演的形式推广武术，对如何让外国友人深入了解武术的认识不够。中国方面采取了功利性的"表演模式"推广武术，西方许多地方的民众也以功利性的心态习练武术，总体而言，各种侧重于攻击对手的亚洲格斗、技击类运动项目在西方相对普及，习练者觉得学习这些技术可以保护自己、击败他人——在多数西方国家中，亚洲武术的外在表现方式（动作），诸如直接面对对手的自由格斗，比起内在元素（精神）更受欢迎。因此，这些地区大多采取了功利主义教法，着重突出了技击、对抗性强的运动项目和动作等，而亚洲武术的其他特点，诸如精神、文化、艺术等方面的价值则往往被忽视，注重自身修炼的武术在此进程中通常不能获得格外的青睐。

比利时人马克·特博姆在《亚洲传统武术与西方文化》一文中曾这样评论道："大多数西方人对亚洲武术真正含义的理解是相当肤浅

的，因为其传统的思想和意义是源于一种与他们本国文化截然不同的文化。当他们用汉语和日语之外的语言解释亚洲武术时，就变得不那么好理解了。"①　武术不只是一项体育运动，更是汇集了中国传统文化精髓的一种标志和符号，现存的语言和文化障碍使得外国人在学习武术时难以理解武术的根基，即中国文化。

面对如此困难，让外国人从"看武术"到"懂武术"是必不可少的路径，而在这个过程中，促进外国人参与武术运动，循序渐进地从武术动作的习练开始，逐步领悟武术的文化含义及其所蕴含的深刻哲理等，通过"练武术"达到"懂武术"的高层次目标，也是非常重要的。这显然是一个漫长且艰辛的"拓荒"历程，需要大批"武术传道者"去往世界各地，一招一式地向外国人传授武术动作、讲授武术的真谛。韩国推广跆拳道成功的经验即印证了这一点：据不完全统计，韩国先后派往国外从事跆拳道教学和推广的教练员达到20000名以上，他们扎根当地，深入开展传授活动，引导本地人学习跆拳道，进而理解跆拳道，爱上跆拳道，真正为跆拳道培养爱好者。中国多年来固然也派出了大批武术教练员到各国各地区进行武术传授，但官方派去的人员多以传授竞技武术的套路、动作等为主，而相较于包容了更多中国文化内涵的传统武术，竞技武术的文化底蕴显然不够丰富，传授活动中所涉及的文化内涵则更欠缺，难以达到让外国人了解中国武术文化底蕴的目标和效果。

事实上，对于这一明显的弊端，一些在海外传播武术的人士多年前就有比较深刻的认识：美国纽约一所武术学校的创始人，曾在《人民日报》上发表文章说，为了改变有些学生练武术"仅仅是掌握格斗技术"的片面性，他"下决心带这部分学生来到中国，以便帮助他们体验武术乃中国优秀传统文化、哲学和人文精神，以寻武术之根"②。不独是传播武术的人士有这种感觉，一些学习武术的外国朋

---

①　马克·特博姆：《亚洲传统武术与西方文化》，《体育文化导刊》1998 年第 2 期。
②　蔡宝忠：《武术文化国际化推广的策略新探》，《搏击（体育论坛）》2013 年第 10 期。

友也在习练过程中逐渐感受到中国文化的特别魅力,很多人要求把武术技艺上升到中国传统文化的高度来学习、体验,法国几位练太极拳的朋友说,如果只学太极拳而不学《易经》就不够味了。①

近年来,我国逐步重视武术文化的传播,孔子学院与武术的结合目前已经成为趋势,还不断组织海外青少年来中国进行"武术寻根"等活动,例如2017年7月便举办了"中国寻根之旅·魅力北京"武术夏令营活动,但其覆盖面还比较狭窄,参加此次夏令营的全是来自欧美及日本等地的华裔少年,尚未真正普及到华人圈之外。如果不能在青少年尤其是欧美青少年群体中产生深远影响,武术全球普及的深度始终是不充分的。

三　沉迷影视开展武术"玄幻"宣传

多年来,李小龙、李连杰等功夫明星的影视作品对于武术传播起到了很大的推动作用,国内外一系列调查结果表明,很多欧美、非洲国家民众对中国武术的了解都来自功夫电影电视,华人的功夫片让更多人对武术产生了浓厚的兴趣。这说明,武术影视剧作品对于武术全球传播具有正面作用,中国武术可以利用商业功夫影视作品所产生的正面宣传作用,结合自身的优势开展推广传播工作。

但影视剧终究是艺术化的作品,本质上是超现实的,影视作品中呈现出来的武术,与真正的武术有着巨大的反差:各种武侠、功夫电影电视作品都将中国武术塑造成不可一世的神招,极大地影响了体育武术作为一种真正的体育项目形象的存在。如果武术界对于功夫影视剧的"借力"不当,就会失去自身的目标,甚至距离所追求的效果越来越远。遗憾的是,武术界似乎一直都没有清醒地认识到武术影视剧的"双刃剑"性质,没有自觉切割其负面的"传奇化""夸张化"等传播效果,有时甚至借助影视剧的"玄幻"效果开展宣传和推广,刻意营造神秘氛围,直接损害了武术作为体育属性的正常交流。

---

① 徐才、罗熠、昌沧:《期待武术走进孔子学院》,《中华武术》2006年第3期。

1982 年，李连杰主演的电影《少林寺》在国内外产生了轰动效应，对于催生当时国内的"武术热"具有重大作用，因此李连杰至今仍然坚持认为电影是推广武术的最佳模式，35 年后又与马云联袂制作了微电影《功守道》："电影只是序幕，我们不是为了电影而做电影，我们是用一个电影去点题，我们希望太极能和全世界分享，接下来我们还有功守道比赛。"

2017 年 11 月 15 日，由马云、李连杰创立的太极拳"功守道"比赛在北京开幕，中国武术协会副主席吴彬在现场观战时表示："体育要和影视相结合，效果才会更好。"吴彬解释说："在《少林寺》电影以前，武术还是按照体育的项目在开展和发展；但是《少林寺》电影之后，没想到一下子有很多年轻人去参加武术的活动，大家可以看到《少林寺》一部电影在全国的影响有多大，在世界上影响也非常大。我觉得武术作为体育项目来说，按中国体育的手段进行宣传、提倡锻炼身体的同时，还要和影视结合，效果会更好。"

其实，在武术运动发展的不同阶段，影视剧所发挥的功用迥异：20 世纪 80 年代初，武术在国内尚属新鲜事物，人们对其好奇、向往，此时武术电影和电视剧通过形象、逼真的视听语言为公众展示了生动、鲜活的武术，得到大家的广泛赞赏；进入 21 世纪后，经过持续多年的传播和推广，人们对于武术的认识显著加深，他们内心的武术概念也逐渐明晰、细化，虚构、夸张的影视动作与客观、真实的武术之间的天然分野渐次被人们所认识，经艺术化处理后的武术影视剧在国内已经难以再度产生轰动性效果。

但是，在武术的国际传播中，影视剧的重要地位却始终难以消解，大量海外民众通过影视剧了解武术，在缺乏亲身体验的情形下，影视剧对于武术的"失真"传播主导了许多海外民众，他们往往将影视剧中经过特技处理的功夫镜头等当成真正的武术，错误地认为飞檐走壁、腾云驾雾等就是武术真功夫，近年来，借助现代影视科技手段所呈现的大量武打手法和故事情节等，更进一步将中国武术的本真状态摧毁殆尽："如果说靠拳脚功夫在好莱坞红极一时的李小龙、成龙、李连杰让外国人粗略见识了中国武术的冰山一角，那么，捧回奥斯卡金奖的《卧虎藏龙》和抱憾而归的《英雄》，则让许多西方人对武术仅有的一点模糊印象变得更加混沌，甚至将其与神话、神功混为一谈，让人们觉得中国武术高深莫测、神乎其神、遥不可及，无形中与其拉开了距离。"① 这种认识、理解上的错位对于武术的全球传播非常不利，由于外国人士对于武术技术产生了误解，片面地认为他们在影视剧中所看到的动作是真正的武术，既好看又刺激，真正接触武术后必然会发现它与影视剧中的功夫相差甚远，于是感觉现实中的武术尤其是武术套路完全是"花拳绣腿"，既不好练又不实用，由此对武术感到失望，自然没有深入习练的兴趣。

颇为遗憾的是，"借助影视作品为媒介的无意识的世界传播"长期以来被认为是中国武术国际化的多渠道传播路径之一，② 少数人甚至利用外界对武术的神秘感敛财、牟利，个别所谓的武术人，自身素质很差，既没有很高明的武术技艺，又缺乏必要的武术文化涵养，却斗胆去境外进行武术传授活动，动辄以影视剧里的"功夫"说事，将里面子虚乌有的动作、套路等说成这个绝技、那个绝技，由编剧、武术指导凭空设计出来的东西被他们吹嘘得神乎其神，导致在很多外国人看来，武术就是一种超凡、玄幻的东西，完全超出了一般竞技体育的范畴，前面所引用的魏纪中的话便足以说明这一点。

从现阶段武术国际传播的角度而言，必须正视影视剧广泛流行所带来的各种影响，尤其要主动切割掉艺术化的武术影视剧中所呈现出的非真实状态的武术，避免这些虚无的"武术"误导公众，使他们对于武术产生误解，武术首先要真正脱掉其虚幻外衣，才能更接近社会公认的竞技体育项目；其次武术还要实现体育与文化的有机契合，才能确保其作为中国传统文化集大成者的身份和地位，充

---

① 韩风月、傅砚农：《武术国际化发展辨析》，《体育文化导刊》2004 年第 7 期。
② 冉学东、王岗：《对中国武术文化"走出去"战略的重新思考》，《体育科学》2012 年第 1 期。

分彰显其魅力。在"徐雷约架"事件后，美国《侨报》便刊文指出：中国武术不应停留在电影和舞台表演艺术上，应揭开曾被夸大的神秘面纱，发掘其深远而独特的内涵与精神，以一种竞技的本来面目走到前台。①

---

① 匿名：《美媒：中国武术若想走向世界 请先走出江湖！》，http：//oversea. huanqiu. com/article/2017—05/10644758. html？ agt = 15438。

第五章 当下武术精准传播策略探析

从 1982 年开始，我国有意识地开展武术国际传播，在过去 30 多年里，毫无疑问取得了重大的成就和进展，最明显的标志是武术组织遍布全球五大洲，许多大型体育竞赛中增设了武术项目，世界各地的人们习练武术者显著增加，更多的人则逐步知悉、理解了武术，武术在全球的知名度和普及面得到极大的提升。

不过，此前我国武术全球传播活动"基本上以建立、发展、扩大武术国际组织，通过国际武术联合会推广现代竞技武术，追求竞技武术的国际化为目标"①，这一模式存在明显的不足：第一，传播的出发点不够明晰，重推广而轻服务，表现在传播过程中"以我为主"的思想相当浓厚，而未能考虑境外人士的真实需求。在过去的传播实践中，我们更多关注的是"武术需要传播"——武术全球传播的首要目标是推动竞技武术"入奥"，为此我们便采取"周期短、收效快"的模式在全球范围内开展武术传播，例如组织武术表演、举办竞赛，乃至通过武侠影视作品等宣传武术，意在让更多的人快速了解武术，形成武术在全球推广的格局；而较少考虑"公众需要武术"这一层面的问题，没有自觉地把传播者的意图与海外公众的需求有效对接起来。第二，对于海外公众的需求了解不够深入、充分，也不够具体，没有切实关注其接受心理和意愿，而只是将武术

① 王岗、邱丕相：《武术国际化的方略：维系传统与超越传统》，《中国体育科技》2005 年第 4 期。

的传播对象设置为一个相当模糊的群体，没有对不同国家或地区、年龄的人群展开进一步的区分，因而只能笼统地认定他们需要"武术"，却难以厘清其中不同群体对武术更深层次的个性化需求。第三，对于武术国际传播的终极目标理解得不够透彻，长期秉持"入奥促进武术全球推广和普及"的理念，实际上这种理念在很大程度上应当变更为"武术全球传播推广和普及促进入奥"，即使两者同步展开，加强武术的全球推广和普及也应该更优先于"入奥"的努力。

从总体上看，过去武术国际传播在某种程度上存在着"粗放式"经营的弊端，对于传播需求方和供给方均未进行准确定位和把握，传播目标和效果未能得到充分厘清，传播内容和手法等相应也存在欠缺，推广手段单一：主要采用外派教练、援助器材、出访表演等方式，缺乏统一的规划和系统的模式。① 这种传播模式显然已不能适应当下高度关注信息接收者的需求、追求传播效果的社会现实，武术国际传播必须增强针对性、服务性和贴近性等，以精准传播达到武术全球推广和普及的目标及效果。

第一节　武术精准传播的基本框架

关于精准的基本含义，就是要做到精当、完美、准确、到位，精准传播则追求各个传播要素都应尽力实现精细化：传播目标明晰，接受群体定位明确而具体，传播主体适当，传播策略对路，且能在各核心要素之间实现最佳整合，最终实现传播效果清晰可测。国内知名传播学者胡正荣认为：精准传播是全媒体时代最有效的传播方式，针对性越强的传播效果越好。②

武术精准传播同样要严格遵循这些基本原则和规律，通过对武术

---

① 龚茂富：《新中国武术发展的演进与思考》，《成都体育学院学报》2009 年第 8 期。

② 毛莉：《精准传播是提升国际传播效果的关键》，《中国社会科学报》2014 年 9 月 17 日。

自身品质的准确定位、武术爱好者和习练者的分层、武术传播目标的细分等,将"武术需要传播"与"公众需要武术"实现无缝对接,通过传播"建构并维系一个有秩序、有意义、能够用来支配和容纳人类行为的文化世界"①。不仅注重传播者意图和目标的实现,也高度重视海外公众对于当代武术的现实需求和期冀,从而在国际传播进程中显著强化针对性、贴近性和服务性等特征,构建起合理的传播框架。

一　服务导向

在传播中充分体现服务导向,其核心理念便是帮助用户有效实现其需求,而这一过程又包括了解其需求,制定合适的传播方案,满足其需求等基本环节,其中非常重要的逻辑起点便是深刻认识、理解其需求,从而确保所提供的传播内容、传播路径等契合对方的要求,最大限度地避免传播中的"以我为主"、传播者中心理念等。

先前中国长期着重强调的"武术入奥"目标明显地带有"以我为主"的传播理念。推动武术项目进入奥运会,对于中国而言显然意义非常重大,著名体育社会学家卢元镇曾论述说:"1964 年日本将柔道打入东京奥运会,1988 年韩国将跆拳道塞进汉城奥运会,于是2008 年中国能否让武术进入北京奥运会,就不仅是一个关系到中国奥运军团金牌多少的竞技问题,还成了一个伤害民族情感的文化问题,更成了一个关系国家声誉的政治问题。"②

但是,对于广大境外民众,尤其是处于不同文化环境中的西方民众而言,却很少会主动关注"武术能否进入奥运会",因为他们缺乏关注该问题的心理动机和理由:其一,武术不是其所在国家、文化圈的传统体育运动项目,他们对于武术缺乏天然的民族情感和亲近感;其二,武术运动在西方民众所在国家、地区普及程度不够、竞技水准

---

① [美]詹姆斯·凯瑞:《作为文化的传播:"媒介与社会"论文集》,丁未译,华夏出版社 2005 年版,第 7 页。

② 卢元镇:《中国体育文化忧思录》,北京体育大学出版社 2007 年版,第 227 页。

不高，武术进入奥运会并不会导致他们所在国家的金牌数、奖牌数增加，反而可能使他们的排名下降，不会让他们产生自豪感。

因为这些心理因素的存在，中国力推竞技武术"入奥"很难得到西方人的高度认同与回应，因为这不会增加他们的获得感：其一，现代奥运会不乏技击、格斗类竞赛项目，拳击、摔跤、柔道、跆拳道等都是，武术"入奥"与否影响不大；其二，中国当下提议"入奥"的是武术套路项目，缺乏直接身体对抗和较量，是通过打分来评定胜负的，与体操、花样游泳等类似，而打分项目历来争议较大，许多人对其竞技公平性、公正性存在怀疑。在如此背景下，中国力推武术"入奥"收效不明显、举步维艰也在情理之中。

西方人对于武术真正没有需求吗？并非如此。中国武术在文化内涵方面远胜于同属东方体育运动项目的柔道、跆拳道等，堪称东方体育文化的典范，在价值目标与理想追求等方面它与以奥林匹克文化为中心的西方体育有着鲜明的反差：西方体育追求人类的可能性，主张通过运动竞技能力的增强和提高，不断挑战人类的极限，"更快、更高、更强"的口号生动地说明了这一点；东方体育则侧重于探寻人类"应该做什么"的问题，其核心锻炼手段是修身、养性，通过不断的努力达致天人合一、内外兼修、动静结合等目标。如果说，西方体育强调人类体育能力的增强，东方体育则思考人类体育价值的升华，两者都是人类运动发展不可或缺的，东方体育追求的目标恰好在许多方面平衡了西方体育发展的偏颇，其意义足以充分凸显出来。

由此可见，西方人对于武术最大的需求，是通过武术这一载体加深对于中国传统体育文化的认识和理解，以及对蕴含在武术里面的中国传统哲学、医学等思想和文化的发掘。在2013—2017年这5年里中国外文局对外传播研究中心发布的中国国家形象全球调查报告显示，"中国文化的载体非常丰富，国际民众认为最能代表中国文化的依次是中国武术（52%）、饮食（46%）和中医（45%）"，且中国武术始终处于国外民众认知中国文化前三甲的位置。[①] 这一点恰好契合了 2017 年中共中央办公厅、国务院办公厅印发《关于实施中华优秀传统文化传承发展工程的意见》时，将中国武术明确为"传统文化代表性项目"并支持其"走出去"的定位。

实际上，武术开展国际传播、全球传播时将东方体育文化作为最重要的内核，以满足西方民众的现实需求，真正实现"服务导向"，这在许多西方人看来也是一种必然——2016 年，学习中国武术长达 19 年之久、曾任法国驻中国大使馆职员的 Cedric Garrido（汉名陈占缘）在网上发表文章称：今天武术的社会功能除了防身、竞技、养生、运动、娱乐之外还有一层不容忽视的功能，那就是文化载体……世界上的大国都在全力以赴地通过经济外交和文化外交向其他国家输送并扩大其影响，而中华武术无疑具备成为用于加强中国文化外交的理想文化产品的属性。[②]

二　深度传播

武术国际传播要真正实现实质性进展，其基本路径要求技术层面的武术技艺与文化层面的武术文化共同传播，并且分别收到明显效果，这也注定了武术国际传播必然是持续性的深度传播。

深度传播的第一层含义是从短期、一次性的武术动作表演、展示等向长期的武术技艺传授转变，实现传播活动的可持续性。

在过去几十年里，中国曾陆续派出大量的武术表演团队去世界各国各地区开展武术动作、套路等的表演和展示，如此传播活动一直延续到现在，这项工作确实促进了武术运动与世界各地民众的近距离接触，使他们知道、了解了武术，对于武术的推广和普及产生了较为明显的作用，但这种效果在很大程度上仍然是模糊的：表演、展示只是

---

① 李臣、王岗：《从文化自觉看中国武术国际传播》，《中国社会科学报》2018 年 3 月 6 日。

② 陈占缘：《法国外交哥的中国武术梦》，http：//www.m4.cn/opinion/2016 - 10/1317389.shtml。

短时间的呈现，观看者不可能在如此短暂的时间内完全了解武术的真实价值，只能单纯凭借直观感受来判断其"好看""漂亮"或"精彩"等，例如 1936 年中国武术代表队前往柏林奥运会及德国其他城市进行表演，被认为产生了巨大的轰动效应，其重要标志便是当地媒体称赞武术有体育价值、攻防价值、艺术价值，有的干脆将其赞誉为"艺术中的精华，体育中的骄傲"。但是从切实的传播效果而言，这类一次性的表演并不会让普通人在"惊鸿一瞥"中真正明白武术内在的意义和价值所在，因此不可能取得吸引大批德国人习练武术的效果。同时，由于缺乏直接而具体的交流与互动，表演者、展示者在短暂的接触中无法深入了解武术爱好者的真实需求，不能针对其现实要求进行技巧传授和指导等，而且这些表演者、展示者受工作性质所限，通常也不担负进一步传授武术技艺的职责，没有责任也没有时间和精力开展更深入的传播活动。

武术技艺的传授活动则明显深入了许多。第一，这是建立在双方"供求对应"基础上的传播活动，或者是武术爱好者提出具体的习练需求，或者是教练等传授者通过发布公告、海报等介绍自己可以提供的服务内容，在此基础上由对方进行选择，双方达成一致则建立传授关系，其实也是一种典型的人际传播关系。第二，双方在教学过程中有持续的互动，并由此随时修正传播内容和方式，以增强传播效果。第三，双方对于传授效果有比较明确的预期或标准。从理论上说，现阶段中国武术教练的援外活动，或者一些武术人士在境外开设武馆、武术培训班的活动都可以纳入这一范畴。

深度传播的另一层含义，也是本书最为看重、认为最需要实现理念转变的，是将以往较为单纯的武术技艺传播活动进一步升华，将其提升到武术文化乃至中华传统体育文化传播的高度，恰如武术学者所言："忽略具有民族传统文化特色的武术文化体系的完整性，其结果必然是伐根求不茂，塞源欲流畅，使其失去价值的光泽。"①

---

① 陈亚斌：《武术国际化发展的文化思考》，《西安体育学院学报》2004 年第 4 期。

作为精准传播的基本要求之一,武术应当明确其自身的品质和基础定位,然后以此为逻辑起点展开传播。如今,学术界普遍认可武术的首要属性是文化属性,其次才是艺术属性和体育属性:由文化属性派生出教育价值,由艺术属性衍生出表演价值,由体育属性形成健身、养生、娱乐的特性。[①] 对于武术基本属性的这一判断在相当程度上指引着今后武术全球传播的路径:一方面要努力坚持以"武术文化传播为根本"的思路,另一方面也要在不同类型、不同层面的武术传播活动中自觉体现出文化传播的导向,对此本书将在后面展开详尽的阐释。

三 合力推进

毫无疑问,武术文化全球传播是一项复杂、持续的系统工程,必然需要多种手段、路径和方式等共同发挥作用,从多个层面开展传播工作,而且互相配合、补充,形成强大的合力,从而产生积极、良好且持久的传播效果,真正推动武术走向全世界,为进一步充实全球人民的体育生活,丰富全球体育文化的内涵,增进西方对于中国传统文化的理解等做出切实的贡献。

第一,高层应扶持武术的全球传播。

武术全球传播"合力推进"策略要得以切实施行,真正形成传播的合力,来自国内政府、国际组织等高层机构及知名人士的支持、扶持等必不可少,此类助推力量既包括高层人士或机构对于武术传播的呼吁、倡导,也包括直接的政策设计、激励机制等。

中国传统武术在民国时期得到很大程度的复兴和发展,呈现出一个颇为明显的繁荣时期,与当时高层的支持密切相关:当时的政府确定中央国术馆由国民政府直接领导,经费由国库开支,众多政府要员和社会知名人士担任其理事会成员,而且批准开展"全国国术考

---

① 郭玉成:《武术的属性:文化性、艺术性、体育性》,《搏击·武术科学》2007年第9期。

试"，在全国各地设立分支机构推广武术，并在学校开设武术课程，极大地推动了武术的传播和普及。中华人民共和国成立后，高层人士对于武术的发展和传播也给予了很有价值的支持，毛泽东主席在1952年倡导打太极拳，周恩来总理向外国友人推荐习练太极拳，邓小平同志为日本友人题字"太极拳好"等行为都形成了很大的号召作用，有助于促进太极拳及其他武术项目的发展和传播。1961年武术项目被纳入全国大、中、小学的体育课程，同样极大地推动了武术运动在国内青少年中的普及和推广，产生了积极的传播效果。

改革开放以来，我国政府针对武术的两次重要决策对于武术国际传播具有深远影响：1982年国家将武术确定为重点对外推广的体育项目，直接推动了武术项目系统、持续的国际传播；2017年，国家又将武术明确为"传统文化代表性项目"，扶持其走向世界，这一策略必将再度激励武术文化的全球传播。

为了助推武术文化的全球传播，国际武术联合会也展开了具体的行动：国际武术联合会已经确定，从2018年起，将每年8月8日之后的第一个周六定为"世界武术日"，此举意在增强世界各地的人们对于武术的了解，进而号召他们主动接触武术、亲近武术，加入习练武术的行列之中，真正把武术当成他们的生活方式。2018年8月11日成为首个"世界武术日"，当天国际武术联合会在上海组织了大规模的主题汇演活动，活动中不仅有主题讲座、国术大舞台、世界武技展演等，还包括武术百年文化展等内容，有意识地注意了"术"与"道"、武术技巧与武术文化的结合。

高层的扶持和激励，对于促进武术全球传播具有很强的鼓舞、号召作用，这些举措能够召唤人们关注武术，对于武术人群的发展和壮大具有旗帜性的引领功能，但也不能过度高估这种作用和影响，要让世界各地的人们真正自愿与武术结缘，让武术走进他们的生活，还需要开展大量具体、深入的武术传播活动，其中包括技巧表演和传授、文化传播、武术影视传播等，共同提升他们对于武术的兴趣。

第二，有针对性地细化传播行动。

作为武术精准传播的基础性要求之一，便是在全球传播进程中，将用户的需求作为优先考虑的指标，从而根据不同国家或地区、不同人群的不同需要制定出有针对性的传播策略和战略，决定具体的传播行动，针对性、适配性堪称精准传播的核心指针所在，围绕这些要求进行的差异化传播才可能产生"入脑""入心"的实际效果。

在武术全球传播过程中要充分体现出针对性、差异化，舍弃"大而无当"、用户定位不清晰的传播模式，将传播活动具体、细化，需要结合用户的兴趣、爱好以及习练需求，侧重发挥武术在某一方面或某几个方面的特点与功能，形成有特色的传播策略和模式：

其一，突出武术的文化特色。武术长期根植于中国特有的历史传统和文化背景中，深受我国传统哲学、中医学、伦理学、美学等传统文化思想和理念的影响，成为中国传统文化的优质载体之一，从这个意义上说，中国武术所蕴含的文化性和多样性在全球体育项目中堪称世界第一，例如流传广泛的太极拳便以中国传统儒、道学说中的太极、阴阳等辩证理念为核心思想，因此太极不只是一个拳种、一种武术项目，同时也是一种文化、一种思想，更是一种境界和哲学。对于武术的文化特色，当下外国人学习的热情尚不及我国传播的热情高，但这是武术文化真正"走出去"不可或缺的重要组成部分，必须有针对性地形成传播策略和路径。

其二，强调武术的教育功能。武术作为人的一种身体活动，具有人类体育运动的共同特征和功能——它可以促进人的身心协调与全面发展，推动个体形成良好的生活习惯，养成坚忍不拔的进取精神，并在培养个性、约束个性中有机促成人的社会化；对于武术而言，其颇为突出的功能之一是帮助人们尤其是青少年强健身心，磨炼意志和毅力等，这也在很大程度上体现出武术运动的当代价值和意义。强调武术的教育作用，在本质上追求一种教化功能的实现，它重在对学习者进行文化的熏陶，提升学习者对于生命、自然的深刻理解和体悟，涵养其灵魂和德性。但是，这也离不开武术动作、套路等技巧层面的传授和教导，否则学习者难以真切理解武术如何能够对于人性、人格的培育和化通发挥具体作用。要切实发挥出武术的教育功能，如何平衡武术技艺传授与武术文化传播的比例就显得非常重要了，笔者在邯郸市调研期间曾与当地致力于太极拳文化推广与普及的谢永广进行了深入交流，谢永广曾在新加坡、马来西亚等地区开展太极拳传播工作，他依据其亲身经历介绍说，自己在太极拳教授中，安排技能传授与文化传播时间之比大约为 7∶3，技能传授的分量显然更重，且文化传授主要穿插在技能传授的过程中进行。作为个体武术传播者，谢永广及其他类似人士的教授计划、时间安排等显然有较大的随意性，但国内负责统筹武术文化"走出去"的机构应当对此展开深入的调查和研究，形成比较明确的结论，今后不仅要在时间配比上进一步合理化，所传授的内容尤其是武术文化的内容也要规范化。

谢永广先生（左）与笔者交流

其三，发挥武术的娱乐功能。武术与其他各种体育运动项目一样，在许多时候运动员表演和观众欣赏是互为一体的，人们接近武术是为了观赏其刚劲有力的动作、紧密衔接的套路，以及表演者之间默契配合所产生的美感等，此刻他们可能更关注武术的艺术性和审美价值等，由此给他们带来的身心愉悦感，因此，通过现场的武术展演、武术影视作品等途径进行传播，让人们感受到武术的美和神秘色彩等，可以发挥出武术的娱乐功能，满足人们不同层次的欣赏需要。而且长期、持续借助武术展演、影视作品等对人们进行刺激，也会在一定程度上促使其对于武术产生浓厚的兴趣，进而加入自觉习练或关注、深度参与武术的行列之中。

总之，武术精准传播中一个非常重要的着力点便是深入分析其所具备的传播资源，然后再依据资源确定合适的传播渠道和路径，例如派遣专业武术教练到各地进行武术展演、技艺传授，拍摄影视作品表现武术的神奇和魅力，组织各种类型的武术培训、文化讲座，尤其是利用孔子学院、太极学院等平台开展武术技艺和武术文化多层次的教授等。

第三，选择重点群体进行深度传播。

如前所述，精准传播要实现传播意图与服务导向的高度契合，从中寻求最佳的传播效果。为此，武术全球传播在服务对象的选择方面既要力争实现"全覆盖"，又要在此基础上突出面向重点区域、重点人群，集中更大的精力和资源针对这些人群展开传播，以求达到"重点突破"再带动"广泛流行"的传播目标和效果。

努力做到最大范围的覆盖，对于武术真正走向世界、在全球范围内得到高度认可是非常必要的，它构成武术形成世界影响的基础，一是有效扩大武术的普及面，二是为选择后续的重点人群、开展更深入的传播做出铺垫。不过，"全覆盖"所涉及的范围始终太宽，固然可以在传播进程中增强传播内容的针对性、贴近性等，但终究难以具体针对不同用户的个性化需求进行传播，因此这类传播往往难以达至足够的深度，要想取得"全面突破"的理想效果几乎不可能。

相比之下，武术在全球传播中追求"重点突破"更具有现实可行性：一方面从我国开展武术全球传播的宗旨和目标出发，另一方面从武术传播的实践经历出发，共同筛选出一些重点区域或重点人群，作为今后实现突破的侧重点，使武术在这些区域、人群中扎根，为后续扩大影响奠定较为坚实的基础。

在选择重点区域、重点人群时，需要考虑的指标包括武术得以进入奥运会，赢得全球声誉所需要的稳定覆盖面、普及率，以及武术传播的难度、海外公众的接受能力，以及这些人士的二度传播力和影响力等。综合衡量这些指标，下列区域、人群理应作为武术全球传播的重点对象：

1. 青少年。从接受者的角度考察，青少年处于生长发育的高峰期，对于各种新鲜事物的接受能力强，较其他年龄段的人群更容易接纳武术等体育项目。从武术传播的维度考察，能够得到青少年的青睐，意味着武术的价值和魅力获得了较高程度的认同，可以在"未来争夺战"中不落下风。此外，从近几届奥运会增列项目的实践来看，国际奥委会更倾向于甄选深受年轻人喜爱的运动作为新增项目，要延续武术"入奥"的理想和愿望，始终不可忽视在青少年中普及武术。

2. 海外华侨、华人。经过历史上多次人口迁移，中国已经拥有世界上最大的海外移民、移居群体，他们与国内民众一样，深受传统民族文化的影响，因而在语言、文化、习俗等方面与居住在中国境内的人们同根，海外华侨、华人接受武术等中国传统文化较其他群体更容易一些，而且他们往往可以再度将武术传播到身边的社区、人群中，进一步扩大武术的影响。当然，就接受意愿和兴趣而言，这些海外华侨、华人对于传统武术关注度更高，国内有关方面应当针对这些需求有意识地实施传播活动，切忌单纯为了武术"入奥"而传播、推广竞技武术，忽略了传统武术，使得众多海外华侨、华人的愿望落空。

3. 东南亚国家。历史上，中国武术曾经多次走出国门进行宣传和推广，华侨、华人众多的东南亚国家通常都是首选，因而武术在这些国家已经具有了一定的基础，进一步强化传播效果显然比新开垦的"处女地"更容易，而且可以将东南亚国家作为武术拓展全球影响力的"桥头堡"。尽管东亚国家与中国文化渊源也较深，但由于日本、韩国等已经拥有各自的传统搏击类体育项目——柔道、跆拳道和空手道等，对于武术的接纳性不如东南亚国家强。

基于前面提及的理由，除了上述区域和人群外，国际奥委会的委员、官员，以及世界各国的体育人士尤其是对于武术有着浓厚兴趣的专业人士等也应当成为我国开展武术传播的重点人群。

四　重视效果

作为精准传播的最终落脚点，传播效果是其最重要的维度之一，因此在全面设计武术全球精准传播框架时，必然要将深入考察和提升传播效果作为非常重要的一项工作加以重视，构建合理的效果测评体系，持续进行传播效果监测和评估，并在此基础上不断改进、完善传播活动，以取得良好的预期效果。

注重效果的第一步，是在有效传播、精准传播的战略和策略指导下明确传播目标和任务。

《礼记·中庸》指出："凡事预则立，不预则废。"如果事先没有进行精心的规划和准备，武术全球传播很难取得良好的效果，为此需要从武术传播的起始阶段就给予足够的重视，合理部署、规划总体任务及阶段性目标等，同时应依据精准传播的要求，对于整体目标和任务进行细分和明晰，并且设置可行、细致的考核指标，便于对任务的实施状况展开考核和评价。同时，在制定规划时，不仅要合理安排现有的传播资源，还要提前考虑到传播进程中可能遭遇的各种问题，并针对相关问题采取合适的对策，做出周详的计划和安排，便于使传播活动发挥最大效果。具体而言，大致上包括如下两个方面：

其一是从传播的技术层面出发，有效整合传播资源，实现传播策略的最优化，包括传播对象的选择、传播内容的有机组合、传播方式的配合适用、传播力量的配备，并对于传播难度给予充分考量，其基本思路是传播内容要由浅到深，输出难度则要出易到难，符合海外人士的接受习惯。

其二要对于各种非技术层面的因素有充分的预判和应对策略，武术全球传播具有跨文化传播、中华传统文化输出等基本特性，在面对文化习俗迥异的传播对象时，文化差异是客观存在的，因而武术传播不免会产生不同程度的"文化折扣"。对如何最大限度地消除"文化折扣"，需要做出提前思考，并提出切实可行的对策。此外，武术在境外一些国家或地区进行传播时，还可能会遭遇当地政府、宗教等机构和势力的政治介入和干预等，这些因素的介入往往会严重影响武术传播的效果，甚至对于武术能否在当地顺利传播起着决定性作用，因此负责规划的机构和组织等要事先分析这些变数，提出必要的应对举措。

重视传播效果的第二步，堪称整个传播进程中最为核心、最为关键的一个环节，这便是协调各类型、各层面的武术传播活动，使之真正形成合力，避免传播效果的抵牾或掣肘。

当下，我国对外开展的武术传播活动形式多样，参与传播的主体也是林林总总，其间缺乏有机的协调和整合，有些传播活动着力祛除武术的神话、玄幻色彩，而某些武侠影视作品则大肆宣扬武术的神秘色彩，甚至将武术夸张成高深莫测的"幻术"，其无可调和的内在矛盾在很大程度上阻碍了外界人士对于武术本质的把握，不利于他们真正理解武术并对武术产生浓厚的兴趣。

要真正协调各种武术的传播活动，首先要对现有的各类传播活动有总体上的了解和把握，进而筛选出其中能够有效传播武术文化精髓的传播活动等，构建起形式多样、内容丰富、能最大限度地扩大武术覆盖面和普及率的矩阵，追求我们期待的正面传播效果。其次，作为这一环节中非常重要的另一个侧面是，要着力克服脱离武术真实、不切实际的各种武术传播所带来的负面、消极影响和效果——在我国全面开展武术对外传播的初期，为了迅速扩大武术的全球影响，曾将武侠影视传播作为其中的重要组成部分，借助影视传播以推广武术，但在武术全球传播逐步深入、有明确的文化导向后，人们不难发现，许多武侠影视作品所传递出的理念和观点并不符合武术的实际，反而在相当程度上阻碍人们真正理解武术。在此情形之下，对武术全球传播应当自觉做出切割，明确指出玄幻类武侠影视作品并非传播武术的真谛，不应为了享用其传播、覆盖范围而遮遮掩掩，使海外广大武术爱好者产生误解。

协调各类武术传播活动，非常重要的一点是将民间自发的武术传播行为纳入该范畴，并给予必要的指导和指引，促使其从自发传播提升到规划下的自觉传播。民间传播是我国武术跨国传播的滥觞之举，迄今仍在武术全球传播中占据着重要地位，无论就历史而言，还是从当今的武术传播实践考量，民间传播都是武术全球传播不可或缺的有机组成部分。无法回避的现实是，民间武术传播者个体差异很大，他们不仅在武术技能方面存在差别，而且对于武术文化精髓的理解参差不齐，其传播行为在不同程度上也难以符合国家开展武术全球传播的战略要求，但完全排斥他们，将民间传播彻底排除在国家的武术全球传播体系之外，同样是不可取的。明智之举是对于民间传播活动展开充分引导，通过有效手段提升传播者的文化素质和文化自觉等，使他们的传播活动符合国家的武术传播战略和策略，与官方组织的传播活动共同推动武术走向世界。

重视传播效果的第三步，则是及时总结前阶段武术传播活动的成败得失，不断巩固现有经验和成就，随时修正存在的瑕疵和不足，在此基础上做出更加完善、合理的规划和安排。

武术全球传播是一项持续的系统工程，不可能毕其功于一役，因此必然表现出一个螺旋式上升的过程，重要的是不断取得进展，使得后续的传播活动能汲取此前系列传播行为的经验和教训，避免走弯路甚至是重蹈覆辙，能够在更高的基础上前进，扩展原有的传播效果和成就。

因此，相关部门需要紧密关注武术全球传播实践，对其开展状况和得失、经验及教训等加以及时掌握，再依据这些情况适时进行效果评估和分析，总结当前举措的可取之处，对于存在的不足和瑕疵之处予以及时纠偏，出台更加完善、可行的传播策略，用以指导武术全球传播活动。同时，这样的总结、纠偏活动应当是经常性的，每经过一次都能在以前的基础上有所提高。

第二节　武术传播的文化内核呈现

武术传播必须高度关注武术文化传播，已然成为诸多学者的共识，上海体育学院郭玉成教授早在 10 余年前就指出："武术传播的核心是文化传承，脱离文化传承的武术传播是无源之水、无本之木。"①当时他还进一步阐述道：武术是中国传统文化的"全息影像"，其国际传播有助于提升我国的"软实力"。由此可见，坚守东方文化身份，在传播进程中牢固树立中国形象，始终是武术全球传播的核心任务。而要将文化传播作为武术全球传播进程中的核心内容和终极目标，一个关键点便是将文化作为武术最重要的品质和特色，在跨文化传播的全过程中充分展现出来，以达到武术传播"以武修德"的目标，质言之，即以德、道、礼、仁等中华传统文化品质对习练武术之人的行为进行全方位的规范，并促使人们对自然、生命等进行深刻的认知和思考，最终达致人与人、人与社会、人与自然的和谐统一。

可以说，只有将德、道、礼、仁等文化特征真正融入武术传播之中，将文化资源精准传播出去，使武术习练者拥有充足的文化储备，才能促进他们真正了解、理解武术最核心的要素，奠定其与各种西方体育项目迥然不同的东方传统体育运动的特质和地位。由此，武术全球传播才能真正得到各国民众的青睐与喜爱。

一　"崇德"品质的体现

武术能够成为中华传统文化的代表之一，重要因素在于武德观点的形成和延续。"武德"，简而言之是习武之人的品格和德行，但更深刻的意义在于它是凝结在武术运动中的道德观念，强调内外兼修、修身养性、陶冶情操，在相当程度上是民族精神、民族礼仪和传统美德的外现，也是凝结中华武术精神的重要内涵之一，因此有人将武德

---

① 郭玉成：《中国武术传播论》，复旦大学出版社 2008 年版，第 3 页。

看成中华传统武术最为核心的精神属性，甚至将其视为武术的灵魂。

一言以蔽之，武德，特别是传统武德就是中华传统道德理念在武术领域的体现，有关武术的各种行为、活动必须符合传统道德标准和要求，在 1987 年召开的全国武术学术研讨会上，与会学者一致同意将中国传统武德规范概括为"尚武崇德，修身养性"。质言之，武德观念最紧要的便是将"尚武"与"崇德"以及"修身"与"养性"有机结合起来，通过武术这种直观的身体活动促使习练者身心得到极大的充实和完善，全面提高人的修为境界。

实现"尚武"与"崇德"的对立统一，是中国传统武术对于习练者自身修为提升的基本要求之一。武术的外在形式表现为对抗、技击与搏杀，其直接的后果往往是挫败、伤害甚至杀死对手，但国人素来讲究以道德标准规范约束武术行为，"崇德"与"尚武"之间的关系非常清晰："崇德"是"尚武"的前提和先决条件，换言之，"崇德"是根本，而"尚武"则是努力实现"崇德"目标的方式，仅仅是一种手段，相较于"崇德"，它显然处于从属地位，这种"崇德"统领"尚武"的理念甚至体现在汉字的造字方式上，止戈为"武"，"武"并非根本目标，而是为了防止大动干戈，杜绝武力相斗现象的存在——武力不是暴力，"崇德"导引下的"尚武"就要以正义的武力去干涉、制止或挫败非正义的暴力、杀伐等。

其实，将"崇德"与"尚武"有机结合的传统武德精神与儒家文化的关系密切，甚至可以说，武德是在孔子以"仁"为核心的伦理体系指导下萌生、形成的。孔子说过"仁者爱人"，类似于一种个人全面修养的极致，是极高的道德信条和准则，武德的基本规范明显吸收了许多与"仁"有关的信条，其中非常显著的一点便在于武技之运用上，以技击、搏杀为外在形式的武术注定了残酷与暴力的存在，武术的仁德精神则追求"制取"，以制服、战胜对方为第一要务，尽量避免伤害对方，更遑论杀人取命了。

武德中的"仁"更表现在除暴安良、扶贫济困、助人为乐等重要内涵方面，孔子曰"仁者必有勇"，而正值、善良、有责任和担当的武林中人始终以见义勇为作为显示自身存在价值的重要方式。在国家困厄、民族危难之际，报国也成为其中不可或缺的内容，无论"爱国、修身、正义、助人"的精武精神，还是"强种救国，御侮图存"的中央国术馆口号，抑或金庸所言"侠之大者，为国为民"等，都显示出武术要以武德为重要的依归。

武德是知与行的统一体，武德观念的形成与发展也贯穿在武术习练的全过程中，因而坚持灌输"德""武"相生相伴的理念也是帮助习练者准确理解、把握武术真谛的重要环节。

在武术习练过程中，"德""武"相生相伴意味着"德以艺生，艺以德显"，两者无法截然割裂：只有依托武术动作、套路等技能层面内容的习练，中国传统的伦理道德才能有机融入，成为特有的武德，一旦缺失了武术动作、套路等外在形式，武德便失去了基础性的载体，无以附丽，自然就不能转化成"武德"。同样，如果不注重提升精神层面的武德修养，不按照传统伦理道德标准使用武力，无论武术功夫如何高，技能怎么强，都无法得到社会的认同、世人的尊重，只能成为"有勇无德"的莽夫，甚至沦为武林中人所不齿的反面人物。

武术被纳入中华传统文化的范畴，足以说明它不只是一种技术或技艺，更是一种态度、心境和对人生价值的探求，习武并非单纯地追求对抗胜利、击败对手，更期冀为习练者实现人格塑造，从多方面完善自我，达到高层次的人生境界，同时拥有"自强不息"和"厚德载物"等优良品格："尚武"是培养自强不息精神的直接手段，武术锻炼贵在不畏艰辛、坚持不懈、持之以恒，习武者在此过程中逐渐养成不屈不挠、勇于拼搏的精神，面对恶劣环境和竞争对手毫不退缩、奋力夺取胜利的意志品质。"崇德"则能塑造厚德载物的气度，习武者自觉遵循传统伦理道德规范，具备了高尚的品德素质，就能够逐步做到与人友善、淳厚处世、宽容万物，不恃武逞强，不欺凌弱小，拥有高洁、宽厚的气度。

武德观念在相当程度上决定着武术行为、活动的价值取向，直接推动着武术的传承和发展。武德可以引导人们明白"习练武术是为了什么",使他们真正理解武术的核心功能和作用,以免失去最宝贵的初心。同样,武德观念的传播,直接决定了武术传播的价值所在,只有基于武德培育和养成的武术传播,才能具有积极的意义、正确的引导。武德可以使武术人了解武术的文化蕴涵。

进入现代社会,武术历史上的许多基本功能,诸如技击、搏杀等已然消退殆尽,武术在总体上不再是个体与他人对抗的工具或手段,而其强身健体、怡情养性等"娱己"功能则进一步彰显,大多数人习练武术就在于充实自己、全面提升个人修养,将武术中所包含的武德观念充分阐发出来,有助于帮助习练者更加深刻地理解武术的真正价值,内生出习练武术的兴趣和自觉性,只有这样,他们才会主动学习武术,武术传播才能消除最大的障碍。

二　"循道"理念的展现

武术文化其实包含了不同的层面:武技、武道、武德,其中武技处于比较明显的物质层面,而武道与武德则居于精神层面,它们都通过与武技的相互渗透和作用表现出来。

与"德"类似,"道"同样是中华传统文化中的核心理念之一,自然法则被称为"天道",在中国传统武术的发展进程中,"道"是他们追求达到的最高境界,"顺应自然规律是武术的基本原则,是武术的拳道之理"①,"武道"是中国传统文化所孕育的中国武术精神的重要内涵之一,其实质是通过习武练拳这一过程,帮助习练者获得一种生命体验和人生价值,而这种体验和价值则是对宇宙万物生化之理的深切体悟。

道家是我国"道"思想的集大成者,林语堂在《老子的智慧》一书中感叹道:道家学说总而言之是中国人想揭露自然界秘密的一种尝试。道家始祖老子在其学说中非常强调"人法地,地法天,天法

① 江百龙:《武术基础理论》,人民体育出版社1995年版,第41页。

道，道法自然"的理念，呼吁把崇尚自然、效法天地作为人生各种行为的基本依归。道家的另一位代表人物庄子同样强调人必须顺应自然、与自然和谐。

中国传统哲学历来重视"道"，凡事都要合乎"道"、合乎规律，在崇尚自然、道法自然等理念的导引下，中国形成了"文以载道"和"以武载道"等传统，"文以载道"是对文学作品中"文"与"道"关系的一种概括，最初荀子即把"道"看成客观事物的规律，而儒家的"圣人"则是客观规律的体现者；汉代扬雄接续提出"遵循自然之道"，儒家的圣人及其经书的价值在于充分体现自然之道。与"文以载道"类似，"以武载道"同样强调武术从形式到内核都应当符合"道"的规范和要求。

从几千年的武术实践来看，道家对武术的影响相当深刻，从顶层的价值观到基础的技术应用，道家都对武术的发展起着重要的指导作用，而武术则通过自身的演进充分演绎着道家思想，使之在现实生活中演化得出神入化，"太极拳"和"武当派"等都堪称其中的典范。

从认识论的层面看，武术深刻吸收了道家的气论、天人合一等观点。在道家思想中，"气"是一个颇为重要的概念，宇宙万物都由"气"组成，中华传统武术对于"气"也高度重视，与道家观念如出一辙，武术中素来讲究"内练一口气，外练筋骨皮"，或者说"内练气势，外练姿势"，将"气"看成是人体内的生命原动力，甚至有"武主于气也"之说，我国传统的内家拳各派别更是如此，普遍以意为统帅、以"气"为主导，因此非常看重"养气"，认为养气为习武之首、固本之道。

当然，武术汲取道家思想最重要的是"天人合一"理念，在道家看来，"天"就是自然，人是"天"的一部分，天人本是合一的，但人类的发展使人在许多方面丧失了初始的自然本性，从而与"天"不再协调、统一，人类需要通过修行将人性解放出来，复归于自然。传统武术受到道家学说中"天人合一"理念的深刻影响，在武术实践中非常强调"天人合一"，其一是习武者追求人与自然的统一，武

术运动要服从大自然的变化规律，对天时、气候、地形、方向等诸多
要素都要进行精心选择，针对客观条件和外部环境采用不同的训练内
容、手段等，以最大限度地与自然相顺应，求得物我、内外的平衡。
武术中的"天人合一"还体现为"内外合一，形神兼备"的修炼观
念，既追求形体规范，又力争精神传意，注重人体作为一个有机整体
的和谐、内外合一，以心、神、意等心志活动和气息运行为代表的
"内"与"外"在的手、眼、身、步等形体活动、动作之间都达到了高度
的和谐与统一，内家拳强调的"内外三合"就是这种和谐观的代表。

　　道家思想对于中华传统武术的影响，还广泛体现在武术技击指导
原则的运用和实践上，人们熟知的"以静制动""刚柔并济""后发
制人"及"以柔克刚"等莫不如此，"武术技法中的进攻与防守，进
步与退步……以及动静、刚柔、虚实、开合……这些看似对立实则对
称的统一体，在武术中却达到了和谐的'中和'"①。

　　从整体上看，道家思想的核心理念是崇尚自然、顺应自然、修身
养性、返璞归真，其基本思维方式是"内倾式"的自我修炼和提升，
引导人清心寡欲、净化心灵、重归自然，达到人与自然、人与社会的
和谐统一。这种思想对于武术、武术人的影响是非常深远的，它引导
武术人以"无欲、无为、无争、复归无极"等心态和思维看待武技、
学习武技，并在习练过程中追寻更高层次的"武艺之道"——表现为
探索理想化的技击艺术，在"由技化艺，艺近乎道"的进程中达到
或实现"由技入道"的境界与追求。②

　　质言之，"道"作为中华武术重要的本质属性之一，在很大程度
上决定了习练者应当以何种心态、姿态学习武术，为武术习练者提供
了认识论和方法论层面的指导。同时，武道思想的形成和传承又能够
充分展示中国传统武术与西方体育运动在理念上的巨大差异：一个是
不违天道、复归自然，寻求"天人合一"；另一个则强调拼搏、奋

---

① 王岗：《中国武术文化要义》，山西科学技术出版社 2009 年版，第 253 页。
② 张道鑫、沙艳文、王岗：《中国武术"道"之诠释》，《体育科学》2018 年第 6 期。

斗，战胜自我，挑战极限和不可能。通过如此对比，在全球体育文化多样化背景下，武术全球传播的价值和必要性得到进一步的彰显。

三 "尚礼"思想的传承

礼也是中国传统文化的核心要素之一，中国自古就号称"礼仪之邦"，人们在往来交际中讲究言行文雅，待人彬彬有礼、谦让有序。对于个体而言，礼仪是其内心思想的外在表现、表达方式，体现其道德水准、文化修养、交际能力等，只有精神高尚、人格完善的人才可能时时、处处表现出良好的礼仪状态。

中国传统文化中"尚礼"的观念在武术领域同样产生了深远的影响，直接形成了习武之人共同遵守的道德行为准则——武术礼仪，它约束着所有的武术人，无论是习练者，还是传授者，其言行都需要遵循武术礼仪规范，因此武术礼仪也是武德理念的重要表现形式之一。但随着武术"体育化"进程的加深和加速，由于过分关注其竞技性，武术内在的许多文化内涵被剥离了，武术礼仪也被很多人淡忘了，以致国家刚开始推行"武术进校园"工程时，一些学校、家长认为武术只是单纯的搏斗、对抗，难以发现其中所蕴含的文化内涵、礼仪观念。以普遍的感受而论，大家所看到的武术礼仪也不如跆拳道礼仪的外在表现形式那样明显，"跆拳道更注重礼仪"成为许多人的感叹。

诚然，在长期的发展、演进过程中，"礼仪"已经成为跆拳道运动中非常重要、不可或缺的组成部分，是跆拳道基本精神的具体体现：在表现形式上，跆拳道以双方格斗、角力的方式展开，实战对抗往往颇为凶悍、剧烈，但较量只是一种手段、形式，其目的是帮助双方提高技艺水平，磨炼意志品质，对手存在的重要价值之一便是促进自己技艺和品格的全面提升，因而竞技的双方在各自的内心深处都必须持有向对方学习和表达敬意的心理，在训练或比赛前后一定要向对方敬礼。另外，还有向老师、教练等敬礼的规矩，以表示尊重、礼貌、友好、谦虚和感谢等，因此跆拳道运动展现出"以礼始，以礼终"的精神风貌，且衡量某一跆拳道运动员能否真正称得上"高手"，关键要看其是否具备两个基本素质：一是高超的技艺；二是良好的礼节。

不单是跆拳道，另一项诞生于日本、最早进入奥运会的东方传统体育项目柔道在习练过程中也非常注重"以礼始，以礼终"，它贯穿了"礼仪、廉耻、忍耐、克己、百折不挠"等宗旨，要求习练者养成良好的礼仪规范，他们应当遵循的重要礼仪包括谨慎、恰当的言语，忍让、友善的姿态，谦虚、好学的作风等。有人曾如此描述道：柔道在技术上讲究"刚柔相济，以柔克刚"；在礼仪与精神上亦讲究"道"，培养习练者的道德、意志、品质，陶冶美的情操。①

其实，跆拳道和柔道在其演进过程中都受到过中华武术的深刻影响，它们现在所表现出来的礼仪精神在相当程度上与武术礼仪合拍——传统武术习练的重要目标之一便是"修德育礼"，武术礼仪文化是中国传统礼仪文化的映射与缩影，武术礼仪作为可见的外在表现形式，直观地展现了作为内在精神寓意的武术礼仪的规范和要求，各种武术礼仪动作的规范程度与精神面貌，直接反映出习练者对武术文化内涵的认识程度，并反映出其修炼品行、层次的高低，在现代社会里还体现其文明礼貌的水准。

质言之，"尚礼崇德"是中国武术不可缺少的文化精神内涵，武术礼仪对于人格形成也具有很大的导引功能，充分体现出对人的教化价值，因而在当下传播、传承武术礼仪的价值同样是不言而喻的。武术礼仪文化回归的价值及意义主要表现在以下几个方面：在社会层面，强调武术礼仪文化可以润滑人际关系，改善彼此交往，促进社会和谐；在个人层面，重拾武术礼仪文化可以促使习武之人有敬畏、有信仰，最大限度地强化武术积极、正面的功能，减少其消极、负面的影响。

同时，当代武术礼仪文化的传播应当"与时俱进"。从总体上看，武术礼仪作为中国传统武术文化的重要组成部分，作为一种伦

---

① 张令：《从跆拳道、柔道礼仪看中华武术礼仪》，《吉林体育学院学报》2008 年第 1 期。

理道德体系迄今仍然有其传承的价值，但其中某些具体的礼仪环节、形式则随着时代变迁已经过时、落伍，没有必要原原本本地延续下去：在我国传统武术礼仪中，师徒关系可谓核心，其中尊重师长、关爱学生等基本理念到现在仍然适用，但跪拜礼等则没有必要保留下来了。

概言之，武术传播内容的精准化就是要通过梳理、对比等，把武术文化中最有代表性的内涵特征筛选、提炼出来，形成传播资源，作为最要紧的传播内容传递出去，充分体现武术在世界技击运动中的个性特点和比较优势。就根本目标而言，武术运动是促进习练者自我完善、全面发展的过程，武术锻炼对于习练者有崇德、循道、尚礼等诸多层面的要求，着力培养习武之人"文武双全""术德双修"的高尚品德。在这个方面，武术文化与奥林匹克精神具有共同的寓意和方向。近年来，我国教育部、国家体育总局力推"武术进校园"活动，且将武术项目纳入初中学生升学考试的范围，其初衷就是让学生通过参加武术锻炼，了解武术知识，理解武德礼仪，领悟传统武术的精髓和文化，并将武德、武术礼仪等贯穿于生活、学习中，提升各方面的素质，从而对于青少年身心健康、全面发展产生积极的促进作用。武术中的"尚礼"与"重道"等精神，也体现了东方体育运动迥异于西方体育运动的特点，它是武术文化深层内涵的重要表现，也是武术作为一项具有深厚文化底蕴的体育运动在当代社会依然具有很强生命力的标志和依据。在全球体育文化迅速交流、融合的语境下，武术文化完全可以与西方体育文化实现互补，将"天人合一、体用不二、阴阳调和"等观点加入其中，与规则明确、公平竞争、尺度客观、评价准确的西方体育共同成全人性的复归。

事实上，经过多年的传播，许多海外武术爱好者对于武术的认知明显更加深刻，他们不仅积极学习武术的精湛技术，而且积极研习武术所蕴含的丰富的东方文化内涵和神韵，恰如菲律宾一位武术爱好者在接受采访时所说：武术不仅让我的身体得到锻炼，也让我的意志更坚强，这也是中国文化的一个方面。武术让我亲近中国文化。①

第三节　武术传播的方法精细选择

厘清中国传统武术的特殊文化内涵，在武术文化精准传播的全过程中处于相当重要且基础的地位，其作用不可低估。不过，在充分梳理中国传统武术所特有的文化内涵后，还必须选择合理、精细的传播路径与传播手法将其传递出去，使之让海外武术爱好者、习练者熟知并对他们产生深刻的影响，否则也难以发挥出积极的效用。

要实现武术文化传播方法的精细化抉择，至少应当着力追求几个方面的统一：在传播路径上，要将武术的技艺传播与文化传播有机结合起来，充分利用武术技艺传播为文化传播"开道""铺路"，避免使武术文化传播面临各种困境，甚至遭遇某种程度的抵制；在传播资源的配置上，要针对接受群体的现实需求，提供与之匹配的武术文化教材，组织、派遣合适的师资力量，在世界各地开展传授活动；为了实现这些目标，国内有必要组建强有力的组织协调机构，全面统筹武术文化的全球传播工作，促进效率提高、效果优化。

一　组建武术文化传播协调机构

1982 年，我国体育部门提出"要向世界奉献中国武术"，这对于开展全球武术传播产生了深远的影响，由此促进了体育层面的竞技武术、传统武术技艺等的广泛传播。2017 年，国家的武术传播战略显然发生了嬗变，首次将武术纳入"中华传统文化代表性项目"的范畴，在"文化走出去"的战略目标下积极扶持武术"走出去"，两者的意义和目标显然有着明确的差异。"工欲善其事，必先利其器"，让专业的人做专业的事本身就是精准传播的内在要求之一，针对武术全球传播目标的重大变革，组建武术文化传播的统筹、协调机构也是

---

① 孙广勇：《"武术让我亲近中国文化"》，《人民日报》2018 年 4 月 3 日。

其中的应有之义。

此前，我国的武术传播活动由国家体育总局统一管理、统筹，在侧重甚至单纯在体育层面进行武术传播的时期，这一机构设置是较为合适的，体育部门在派遣武术表演团、武术教练赴境外开展各种武术展示和交流活动，为当地培训武术运动员和教练员、援助武术运动和训练器械，以及与跨国武术或体育组织合作，举办各类国际性武术赛事，乃至推动武术进入奥运会等方面都可以发挥充分的主动性，各项工作开展得比较顺利。但是，在武术文化的全球传播领域，体育部门则明显"力有不逮"，他们在《中国武术发展五年规划（2016—2020年)》中对于武术文化的海外推广是如此表述的："加强与驻外使领馆、中国文化中心、中资企业等驻外机构合作，发挥华人华侨、留学生作用，加强与国家汉办合作，推进武术进入各国孔子学院、孔子课堂。"还提出力争在全球50%以上的孔子学院开展武术教学活动。不过，体育部门终究无法向其他系统、部门的单位和机构直接提出具体的任务、指标要求等，只能与相关部门和机构协商，对方是否积极配合，预定目标能否如期、保质保量地完成尚有待观察。

孔子学院以及孔子课堂作为当下我国传统文化对外传播的首要载体和阵地，往往也被赋予了开展武术文化全球传播的重任，因为它拥有独特的渠道和平台优势，能够面向海外公众传播中华传统文化，同时这一机构在文化传播过程中也迫切需要用于传播的传统文化内核，武术便是其中颇为重要的内涵之一。不过，该机构也难以独力担负起主导武术文化对外传播的职责，因为它无法掌握充足的武术传播资源，例如没有足够的能力开发武术文化教材，也无法单独培养自身的师资队伍等。

近年来，基于武术传播资源与平台、渠道的契合需要，国家体育总局与国家汉办、孔子学院总部等机构在武术文化传播领域展开了许多合作。例如2012年在首都体育学院设立了武术培训与研究基地，2013年在北京体育大学成立了武术师资培训基地等，体育部门也正针对孔子学院的武术教学需要编写教材，这些合作有助于在各方之间形成合力，可以在很大程度上促进武术文化全球传播活动的开展，但这种临时性的合作仍始终难以从根本上摆脱"各自为政"的尴尬，只有按照"全国一盘棋"的模式，设置专门的武术文化传播协调、推广机构，由该机构专事武术文化全球传播的组织工作，全面负责传播资源的统筹、调配，以及传播策略的实施等工作，才可能取得实质性的进展和突破。

拟议中的专门机构，首先应当能够无缝对接体育部门与孔子学院等机构，有机整合武术文化传播资源与传播平台、载体等，能够针对现有孔子学院、孔子课堂的传播能力，以及海外武术习练者的兴趣、爱好等开展传播资源的统筹、调配，包括各种层次及难度，不同语种武术教材的编纂，各级各类武术传播师资力量的培训，海外武术文化传播的总体规划和安排、特色传播活动的策划与实施等工作。同时，该机构还需要表现出超越体育部门、孔子学院等机构现有工作思路和模式的开拓精神和实践执行力，能够在当下已有的体育展示与交流、孔子学院等传播平台和渠道之外，面向海外华侨华人以及西方青少年等重点群体开发新的传播路径，既促使这些群体乐于接受武术文化，又不会因为传播内容的"走样"、失真等而导致传播效果弱化乃至异化；而且能够组织、举办对于武术传播具有重要推动作用的高规格商业性赛事等，通过经济利益的诱导以吸引更多的人关注武术、热爱武术。

从历史上看，在柔道、跆拳道等东方传统体育项目逐步赢得全球认可的进程中，本国政府都高度重视，从许多方面给予支持和扶持，主导其文化传播和推广的过程。我国的现实国情注定了武术文化全球传播离不开国家、政府层面的直接推动与帮助，直接设立有权威性、有执行力的协调机构推进相关活动的顺利开展很有必要。

二　让传播方式与接受习惯相匹配

体现精准传播、"服务导向"原则的一个重要表现，是在武术文化全球传播中紧密结合海外习练者的接受习惯，有针对性地开展武术传播，使两者最大限度地实现契合，因为传播活动满足接受者的需要而求得传播效果的最大化。

（一）由表及里，梯次推进武术文化传播

在当下世界，体育文化呈现出中西文化相互交融、共同发展的态势：西方体育文化以公平竞争、奋力拼搏、持续进取等体育精神为核心，以规则严谨的竞技运动作为主要的外在表现形式，素来被称为"物理体育"，重在诱发运动者拼搏进取、超越自我，充分展现自身的运动潜能；而作为东方体育文化的代表，中国传统体育文化则突出呈现了"天人合一"的生命观与"自然养生"的思想等。两者明显具有相互补充的空间：西方体育文化强调人对自然潜能的超越，是一种典型的"刚性"文化，而且重视运动能力的外在展示，通过剧烈的对抗、竞技等形式让外人知悉，"娱他"性强；中国体育文化则重视人与自然的协调统一，是和谐理念引导下的"柔性"文化，且重在习练者获得强身健体、心灵放松等个人感受和体悟，"娱己"性强，由此可见中国传统体育文化拥有许多迥异于西方体育文化的鲜明特色，这使得中国传统体育文化有可能也应该为丰富世界体育文化宝库做出贡献，由此构成中国体育文化向全球传播的正当性和必要性基础。

如前所述，武术作为中国传统体育的杰出代表之一，蕴含着丰富的精神内涵：讲究身心同修，强调内在神韵，注重在身体运动中提高心灵感受和寻求意义，武术的核心思想是通过身体修炼、运动达到一种东方式的心灵修复，因此武术文化则集中体现出中国人的哲学、思想观念等，着意消解人们在运动中肉体与灵魂的对立，并有意识地促成两者的和谐统一，这也是武术文化走向世界的根本前提，中国有责任也有义务加速武术的全球传播，将蕴含在武术中的中国传统文化精髓奉献给世界："中国武术不再是单一的运动项目，其本身已经变成一个国家文化自觉和自信的重要表征，中国应该向世界展示东方身体文化的独特魅力。"[1]

---

[1]　朱大梅、陆小黑：《"约束"与"自由"——中国武术发展思辨》，《搏击·武术科学》2015 年第 7 期。

不过，当今世界体育文化的总体格局仍是西方体育文化占据着主导地位，在此背景下武术文化要被西方世界广泛接受具有相当的难度：不同民族之间的文化交流必然要求若干组意义一致的文化符号作为认同的文化语境，其前提便是对于文化符号意义相同的预置与理解；但是不同民族文化符号之间的差异性既是各自得以存在的前提，也是相互之间意义理解与解读的障碍。① 为此，在武术全球传播进程中必须破除西方民众对于武术文化存在的"理解与解读的障碍"，以武术技艺的传授作为基础和先导，由表及里，从形式到精神，全面传播武术。

在现阶段，我国对外武术传播普遍通过技艺"开路"，武术展演都是用精湛技艺和高水平表演呈现武术盛宴，以"真功夫"折服现场观众，而各类武术教练也知道契合学员的喜好，把对打等趣味性强的项目、内容作为入门环节，注重寓教于乐，以引发学生兴趣为真正的导向。② 国内知名武术运动员赵长军结合自身的经历分析武术走出国门的前景时，也认为需要更多的人一招一式、手把手地教学生，让更多的人爱上武术。

但是，单纯把武术作为体育运动进行传播，在传授时偏重传授动作、套路等，如此推介固然有一定的快捷性，但失去深层文化内涵的中国武术输出却难以表现出持久的生命力：在动作、套路的优美或搏击技能的实用性方面，武术未见得比体操、拳击、摔跤等体育项目更具有优势和吸引力，过度强调竞技层面的武术，很难引起人们内心深处的认同感和亲近感。20 世纪 80 年代前后，因为李小龙功夫电影的热映，习练武术在美国一度走红，但随后人们发现武术的技击功能不如影视作品中所宣扬的那样神奇，许多人转而练习更具有实战效用的现代格斗等技能，放弃习练武术。最近，美国家长送孩子学习武术再

---

① 杨珍：《跨文化传播中民族文化符号意义的象征性参照》，《新闻界》2010 年第 2 期。

② 崔依依、姜源：《周磊：带着少林功夫闯美国》，《人民日报》（海外版）2018 年 2 月 2 日。

度成为潮流，如此现象的形成其实是观念转变的结果：在他们看来，武术中最重要的因素似乎是传统武术里的一些理念，对世界、对自己、对他人的看法，而非单纯的拳脚功夫花架子。[①] 另一篇报道也提及：更多（美国）人喜欢中国的武术文化，他们学习太极也就是想通过太极来了解中国传统文化。[②] 这说明许多美国人已经开始重视武术文化的作用了，美国人形成了这样的认知背景，既是武术文化传播的良好机遇，也是对武术全球传播提出的全新挑战，要求武术传播以更高层次、更高质量的文化传播打动公众，赢得他们的青睐。

但是，现阶段许多个人层面的武术传播者均欠缺主动进行文化传播的意识，绝大部分奔赴海外传授武术的人士是专业运动员、民间武士出身，而较少接受武术文化的系统熏陶，他们自身的经历与知识结构、水平等必然在其教学活动中充分体现出来，即侧重于"身教传授"，此外穿插一些浅显、初步的武术知识介绍和讲述，难以达到系统阐释武术文化，开展"文化浸润"的程度。实质上，外在的武术技艺只是形式，武术文化才是蕴含其中的神韵和灵魂，传播武术文化是武术"走出去"的终极目标，也理应成为一切武术对外传播活动的高度自觉。在具体的传播路径上，武术文化需要附丽于武术动作、套路等外在形式上表现出来，只有充分利用武术技艺展演等引发接受群体的兴趣，才能充分调动习练者的学习积极性，推进武术传播持续开展。同时，生动、具象的动作、套路等必须自觉充当武术文化的载体，作为文化传播的完美符号"打头阵"，进而开展文化传播，最终把底蕴深厚、博大精深的武术文化真正传播出去，使之深入人心。

质言之，武术全球传播要以技艺传授为先导，以文化传播为归宿，两者之间的依存、递进关系非常明确：在跨文化传播背景下，西方民众要直接解读武术文化有较大难度，脱离武术技艺的传播而单纯传播武术文化，容易造成海外习练者理解、把握上的困难，因此必须

---

① 苏德中：《美国家长为什么热衷送孩子学武术？》，http://edu.takungpao.com/special/shuoshuo_90/。

② 赵蔚林：《很多美国人喜欢太极的实战部分》，《华商报》2018年2月28日。

通过武术技艺传授等方式引入武术文化。同时，我国开展武术全球传播的最终目的是传递武术文化，弘扬中国传统文化的精髓，必然要引领海外习练者自觉接受武术文化的核心内涵，因此武术技艺传授进行到一定阶段后，传播者就要自觉加入文化传播的内容，促进习练者逐步了解武术文化，最终对于武术文化有较为深刻的认知。这种传播形式直接倒推出培养大批高素质传播者的必要性，倒逼国内积极进行优秀传播者队伍建设。

（二）主动传播，努力消除文化接受障碍

在中国古代，武术教学是放在技艺传授领域里，以师徒传承为主要方式完成的，普遍讲究"师傅领进门，修行在个人"，习练者个人的领悟能力对于其最终能否真正掌握武术技能具有决定性作用，他们必须潜心修炼、以术悟道，才能学有所成。这种传承模式的弊端非常明显，而且在跨文化传播语境下的武术全球传播中被进一步放大：中国武术传统传播注重身教重于言传，较少开展武术文化的向外传播，倚重学习者的自我修炼，其个人悟性成为他们能否理解武术文化的关键因素。如此，相同文化语境下的学习者在短时间内也难以领悟中国武术的运动规律，来自不同文化背景的学习者的学习难度更大，成为武术文化渗透力的重大障碍。[①]

要有效化解如此困境，一个根本性的变革是将消极的"学生领悟"转变为"师傅传授"，以增强武术文化传播效果。这种主动传播应当体现在三个方面：

第一，结合武术技艺传授同步解析其中的文化意蕴。中国许多武术流派不仅在整体理念上深受中国传统文化的熏陶，而且这种影响直接体现在许多具体动作的设计和编排上，因而这些动作也包含了一定的文化内涵、哲理等，教练等传播者在技艺习练过程中对此展开详尽解释，能够促进习练者深入领会武术技艺背后的文化内涵，知其然也

---

① 郑松波、汪青云：《跨文化传播视域下太极拳发展及对策探讨》，《新闻界》2010年第6期。

知其所以然，又能够帮助他们在理解的基础上掌握技术动作的要领和诀窍等，两方面结合更容易突出武术的特色，强化学习效果。有关资料显示，担任新加坡新秀武术训练中心总教练的胡刚就比较注意将传统武术精神和现代社会科学健身结合起来，让学员在习武过程中懂得质朴的人生哲理，促进他们更深刻地理解武术。

第二，善于利用风靡全球的武侠、功夫影视剧展开文化阐释。对于武术文化传播而言，武侠、功夫影视剧是非常有价值的传播资源，它们不仅是中国影视作品在海外的靓丽旗帜，也是吸引海外民众关注、热爱中国武术的重要因素之一，这些影视剧极大地促进了武术在世界各地的广泛传播和流行，作品中普遍蕴含着惩恶扬善、宣扬正义、宽恕和自我牺牲等价值观，结合观看影视剧，武术专业人士通过深入的分析和讲解，可以充分发掘其中丰富的武术文化内涵。当然，武术传播者要有意识地解释武侠、功夫影视剧为追求艺术化、娱乐化效果所带来的局限性，其在传播武术过程中必然存在文化失真的现象，传播者要及时厘清，避免这些存在偏差的内容、观念等误导观众，使之对于武术的真实价值、武术文化等产生错误认知，当初许多西方人士之所以产生"中国功夫天下无敌"的错误印象，主要就是因为功夫片的误导。

第三，结合当下武术界的热点话题等进行文化阐释。近年来，国内外武术话题不断，一些人以"太极正宗""少林嫡传"等为噱头制造轰动话题，博取公众的注意力，以图从中谋取利益，而他们较低的专业水准，尤其是对于武术文化内涵的粗浅认识，往往引发了海外人士对中国武术本身产生怀疑，此时，有担当的武术传播者就应当主动进行澄清，分析他们言行的疏漏与失当之处，通过这些"反面教材"以明晰武术文化的内核和实质。

努力消除海外人士文化接受障碍的另一个重要维度，是逐步改变中国武术特别是武术文化的现有传播格局，构建西方人容易理解、接受的武术文化传播话语体系。目前，中国武术文化总体传播格局是基于中国传统文化，运用中国术语体系展开的，大量术语无法用国际上通行的英语、法语、西班牙语等语种进行直接表述，而且许多以技艺传授为主的传播者缺乏武术理论基础，外语水平差，难以与学员进行熟练交流，更难以把深奥的文化内涵解释清楚，这在相当程度上增加了西方民众理解、认知的难度。鉴于如此状况，有必要对武术文化传播中的诸多内容开展"西方化解读"，运用西方人熟悉、易懂的术语、概念等阐释武术文化，某些对应性较强的概念等可以直接使用西方术语，这样做固然会增加传播者资源整合、传授的难度，但必然可以降低西方武术爱好者的学习困难，体现了浓郁的服务意识。

三　使传播内容对接传播目标

文化传播，一方面要依赖先进的传播手段和强大的传播能力，另一方面更不可或缺的是文化内容本身所具有的独特魅力，借助传播将这种魅力充分展现出来，使接受者能够清晰地感知，产生强烈的认同感。

武术文化作为世界体育文化的有机组成部分，其独特魅力在与西方"物理体育"的对比和差异中充分彰显出来：武术将周身健康、身心愉悦、使人增长和谐处世的智慧等作为至高的追求目标，因而在养生、健身的思路和理念，以及承载传统文化内涵等方面都具有特色，武术全球传播就应当将这些魅力充分呈现出来，尤其应将武术所蕴含的中国传统文化特点凸显出来。同时，我们必须深刻地认识到，武术文化传播的对象是当代人，是长期处于非中华传统文化熏陶下的人群，不能脱离他们所处的时代、地域等现实情形开展文化传播，因此武术文化传播在内容上应当契合当代文化，对接当地的本土文化，并且能够充分彰显中华文化特色。

（一）契合当代文化

许多人不解甚至愤懑，中国武术的传统文化底蕴远比柔道、跆拳道等深厚，而且柔道、跆拳道在发展过程中曾经深受武术的影响，为何当代世界更倾向于接受柔道、跆拳道，对武术的认同度反而很低？其实，一个很重要的因素在于柔道、跆拳道的基本宗旨、理念等都是近现代才逐步成形的，其核心内涵较好地兼容了东西方体育文化的优势和特色，与现代社会的契合度更高。

日本传统"柔术"到现代柔道的转型发生在明治维新、日本社会全面学习西方以后，号称"柔道之父"的嘉纳治五郎深入研究了当时从西方输入日本的教育、平等、均衡发展等重要体育学说，并对民主、竞争等西方文明基本理念进行剖析，在此基础上对于日本传统的柔术进行深刻改造，适应时代和社会变革的要求，从教育青少年的目标出发，摒弃了传统柔术中残酷、血腥的生死决斗形式，使之转变为具有游戏和教育性质的对抗形式，形成一种胜负竞赛格局。嘉纳治五郎还提出将"精力善用"和"自他共荣"作为柔道的基本精神，促使青少年通过柔道技能训练和柔道精神学习实现锻炼体魄、培养意志的双重效果，学会懂礼、感恩、坚强、自信等，实现多重教育目的。可以说，嘉纳治五郎提出的柔道精神与现代奥林匹克精神是高度合拍的，如今的柔道文化其实是深刻接受了西方体育文化思想和理念的产物。

韩国跆拳道文化的发展路径与柔道可谓异曲同工，虽然在传统上属于东方体育文化，但为了发展、走向世界，韩国人对于西方体育文化采取了积极迎合的态度，对原有的跆拳道文化进行加工和包装，注入了符合现代人价值观的文化因子，从体育与文化结合的维度凝练出跆拳道的宗旨：开发智力、体力与精神的潜能，增强信心、勇气和正义感，陶冶情操，磨炼意志，振奋精神，尤其强调跆拳道运动中的文明、彬彬有礼等特征，体现出现代人的价值观。当下，"跆拳道是一种身体和精神的生命修炼，跆拳道教育是一门教育人成为好人的教育"这一理念已经深入人心，"运动的活力、拼搏的顽强和心胸的豁达"成为跆拳道运动吸引民众特别是青少年参与的重要理由，中国是武术的发源地，但许多人感慨跆拳道运动在国内蓬勃开展的程度似乎已经远超武术，这应该是重要的原因之一。

反观武术，千百年来积淀下来的文化传统使之高居于东方体育文化的核心地位，形成了一定的文化优势心理，对于接受西方体育文化持消极甚至对立的态度，20 世纪前半叶两度出现的"土洋体育之争"实质上都是体育文化理念存在较大差异的表现，这在很大程度上阻碍了武术的现代转型之路，也导致了武术文化传播中许多现实障碍的存在：武术文化创造力障碍是重传统、轻创新；武术文化先导力障碍是重正宗、轻现代。① 其实，中国武术中部分拳种在世界各地已经广为流传，重要原因就在于这些拳种契合了当代人的精神文化需求。有数据显示，目前太极拳已传播到 150 多个国家和地区，全球练习太极拳的人数超过 3 亿，这一局面的形成与太极拳契合了当代人的"健体"与"养生"等文化理念密切相关。

从整体上看，中国优秀传统文化是中国传统智慧的呈现，为当代构建人类命运共同体提供了重要的文化资源，武术文化作为其中的有机组成部分自然也不例外：武术萌生于中国传统文化的土壤，武术文化则贯彻、反映了中国传统文化的基本精神。不过，这些传统文化基因要在当代最大限度地发挥吸引力、感染力等，很有必要与当代文化相适应、与现代社会相协调，自身生发出新的时代内涵和现代表达形式，使当代人乐于接受，国内主导武术文化传播的部门、机构等应当深入开展这方面的工作，对于武术文化的当代价值做出更加全面、详尽的阐释，便于传播和接受。

（二）对接本土文化

武术文化全球传播进程中对接本土文化，至少包括了两个基本的维度：第一，武术文化中的许多重要概念要实现本土化解读；第二，武术文化的传播层次、深度等要与当地民众的接受能力相适应。

其一，积极进行武术文化概念的本土化解读。

武术文化中包含许多重要的概念，诸如道、德、礼等，这些概念往往与具体的文化语境、氛围等密切关联，如果说以"道法自然""天人合一"等理念为核心的"道"在不同文化语境下还能够

---

① 蔡仲林、汤立许：《武术文化传播障碍之思考——以文化软实力为视角》，《天津体育学院学报》2009 年第 5 期。

保持含义大体相同，那么在当下我们更注重将其中的"和"文化思想作为输出重点，从个人肉体与灵魂的和谐、人与自然的和谐推及"人人和谐"，推动构建"和谐社会"，以及"德"与"礼"等基本概念在不同文化中都有着明显不同的解读，如何让这些理念在不同国家、地区传播时更加通俗易懂，容易入脑入心，需要积极开展本土化解读，用当地人熟悉的概念、术语以及特定的表达方式等把我们想要传播的内容清晰地表述出来，避免对方理解上出现偏差，直接妨碍传播的效果。

其二，依据不同文化背景、接受水平确定传播内容。

武术在形成过程中深受儒家、道家等思想观念的影响，武术文化也汲取了儒家许多学说的精髓，因此在同样受到儒家文化影响的地区传播相对会容易一些。在历史上，东亚及东南亚部分地区长期受儒家思想的影响，乃至于以儒家文化构建基础社会，这些区域内的民众对于儒家学说的接受度显然高于其他人，向他们传播武术文化，在内涵方面完全可以较其他人群更深刻一些。

此外，近年来我国在世界各地广泛举办孔子学院、孔子课堂等机构，许多海外人士获得了深入学习汉语和中国文化的机会，他们对于武术文化的接受能力自然也超过其他人。

经过30余年的持续对外传播，武术在全球许多国家和地区已经拥有不少较为稳定的爱好者、拥趸，基于对武术技艺的习练和热爱，以及与教练等人士的交流，他们也在不同程度上接触、了解武术文化，这些人与"零基础"的武术文化接触者有所区别。

这些现实特点都会在武术文化传播内容上直接反映出来，从而对于传播的统筹、协调机构提出具体要求：

第一，依据现实情形确定武术文化传播的内容，这集中体现为武术文化教材的多样性。由于接受者文化背景差异很大，武术文化基础也各不相同，"一本教材通行全球"的思路必须打破，而应当以接受者能够较好理解、领悟作为首要目标，针对不同接受群体编写不同难度层次、不同侧重点的差异化教材，不追求教材内容、表达上的高度一致，甚至在对某些群体开展文化传播时并不要求传授全部武术文化内涵，而是要适应对方的接受习惯和能力，有针对性、有选择地传递武术文化，以形成特色的文化资源。

第二，依据培训、教学的具体要求开展师资队伍培养。所有的传播内容都需要借助具体的教练、教师等人员来实施，这种差异化的武术文化传播对于师资力量培养来说难度显然更大，不仅要培训他们掌握良好的武技、高尚的武德，也要帮助他们具备较强的文化阐释能力和话语转换能力，善于用对方听得懂、易接受的方式去诠释武术文化，还要具有当地通用的语言能力，考虑到世界上许多国家和地区优先使用的并非英语，适当培养一批熟练掌握法语、西班牙语、俄语等交际能力的武术传播人才显得非常必要。

为了迅速扩大武术传播师资队伍，相关机构还可以采用资助培训等方式，培训那些以民间身份开展海外武术传播的人员，迅速将大批体制外的武术传播人员纳入系统内，增强力量，同时确保对武术文化理解的一致性。

（三）着力彰显魅力

武术文化要真正感染人，吸引海外民众，很有必要在传播过程中把独特的魅力呈现出来，这也可以在两个方面表现出来——

第一，组织武术爱好者、习练者参观"活态"武术文化。

传统文化不仅是对过往历史的传承，而且是一种活在当下的现实，武术文化同样如此，"活态"的武术中有场景、有人，也有武术活动，呈现出人与文化水乳交融的特点，最大限度地保持了文化的本真性，最能够感染人、打动人，勾起他们学习、参与的欲望。近年来，我国官方、民间都组织了大量的类似活动，让海外武术学习者、爱好者到武术发源地、武术文化聚集地等处参观访问，通过实地学习强化武术认知和文化感受。例如 2017 年 7 月北京市政府侨办等部门就举办了"中国寻根之旅·魅力北京"武术营，邀请来自欧洲 5 国的华裔青少年来北京学习武术，领略中华传统文化，民间组织的活动则更多，其中就有参观少林寺、体验少林寺武僧生活等内容。笔者在河北邯郸调研期间，杨氏太极拳第五代传人之一的韩清民也介绍说，许多来自英国、美国、德国、新西兰、泰国、意大利、日本等地的武术爱好者专程来到永年，向韩清民学习太极拳；还有一位邯郸人士定居俄罗斯，在当地开设武馆教授太极拳，他也经常组织俄罗斯人回到永年拜师求艺，借此增强武术文化的渗透力和感染力等。当然，此类活动还可以在精细化、趣味化等方面进一步拓展，使形式更生动，体验者也能得到更多的启迪。

韩清民向笔者介绍国外爱好者来邯郸学习太极拳的情形

第二，以本国的文化认同感染异域人士。

一个体育运动项目能否风靡世界，必然要有文化魅力，而这种文化魅力首先要在本国范围内得到普遍的认可，只有在本国获得了民众高度的文化认同，具有强烈的归宿感，才能感染异域、其他民族的人士，使他们发自内心地认同这一文化并愿意接受。

与同样源于东方、先后进入奥运会殿堂的柔道、跆拳道、空手道等体育项目相比，武术的一个明显弱点在于国内认同感较弱，尽管有不少人极力宣扬武术博大精深、文化底蕴深厚，但有一些人始终贬低武术，攻击其对抗性不强，实战效果较差，个别人甚至在名利诱惑下进行打擂，甚至"约架"，以自身经历"实证"武术的弊端和不足，直接损害武术的美誉度。2017年的"徐雷约架"便是颇具典型性的个案，在国际上产生了巨大的负面影响。试想，连中国人自己都不承认武术的价值，又怎么能让外国人心悦诚服，自觉爱上武术、研习武术文化？

因此，武术在国内的认同感、美誉度等也是武术全球传播中一个具有重要影响力的因素，国内相关部门理应高度重视，切不可等闲视之。在现阶段，我们固然不能禁止对于武术展开争论，但这种争论应严格限定在学理谈论范畴内，对于恶意贬损武术的炒作、噱头等则应当进行必要的约束和规制，避免产生负面影响。否则，国际社会怎么可能同意武术进入奥运会——国内尚且有大批人士不认可其价值和地位。

质言之，武术全球传播在整体上是一种跨文化传播，对应精准传播的要求就要锚定接受对象，避免传受双方之间巨大的文化差异所造成的区隔感和隔膜感等，最大限度地消弭"文化折扣"，使得传播活动顺利进行，信息能被对方准确接纳，产生积极的传播效果。

第四节　武术传播的效果精准核定

武术全球传播不仅要重视框架设定合理、内容准确精当、手段分层有力，而且要强调最终产生积极、明确的传播效果，此所谓"既重视耕耘，也重视收获"，对于传播效果要设置确切的考察、评估指标，使得最终的传播效果可以感知、可以量化——以此标准判断，"50%的孔子学院开设武术课程"的指标仍是不完善的，它只是一个中间阶段的目标，设定了开设课程的数量要求，却无法明确有多少人接受武术训练，更不能确定最终产生了何等效果，即这些人接受程度如何。

在全球范围内开展武术文化传播，其差异化特征十分明显：从民族心理和民族认同来看，应当优先面对华人华侨开展传播，使这些人群深刻理解武术文化，进而主动向外传播；从文化圈和地域来看，武术传播基础较好的东南亚、东亚等区域应当成为重点地区，再逐步向其他区域拓展；就不同年龄层次的人口而言，青少年无疑是最重要、最优先突破的传播目标群体。由此，武术全球传播的目标、效果应当体现出阶段性、递进性等特点，指标由华人向非华人、重点区域向其他区域、青少年向中老年等呈现出逐步递减的态势。

不过，有侧重并不意味着放弃其他群体，武术在全球广泛普及和"入奥"被认为是武术全面振兴的两大核心目标，这必然要求武术有足够的辐射面，对于不同区域、不同文化背景、不同年龄阶段的人群都产生较为深刻的影响，普及才有切实的依托。

结合上述既有差异性，也有共同性的传播效果追求，尤其是在全球青少年中开展武术传播并收到效果，笔者认为有必要在以下两个方面明确具体的指标：武术运动产业化，青少年习武制度化。

一 武术产业化水平稳步提升

以往说起武术全球传播的效果，人们动辄梳理海外举办了为数不少的武术赛事，吸引了大批运动员参加，但专业运动员在武术爱好者、练习者队伍中毕竟只是少数。国人普遍比较看重的另一个指标是海外武术培训机构、学员的数目，但这一指标也有不尽合理之处，必须准确区分义务性培训机构和有偿培训机构——如果不是学员自己付费学习，那么，其指标的价值就要大打折扣。

如前所述，促进全球推广和普及是武术对外传播的首要目标，而衡量是否实现了传播效果，世界各地的武术产业化水平是一个异常重要的指标，产业化是体育运动项目拥有自身造血功能的重要体现。

体育产业化是典型的商业运作，其基本目标是谋取经济利益——一个体育运动项目能够开展产业化运作，意味着它已经拥有了较为充分的市场，有相当数量的民众关注它、喜爱它，并愿意支付对价，接受有偿服务。

武术在海外是否实现产业化运作、其产业化程度如何，笔者以为可以细分为三个方面进一步考察：

第一，中国方面实现"送出去"向"卖出去"转变。

在现阶段，我国官方的武术对外传播总体上仍处于"送出去"的初步阶段，在各个方面都体现为援助、免费服务，例如援助各种武术运动器械，派遣专业人员免费开展武术培训，在孔子学院等机构接受学员免费学习等。其实日本、韩国当初向世界推广柔道、跆拳道的进程中，也采取了类似的举措，例如韩国当时就曾由政府主导，主动提供场地、师资等在世界各地兴建跆拳道馆，通过多种途径主动出击，打破"坚冰"，为本国传统的特色体育项目赢得其他国家和地区民众的认可起到了先导作用，这些都是无可厚非且很有必要的。

但是，我国在武术全球传播领域不能总是徘徊在对外义务"输血"的状态，固然一个体育项目要在文化背景、民族性格迥异的地区得到认可是一个长期的过程，不可能一蹴而就，但必须保持螺旋式上升的态势。如果经过若干年的持续努力，当地武术运动开展的状况仍在"原地踏步"，看不出明显的进展，这本身就是传播无效果的表现。

真正有效果的传播，是通过持续的武术技艺传授和文化浸润，促进当地民众对于武术逐渐产生浓厚的兴趣，自觉产生学习武术、了解武术文化的愿望，而来自中国的教练等人员可以开展收费服务。目前海外已经开办了许多武术培训场馆，基本上都处于这个层次，但据谢永广等人透露，参加习练武术者以成年人为主，而且华人在其中占据绝对多数，在新加坡等地开设的大多数武馆处于勉力维持的局面，基本谈不上发展和扩张，可见，这一阶段还没有完全发育成熟，自然谈不上进一步的发展和过渡。

对于中国方面而言，推动海外武术产业化发展自然有"扶上马、送一程"的责任，如果打一个不恰当的比喻，大面积免费"送出去"和收费服务其实分别对应了这两个阶段的使命，最终应当达到放手任其自由发展的地步。这一点也不难理解。在国内已经出现了大量的跆拳道、空手道训练场馆等，韩国、日本方面在培训出大量的中国本土教练员队伍后，完全无须再干预这些场馆的发展状况，不少场馆同样经营红火，报名来学习的学员，尤其是青少年络绎不绝。如果武术能在境外，特别是在欧美等传统意义上的西方世界发展到如此程度，我们就可以深感欣慰了，因为这标志着武术在当地已经真正"生根开花"了。

第二，当地民众主动、自觉购买武术服务。

让当地民众购买武术服务，并不排斥其他情形的存在：在同样品质的服务内容，同时拥有有偿服务、免费服务等不同方式时，人们会趋利而选择免费服务。这里要强调的是，虽然拥有免费服务，但由于其内容、水平等不能满足其需求，民众便会选择适合自己的有偿服务，由此显示出他们确实愿意获得这一服务。

2018年，有研究者表达了"中国武术在美国发展现状不容乐观"的观点，其基本理由如下：通过武术馆校进行传播历来是武术在美国落地生根的重要途径，但近年来学员流失、武馆停业或压缩规模等情形非常普遍，而且有许多潜在的学员放弃去武馆上课而选择孔子学院的免费课程，但孔子学院武术课程设计较为简单，并未根据美国人的技能基础和身体及文化特点进行重新整理，也缺乏高水平的武术教练。[1] 只要课程免费，哪怕内容难以契合自己的需要，一些人也愿意选择它们，却不愿意选择针对自身特点设计的付费课程，这表明民众对于武术的兴趣仍处于较低层次，对于武术培训的品牌、内容与自身的匹配度等并没有更高的标准和要求。

民众的这种想法对于武术在当地开展产业化运作是非常不利的，产业化需要收费、盈利，如果主动付费学习武术的人士很少，必然会严重妨碍其产业化进程。相反，只有民众普遍形成了缴费学习武术的自觉，足够多的"武术人口"能够支撑起一个地区同时举办多家武术培训场馆，各场馆之间开展良性竞争，共同为当地民众提供更优质的培训服务，进一步调动民众的学习兴趣，以至于形成习练武术的热

---

① 张越：《武术在美国的发展现状分析》，《武术研究》2018年第5期。

潮，当地的武术培训产业才算是到了良性发展阶段。

第三，由武术培训产业向竞赛产业迈进。

对于武术产业化运作而言，培训产业仅仅是初步的开端，因为培训通常只是针对民众学习武术的初始阶段需求，提供基础性的服务，这种需求往往呈现出覆盖范围广但黏度较弱等特点，大量的人可能基于好奇心理、家人的感染、朋友的劝说等理由开始尝试习练武术，但由于自身的诉求、目标不够明晰，训练过程又非常艰辛、枯燥，相当数量的人可能在培训过程中选择离开，前面提及美国许多武馆都出现过学员流失的情形，他们中断武术学习的原因固然很多，但最终结果都表现为武术运动对于他们缺乏充足的吸引力，他们对于武术运动的参与浅尝辄止，只进行一次性消费，未能与武术建立起更紧密的联系。

各地民众真正与武术建立起良性互动关系的重要标志，是他们通过最初的培训接触到武术运动之后，对于武术的兴致不仅没有丝毫减退，反而愈发浓烈，希望更深层次地介入武术。进入这个阶段，启蒙层次的武术培训已经无法满足他们的要求，他们必然会寻求进一步学习武术、切磋技艺、交流心得的机会和空间，武术俱乐部等团体、机构便会应运而生，而且它们很可能会谋求创办不同规格、水平的商业性比赛，促使武术交流规范化、制度化。一旦商业性武术竞赛达到一定的规模、水准，又会催生出相应的各种消费需求，诸如高层次武术运动员培养、教练和医务人员培训、器械更新与升级、专业场馆建设与维护等，使得武术消费的需求更加旺盛。只有到了这个时期，武术运动才算得上真正被当地人接受并喜爱，在如此氛围中，发展当地武术运动所需的人力、物力、财力等都能得到有效的供给，武术运动自身拥有了"造血"功能，可以不再依赖外界的扶持而持续发展下去。

从初步的武术培训产业升华到高层次的武术竞赛产业，必然要经过长期的努力，培训大批武术爱好者，增进当地人对于武术的理解，增强武术对于当地人的吸引力和感染力，都需要漫长的过程，但这一目标不能放弃，否则武术运动就难以在世界各地得到良好的普及，更无法得到海外民众的深切喜爱。

　　由于世界各地现实情形差异很大，武术产业化运作的目标自然也不会整齐划一，这种差别在设定传播目标时就应当明确：对于武术普及工作已经取得一定成效的国家和地区，要在现有培训产业的基础上，积极向纵深目标推进，帮助当地武术爱好者组建俱乐部等团体或组织，并争取在当地举办俱乐部联赛等形式的商业性赛事。对于武术传播基础较差的地区，目标定得不宜过高，但也要尽快推动免费培训向收费培训过渡，逐步形成武术培训市场。

二　青少年武术学习的制度化

　　前面已经提及，在国际奥委会许可奥运会举办城市自主增设一次性的临时竞赛项目后，2020 年东京奥运会成为"吃螃蟹者"，它最终增设了空手道、棒垒球、滑板、攀岩和冲浪五个项目，其中滑板、攀岩和冲浪三个项目的入选理由都是"深受青少年喜爱"，符合奥运会比赛项目"年轻化"的需求——尽管人们普遍认为空手道团代表日本传统文化而入选的，但它在世界各国青少年中的受欢迎程度同样颇高。

　　目前，2024 年巴黎奥运会的自主增设项目遴选正在进行，组委会表态将提议增设霹雳舞、滑板、攀岩及冲浪四个大项，其中后三个大项与东京奥运会完全相同，而首次申请"入奥"的霹雳舞更是在青少年中引发过持续追捧的热潮，这些项目的共同特点是接近年轻群体，富有都市气息，能吸引更多年轻人的关注，体现出奥运会的观赏性。

　　现代奥运会"偏爱"青少年的趋势，理应对于武术全球传播的效果设定和评估产生深远的影响，换言之，武术要把海外青少年群体（其实也包括国内的青少年）作为最重要的传播对象，扩大武术与青少年的接触、浸润和熏陶，并将青少年群体对武术运动的接受、认同，对于武术文化的领悟等作为最终目标，因为它们直接关涉到武术全球传播的两大核心目标——提升全球普及度和争取"入奥"能否实现。

自然，我们在武术全球传播进程中要采取有效举措，促成这一传播目标的实现，同时要为这些传播效果是否真正实现设定核心指标，从而使得这种效果评估可以量化。笔者以为，要考察青少年群体是否认同武术运动，是否领悟武术文化，一项较为直观的指标便是世界上有多少个国家、地区将武术纳入学校教育体系，以及这种系统教育能否取得切实的效果。

（一）将武术纳入学校教育体系

"武术进校园"、让青少年学生系统学习武术，这在中国国内是近年来才出现的新鲜事物，尽管国内一些学校较早就开展了武术教学，但真正将运动技术知识、健康教育同时纳入中小学校武术教育范畴，明确要在武术教学过程中开展健身、防身、养生等多方面的知识传授，不过短短数年而已。而凑巧的是，在过去 10 年里，武术也逐渐被纳入许多东南亚国家的教育体系里，成为当地学校体育教育的重要内容，这一进程几乎与中国完全同步，充分说明武术在当地得到了政府、社会的普遍认可。

马来西亚是除中国内地及港澳台地区之外，全球武术推广活动进步最快的国家，[①] 该国政府在推进武术教育方面力度很大：1999 年，武术就被列为国家运动会项目及国家 13 项甲级项目之一，地位得到了极大的提高；2010 年 5 月，该国教育部正式将武术列为教育课程，走进了该国各地中、小学校园，武术普及得到了切实的保障；2011 年，马来西亚成为世界上第一个将武术列入学校正课的国家。该国武术界人士当时就预料，从 2013 年起，武术成为学校正式科目的工作便可落实，武术届时不再是学校的课外活动。[②]

与马来西亚的情形类似，武术在东南亚其他国家也普遍受到官方

---

① 李秀：《武术在马来西亚的传播及国际化发展研究》，《西南师范大学学报》（自然科学版）2012 年第 7 期。

② 叶子：《马来西亚成为世界上第一个将武术列入正课的国家》，《中国体育报》2011 年 9 月 29 日。

的重视，武术教育陆续形成制度：在新加坡教育部大力支持下，武术已经被列为中小学有分数的课外体育活动项目，取得优异成绩的学生在升学过程中占有一定的优势，这样可以吸引更多的年轻人参与到武术的习练中。① 菲律宾教育部将武术列为公立学校体育选修课的一个科目，让更多的学生有机会练习这项强身健体和提高国家体育竞技实力的运动项目。② 此外，越南河内一些学校的体育课也安排了武术套路教学内容，而传统武术也被列为文莱的国家重点体育项目。

一方面，武术教育在东南亚国家受到重视，本身就是武术传播所取得的直接效果之一，当地华侨华人众多，武术运动很早就传入这些地区，在长期的武术习练过程中，这些地区的人们逐渐认识到武术在体育、文化领域都具有积极作用，处于学龄阶段的孩子习武能够有效增强力量、速度、柔韧性和灵活性，并且培养他们养成积极、勇敢、乐观向上的人生态度，树立团结友爱、和谐共处的集体观念等，使其身心得到良好的锻炼和熏陶。

另一方面，武术被纳入学校教育，也是一个很有意义的标志，它将进一步推动武术与青少年之间建立起更紧密的联系，学校武术教育作为一种制度性的安排，对于学生必然有着相应的学习目标要求，并通过达标、考核等方式进行检验，因此学生不可能等闲视之，认真参与、努力完成学习任务将成为他们参与武术的常态，他们对于武术技艺、武术文化的认知程度普遍会提高许多，而且人们童年的记忆往往是非常深刻的，一旦他们将武术铭刻在内心里，很可能终生难忘，会将这种记忆传递给下一代。

目前，我国已经形成了许多与海外开展文化交流的机制与平台，完全可以借助"一带一路"倡议的契机，通过展示武术运动的魅力，努力向有关国家、地区推广武术运动，其中非常重要的一个环节，就是积极与这些国家、地区的教育主管部门开展磋商、交流，劝服当地

---

① 郑楠：《蓬勃发展的新加坡武术》，《中国体育报》2012 年 3 月 15 日。
② 孙广勇：《"武术让我亲近中国文化"》，《人民日报》2018 年 4 月 3 日。

将武术纳入青少年教育体系中，直接扩大武术与青少年的接触，在当地青少年学生中普及武术技能和知识。

（二）中国主动助力武术教育

武术在其他国家被纳入学校教育体系，其正面意义显然处于压倒性优势地位，但也不可忽视其隐含的瑕疵和不足：其一，学校教育带有某种程度的强制性，且有硬性的达标、考核等要求，对于部分学生而言属于"要我学"。如果具体传播方式不能契合他们的兴趣和爱好，学习过程显得枯燥、缺乏趣味和亮点，就可能会激起部分学生的抵触、反感情绪。其二，当地师资数量和质量在短时期内难以满足学校武术教育的要求。以马来西亚为例。该国武术课全部由学校体育课教师负责，而学校体育教师大多要兼顾其他体育运动项目的教授，往往没有更多的时间、精力研习武术，其武术专业素质可能存在一定的欠缺，直接妨碍武术技能和文化讲授达到更高水准。

笔者与邯郸学院太极文化学院师生合影

因此，即使武术运动已经被海外国家、地区纳入学校教育体系中，中国方面仍有许多后续工作要做，以切实提升武术传播的效果：第一，帮助当地教育部门进行师资队伍培训、教材体系开发，师资培训要让未来担当武术教师的人员掌握技艺、文化两个方面的知识和技能，同时拥有教育心理学等专业素养，而教材体系也要难度适中、契合青少年的接受习惯，师资和教材有机匹配，使得教学内容丰富充实、教学过程生动有趣，最大限度地满足青少年学生的要求，使传受双方都能达到预期的理想效果。第二，从长期来看，当地武术专业组织和俱乐部在青少年武术教学过程中有效介入和参与，提供师资、技术和文化等的帮助，辅助学校教育，可以准确引导武术教育的方向，助推武术传播"内容不走样"、效果可期待。在初期阶段，当地武术专业组织由于缺乏人才储备、经验等，单纯依靠自身力量难以做好这些工作，获得中国方面的协助和指导显得非常迫切。

现实也正是如此。2018年马来西亚体育总会人士造访成都体育学院武术学院，马来西亚方面就希望中国方面提供帮助，为该国武术运动搭建稳固平台，推进武术运动在当地的发展。马方人士提出的具体要求包括派青年运动员来华进行学习、训练，促进武术后备人才的成长，同时派教练员来访、交流，提升专业水准。

因此，在武术全球传播进入纵深阶段后，中国方面应当成立专门机构，针对海外青少年武术教育，特别是学校教育的目标、教学对象、接受心理和习惯等特点，分别编纂针对性较强的教材，并帮助各国各地区培养适应本土学校武术教育需要的师资力量。由于在青少年群体中推广、普及武术具有极端的重要性，中国对于这一工作要格外重视，要深入研讨，力争做到"一国一策"，最大限度地强化现实针对性、适用性，使武术在当地青少年群体中生根发芽、枝繁叶茂，取得深度传播的效果。

同时，中国有关部门要深入总结前期武术传播的成果，恰当提出今后武术在海外进入学校教育体系的不同的阶段性目标，例如在今后若干年内，在哪些国家、地区要实现武术全面进入学校体育教育系列，哪些国家、地区要在部分学校开设武术课程，还有哪些国家、地区要将武术纳入学生课外活动项目……只有明晰了这些，武术在海外"进校园"的目标才可能真正得到落实。

质言之，武术运动在海外产生持续的影响力，实现产业化运作，并且能够稳步进入青少年教育体系，成为各地青少年学生日常学习的重要体育运动内容之一，必然是武术技艺、文化双重魅力推动下的结果，本身就充分体现出武术文化覆盖、渗透的效果——缺乏文化的浸润和感染，单纯凭借武术的技击功能难以大面积地触动海外习练者，武术运动也无法在海外扎根、开枝散叶。

因而，无须单独针对武术文化传播列出更具体的指标——正如柔道、跆拳道、空手道等体育运动项目在中国等地的传播效果一样，日本、韩国也没有单独考察其文化传播指标，但这些项目的培训场馆遍布中国各地，学员蜂拥而至，就足以显示其文化的魅力了。这一点，在学术界也有明确的呼应——"软实力"概念的首创者、美国学者约瑟夫·奈2004年6月在《外交论坛》上发表《日本的软实力：局限和可能性》的文章指出："日本的文化影响早已不限于禅宗和空手道，而是通过动画和漫画传播了当代日本的价值观。这比日本军事力量的影响要大得多。"① 由此，奈一直将空手道的输出视为日本扩大文化影响，提升文化软实力的重要组成部分。

武术全球传播活动发展到今天，越来越多的人士开始重视武术文化的传播，一代武林宗师叶问的儿子叶准曾经说道："中国武术是中国的传统文化，要像美国输出迪士尼、好莱坞大片，韩国输出跆拳道，日本输出动漫一样，我们也要把武术当成一个强势文化产业，向全世界输出，让中国传统文化提升中国的文化竞争力。"② 其实，我们不仅要高度重视武术文化的对外输出，同时要确保武术文化传播的效果，通过有力的举措推进武术文化在世界各地开枝散叶，成为全球民众普遍接受且青睐的体育文化品种，而武术精准传播的意义，也恰在于此。

---

① ［美］约瑟夫·奈：《硬权力与软权力》，门洪华译，北京大学出版社2005年版，第11页。

② 庹继光、刘海贵：《武术文化"走出去"与进军奥运辨析》，《新闻界》2013年第6期。

参考文献

蔡元培：《蔡元培政治论著》，河北人民出版社 1985 年版。

陈嘉庚：《陈嘉庚教育文集》，福建教育出版社 1989 年版。

成都体育学院体育史研究所编：《中国近代体育史资料》，四川教育出版社 1988 年版。

程大力：《体育文化历史论稿》，四川大学出版社 2004 年版。

程季华主编：《中国电影发展史》（第 1 卷），中国电影出版社 1981 年版。

辞海编辑委员会：《辞海》，上海辞书出版社 2009 年版。

崔乐全：《中国近代体育史话》，中华书局 1998 年版。

杜婕、张秀萍：《奥运传播与文化》，北京体育大学出版社 2006 年版。

高丙中：《民俗文化与民间生活》，中国社会科学出版社 1994 年版。

龚鹏程：《武艺丛谈》，东方出版社 2015 年版。

谷剑尘：《教育电影》，中华书局 1938 年版。

顾圣皓：《二十世纪中国文学》，团结出版社 1998 年版。

郭玉成等：《中国武术与国家形象》，高等教育出版社 2015 年版。

郭玉成：《武术传播引论》，北京体育大学出版社 2006 年版。

郭玉成：《中国武术传播论》，复旦大学出版社 2008 年版。

国家体委体育文史工作委员会：《中国近代体育史》，北京体育学院出版社 1989 年版。

国家体委武术研究院编：《中国武术史》，人民体育出版社 2003

年版。

江百龙:《武术基础理论》,人民体育出版社 1995 年版。

金恩忠:《国术名人录》,山西科学技术出版社 2000 年版。

金开诚主编:《中国电影的起源》,吉林文史出版社 2012 年版。

梁启超:《梁启超全集》(第 2 册),北京出版社 1999 年版。

梁启超:《中国之武士道》,中国档案出版社 2006 年版。

卢元镇:《中国体育文化忧思录》,北京体育大学出版社 2007 年版。

鲁迅:《热风》,人民文学出版社 2006 年版。

马良:《中华新武术发起总说》,商务印书馆 1918 年版。

毛景广、吴姗姗、赖国耀:《武术》,河南科学技术出版社 1987 年版。

毛庆根:《中国"奥运之父"——王正廷传》,浙江大学出版社 2012 年版。

庞玉森主编:《中央国术馆史》,黄山书社 1996 年版。

任建树:《陈独秀著作选编》(第 1 卷),上海人民出版社 2009 年版。

苏光文、胡国强:《20 世纪中国文学发展史》(下),西南师范大学出版社 2008 年版。

孙文:《孙中山全集》(第 4 集),中华书局 1981 年版。

王岗:《民族传统体育与文化自尊》,北京体育大学出版社 2007 年版。

王岗:《中国武术文化要义》,山西科学技术出版社 2009 年版。

吴图南:《太极刀》,山西科学技术出版社 2004 年版。

吴蕴瑞、袁敦礼:《体育原理》,勤奋书局 1933 年版。

吴志清:《科学化的国术》,大东书局 1920 年版。

徐迅:《民族主义》,中国社会科学出版社 1998 年版。

许南明、富澜、崔君衍主编:《电影艺术词典》,中国电影出版社 2005 年版。

颜天民:《体育概论·体育史·奥林匹克运动·体育法规》,广西师范大学出版社 2000 年版。

于志钧：《中国传统武术史》，中国人民大学出版社 2009 年版。

张岱年、方克立：《中国文化概论》，北京师范大学出版社 2004 年版。

郑逸梅：《南社丛谈》，上海人民出版社 1981 年版。

中国电影资料馆编：《中国无声电影》，中国电影出版社 1996 年版。

中央国术馆：《张之江先生国术言论》，中央国术馆，1931 年。

钟敬文：《民俗学概论》，上海文艺出版社 2006 年版。

周伟良：《中国武术史》，高等教育出版社 2003 年版。

周伟良：《中华民族传统体育概论高级教程》，高等教育出版社 2003 年版。

周月亮：《中国古代文化传播史》，北京广播学院出版社 2000 年版。

［德］马克斯·韦伯：《学术与政治》，冯克利译，生活·读书·新知三联书店 2005 年版。

［美］约瑟夫·奈：《硬权力与软权力》，门洪华译，北京大学出版社 2005 年版。

［美］詹姆斯·凯瑞：《作为文化的传播："媒介与社会"论文集》，丁未译，华夏出版社 2005 年版。

蔡宝忠、马健：《近代"土洋体育"之争对武术发展的影响》，《沈阳体育学院学报》2007 年第 2 期。

蔡宝忠：《武术文化国际化推广的策略新探》，《搏击·体育论坛》2013 年第 10 期。

蔡元培：《对于教育方针之意见》，《东方杂志》1912 年第 10 期。

蔡仲林、汤立许：《武术文化传播障碍之思考——以文化软实力为视角》，《天津体育学院学报》2009 年第 5 期。

陈公哲：《精武会 50 年武术发展史》，《武林》1986 年第 4 期。

陈涛：《中国武术传承的演变》，《滁州学院学报》2015 年第 2 期。

陈亚斌：《武术国际化发展的文化思考》，《西安体育学院学报》2004 年第 4 期。

程大力：《武德仁学中心论》，《体育文化导刊》1990 年第 3 期。

崔健：《新文化运动与武术发展》，《搏击·武术科学》2009 年第 10 期。

戴国斌：《乌托邦：武术技击的理想》，《体育与科学》2005 年第 3 期。

丁守伟：《论民国武术的国际化》，《武术研究》2017 年第 5 期。

丁永鹏：《民间武术的传承与发展》，《武术研究》2017 年第 5 期。

方国清、高成强、王岗：《中国武术：一种浓郁的宗族文化》，《体育文化导刊》2017 年第 11 期。

龚茂富：《新中国武术发展的演进与思考》，《成都体育学院学报》2009 年第 8 期。

郭玉成、李守培：《武术在孔子学院的传播与中国国家形象的构建》，《体育学刊》2013 年第 10 期。

郭玉成：《武术的属性：文化性、艺术性、体育性》，《搏击·武术科学》2007 年第 9 期。

韩风月、傅砚农：《武术国际化发展辨析》，《体育文化导刊》2004 年第 7 期。

洪浩：《论中国传统武术现代化走向》，《成都体育学院学报》2012 年第 7 期。

胡凯、王燕：《武术的海外传播实证研究——以武术在美国孔子学院的传播为例》，《山东体育学院学报》2017 年第 5 期。

胡玉玺、安汝杰：《试论清代少林武术发展的社会环境》，《体育文化导刊》2014 年第 6 期。

柯玲、邵荣：《体育民俗学初探》，《体育与科学》2006 年第 3 期。

李力研：《论东方体育是哲学体育和西方体育是物理体育——关于中、西体育不同性质的比较研究》，《体育与科学》1990 年第 2 期。

李文鸿：《民国时期武术的科学化变革》，《山东师范大学学报》2014 年第 4 期。

李秀：《百年精武体育在马来西亚的发展及影响研究》，《黄山学院学报》2011 年第 5 期。

李秀:《武术在马来西亚的传播及国际化发展研究》,《西南师范大学学报》(自然科学版)2012 年第 7 期。

李义君、尹碧昌:《"土洋体育之争"的回顾与启示》,《体育学刊》2015 年第 5 期。

李印东、李军:《从"土洋体育之争"的历史文化背景谈西方体育对武术的影响》,《北京体育大学学报》2010 年第 4 期。

李印东:《论武术与军事的历史渊源》,《北京体育大学学报》2009 年第 12 期。

李勇、孙鸿志:《宗旨、精神与口号:中国武术国际化传播核心理念初探》,《科技视界》2016 年第 20 期。

栗胜夫:《论 2008 年北京奥运会后中国武术的发展方略》,《体育科学》2008 年第 9 期。

林伯原:《中国近代前期武术家向城市的移动以及对武术流派分化的影响》,《体育文史》1996 年第 3 期。

林辉锋:《张之江国术思想述略》,《广东社会科学》2014 年第 6 期。

刘国伟:《浅析中医跨文化传播》,《中华中医杂志》2011 年第 5 期。

刘靖、虞定海:《民国武侠小说与武术发展的互动研究》,《上海体育学院学报》2013 年第 1 期。

刘少英、龙佩林等:《民族传统体育的人文内涵与文化素质教育》,《体育文史》2001 年第 4 期。

刘文武:《论武术在当代社会的发扬》,《成都体育学院学报》2017 年第 2 期。

刘习文:《有关杨露禅身世的困惑——从"太极拳圈中多文人"谈起》,《武魂》2011 年第 5 期。

刘鑫:《武术概念之逻辑学探究》,《中州体育·少林与太极》2015 年第 4 期。

陆小宁:《迷途中的文化探索:论〈新青年〉与〈东方杂志〉的东西文化论争》,《中州学刊》2000 年第 3 期。

吕思泓:《民国时期学校武术考论》,《中国体育科技》2016 年第

1 期。

马廉祯:《论现实视角下的近代"土洋体育之争"》,《体育科学》
2011 年第 2 期。

马廉祯:《马良与近代中国武术改良运动》,《回族研究》2012 年第
1 期。

毛泽东:《体育之研究》,《新青年》1917 年第 2 期。

孟涛、赵丽娜:《功夫片对武术在美国传播的影响探析》,《体育文化
导刊》2014 年第 1 期。

牛永刚、和海珍:《毛泽东撰写〈体育之研究〉原因考略》,《体育文
化导刊》2014 年第 5 期。

邱丕相、郭玉成:《武术在国际传播的历史、现状与未来》,《体育学
刊》2002 年第 6 期。

冉学东、刘帅兵:《从国家文化软实力视角看中国武术的价值使命》,
《天津体育学院学报》2012 年第 3 期。

冉学东、王岗:《对中国武术文化"走出去"战略的重新思考》,《体
育科学》2012 年第 1 期。

申国卿:《中华复兴视角下的近代武术发展》,《武汉体育学院学报》
2014 年第 9 期。

宋玉杰:《传统文化与大众传媒视阈下的武术传播》,《新闻爱好者》
2012 年第 8 期。

孙刚、殷优娜:《中国古代诗词中的武侠审美文化研究》,《体育科
学》2013 年第 4 期。

孙建三:《20 世纪 30 年代的中国体育电影与抗日救亡运动》,《艺术
评论》2008 年第 8 期。

谭华:《70 年前的一场中国体育发展道路之争》,《体育文化导刊》
2005 年第 7 期。

谭华:《体育:中国人与中国社会现代化的途径》,《体育学刊》2006
年第 3 期。

庹继光、刘海贵:《武术文化"走出去"与进军奥运辨析》,《新闻

界》2013 年第 6 期。

王岗、刘帅兵：《中国武术跨文化传播的研究》，《南京体育学院学报》2012 年第 3 期。

王岗、邱丕相：《武术国际化的方略：维系传统与超越传统》，《中国体育科技》2005 年第 4 期。

王林、赵彩红、黄继珍：《传统武术传承的社会人类学解析》，《武汉体育学院学报》2010 年第 12 期。

王攀、王岗：《中国武术"入奥"失败的理性反思》，《上海体育学院学报》2014 年第 2 期。

王勇、卫京伟：《武术入奥并非武术发展的最佳选择》，《体育学刊》2006 年第 4 期。

王占奇：《早期精武体育会武术传播寻绎》，《山东体育学院学报》2012 年第 1 期。

熊文：《民国时期国术科学化动因探析》，《体育文化导刊》2014 年第 7 期。

许禹生：《为当道国术家进一杞言》，《中央国术旬刊》1929 年第 7 期。

言真：《张之江为何提倡武术》，《精武》2007 年第 6 期。

杨珍：《跨文化传播中民族文化符号意义的象征性参照》，《新闻界》2010 年第 2 期。

易剑东：《精武主义和奥林匹克主义的比较研究——19 世纪末至二战前的东、西方体育文化》，《成都体育学院学报》1997 年第 4 期。

易剑东：《民国时期武术竞技述论》，《成都体育学院学报》1995 年第 3 期。

尹韵公：《毛泽东作〈体育之研究〉的背后》，《党的文献》2006 年第 3 期。

袁良骏：《民国武侠小说的泛滥与〈武侠党会编〉的误评误导》，《齐鲁学刊》2003 年第 6 期。

张道鑫、沙艳文、王岗：《中国武术"道"之诠释》，《体育科学》

2018 年第 6 期。

张冀：《晚清民初尚武思潮的缘起与五四激进主义发生》，《华中科技大学学报》（社会科学版）2010 年第 4 期。

张令：《从跆拳道、柔道礼仪看中华武术礼仪》，《吉林体育学院学报》2008 年第 1 期。

张越：《武术在美国的发展现状分析》，《武术研究》2018 年第 5 期。

郑松波、汪青云：《跨文化传播视域下太极拳发展及对策探讨》，《新闻界》2010 年第 6 期。

朱大梅、陆小黑：《"约束"与"自由"——中国武术发展思辨》，《博击·武术科学》2015 年第 7 期。

朱向中：《1983 年之前中国武术国际化寻绎》，《博击·武术科学》2006 年第 12 期。

［比］马克·特博姆：《亚洲传统武术与西方文化》，《体育文化导刊》1998 年第 2 期。

刘也良：《从传播学视角看〈新青年〉与〈东方杂志〉之论战》，硕士学位论文，吉林大学，2009 年。

孟涛：《跨文化背景下中华武术在美国传播的研究》，硕士学位论文，上海体育学院，2013 年。

白龙：《传统武术该如何施展功夫》，《人民日报》2017 年 5 月 3 日。

蔡元培：《在浙江旅津公学演说词》，《大公报》1917 年 7 月 14 日。

陈独秀：《敬告青年》，《青年杂志》1915 年第 1 期。

陈独秀：《今日之教育方针》，《青年杂志》1915 年第 2 期。

陈独秀：《一九一六年》，《青年杂志》1916 年第 5 期。

陈独秀：《学术独立》，《新青年》1918 年第 1 期。

陈独秀：《克林德碑》，《新青年》1918 年第 5 期。

陈独秀：《新青年》，《新青年》1916 年第 1 期。

陈独秀：《〈新青年〉罪案之答辩书》，《新青年》1919 年第 1 期。

陈铁生：《驳随感录第三十七条》，《新青年》1919 年第 2 期。

陈独秀：《青年体育问题》，《新青年》1920 年第 2 期。

晨曲：《精武会宗旨的演变过程》，《天津日报》2015 年 10 月 28 日。

崔依依、姜源：《周磊：带着少林功夫闯美国》，《人民日报》（海外版）2018 年 2 月 2 日。

范振兴：《我对于国术的所见》，《体育杂志》1935 年 4 月 10 日。

高鹏：《魏纪中：武术落选不是失败》，《京华时报》2013 年 5 月 31 日。

化君：《国术与武侠观念》，《时时周报》1931 年第 16 期。

黄加佳：《1936：远征奥运》，《北京日报》2016 年 10 月 18 日。

雷雨：《让传统文化涌起时代浪花》，《人民日报》2017 年 11 月 1 日。

李杰：《李志坚与武术申奥》（中），《武当》2017 年第 11 期。

梁成虎：《一身好功夫，盼人来传承》，《山西晚报》2016 年 4 月 23 日。

刘师培：《军国民的教育》，《中国白话报》1904 年第 10 期。

鲁迅：《随感录第三十七》，《新青年》1918 年第 5 期。

鲁迅：《拳术与拳匪》，《新青年》1919 年第 2 期。

鲁迅：《随感录六十四》，《新青年》1919 年第 6 期。

毛莉：《精准传播是提升国际传播效果的关键》，《中国社会科学报》2014 年 9 月 17 日。

匿名：《改良中国影片事业之先声，发起者为实业家与资本家》，《申报》1922 年 8 月 22 日。

潘长安：《闽南国术团新马访问略历》，《中华武术》1997 年第 12 期。

《社论：论尚武主义》，《东方杂志》1905 年第 5 期。

《社评：今后之国民体育问题》，《大公报》1932 年 8 月 7 日。

《社说：论今日国民宜崇旧有之武术》，《神州日报》1908 年 7 月 2 日。

沈维周：《今后国民体育问题》，《大公报》1932 年 11 月 6 日。

苏全有：《"东亚病夫"从何时开始流行？》，《南方都市报》2015 年 7 月 21 日。

孙广勇：《"武术让我亲近中国文化"》，《人民日报》2018 年 4 月

3 日。

孙喜保:《门派众多缺少统一规则,武术进奥运为何这样难?》,《工人日报》2010 年 8 月 31 日。

唐山:《武侠小说家"创造"了峨眉派》,《北京晚报》2017 年 5 月 12 日。

万籁声:《国术与科学》,《国术周刊》1933 年 2 月 4 日。

王俊璞:《武术为什么没能进奥运》,《记者观察》(上半月刊)2008 年第 10 期。

王正廷:《发刊词》,《体育季刊》1935 年第 1 期。

肖伊绯:《民国武术那些事儿》,《南方都市报》2017 年 5 月 23 日。

萧汝霖:《述精武体育会事》,《青年杂志》1916 年第 1 期。

萧汝霖:《大力士霍元甲传》,《青年杂志》1916 年第 1 期。

谢似颜:《评大公报七日社论》,《体育周报》1932 年 8 月 27 日。

徐才、罗熠、昌沧:《期待武术走进孔子学院》,《中华武术》2006 年第 3 期。

许珂、陈雯韵:《美丽滇池适合龙舟——访国际龙舟联合会主席麦克·托马斯》,《中国体育报》2017 年 10 月 23 日。

阎小娴:《何振梁:武术要进奥运会打分需"量化"》,《新民晚报》2006 年 3 月 21 日。

姚勤毅:《龙舟进奥运,有没有戏?》,《解放日报》2014 年 10 月 13 日。

渔江:《张之江谈国术》,《申报》1937 年 5 月 3 日。

张之江:《提倡"土"体育之应声》,《大公报》1932 年 8 月 11 日。

张之江:《国术统一的促进与前途的展望》,《国术周刊》1934 年第 3 期。

张之江:《恢复民族体育与抗战胜利》,《国民体育季刊》1941 年 9 月 15 日。

赵蔚林:《很多美国人喜欢太极的实战部分》,《华商报》2018 年 2 月 28 日。

郑光路：《中华武术首次赴奥运会表演全记录》，《党史文苑》2008 年第 11 期。

周怀宗：《武侠文化，文艺中的历史》，《北京晨报》2017 年 5 月 9 日。

陈占缘：《法国外交哥的中国武术梦》，http：//www. m4. cn/opinion/2016 – 10/1317389. shtml。

李江：《中国武术不能自欺欺人》，http：//pit. ifeng. com/a/20170 507/51055628_ 0. shtml。

陆离：《马云拉开了〈功守道〉的序幕，更吹响了中国文化的进击号角》，http：//www. sohu. com/a/202341149_ 116015。

匿名：《"杭州时间"尽显中华风采，2022 推动武术功守道入奥》，http：//www. xinhuanet. com/sports/2018 – 09/03/c_ 1123374022. htm。

苏德中：《美国家长为什么热衷送孩子学武术？》，http：//edu. tak ungpao. com/special/shuoshuo_ 90/。

一番：《别让武术打假成为一场闹剧》，http：//www. hinews. cn/news/system/2017/05/03/031094841. shtml。

后　记

　　说起我与武术传播结缘，绕不开我的同门师兄郭玉成教授。当初，玉成跟我同届进入复旦大学新闻传播学博士后流动站，一起成为刘海贵老师的门生，当时玉成已经是国内武术传播研究领域的后起之秀，在流动站从事科研工作期间就获得了国家社会科学基金的资助，深入开展武术传播方面的研究。后来他撰写的博士后出站报告也跟武术传播紧密相关，我还为他的这部专著写了一篇书评，在此过程中自己也对武术传播的整体状况、亮点等有了初步的了解。在这里，首先向郭玉成教授表达谢意。

笔者与郝勤教授（右二）等参加学术研讨会

2007 年，我曾撰写并出版《奥林匹克传播论》一书。该书在一个章节里就奥运会与武术的互动问题进行了比较初步的探析，当时笔者的聚焦点尚在中国申办奥运会、通过各种路径在奥运会上增设本国传统运动项目等领域，因而对于武术能否"入奥"，如何"入奥"的关注度明显高于武术文化的传播与普及。

此后，我开始关注我国"文化走出去"，提升文化软实力的研究话题，经由这个维度观察武术传播，思路和想法自然发生了巨大转变，武术通过文化传播和浸润走向世界，较单纯以体育理由申请"入奥"显然更为重要，加强武术全球普及应该优先于申请"入奥"等观点逐步明晰。沿着这一研究路径，在过去几年里，我先后在多家学术期刊上发表了数篇论文，感谢这些期刊为我提供学术发表的机会：

1. 《武术文化"走出去"与进军奥运辨析》，《新闻界》2013 年第 6 期（第一作者）。

2. 《文化走出去视阈下的武术电视剧传播分析》，《中国电视》2015 年第 3 期（第一作者）。

3. 《文化走出去与武术电影的文化开掘》，《新闻界》2015 年第 10 期（独立作者）。

4. 《"徐雷约架"负面效应与武术文化传播策略》，《淮阴师范学院学报》2017 年第 5 期（第一作者）。

实际上，2017 年发生的"徐雷约架"事件直接促使我产生撰写一部武术文化传播的论著，系统阐发我的观点和意见，而当时成都体育学院郝勤教授等学术先辈恰好为我提供了一个开展该话题研究、探讨的绝佳契机：2017 年 7 月 14 日，第四届（成都）国际体育传播高端论坛在蓉举行，我应约在论坛上就"武术精准传播"的话题做了交流，事后新华网体育记者对我进行采访，并在网上刊登了访谈文章，其中着重分析了武侠剧造成海外人士对于武术文化的误读这一问题。

2017 年 8 月，我结合武术传播等多个研究主题到山西平遥古城做了一番田野考察，位于平遥古城的中国镖局博物馆详细介绍了镖局、镖师与武术传播之间的关系，也有部分内容涉及中国武术的渊源与流变等，这些内容对于我进一步认知中国古代武术传播的发展、演变等状况有较大的帮助。

2018 年 12 月，我再度前往邯郸学院开展学术交流，考察该校在海外开设太极学院，积极推广太极拳走向世界的有关情况，并建议该校在海外开展太极拳教育传播时要充分利用当地资源，培养大批对外传播人才，同时争取国家给予更多的扶持，助力中国优秀传统体育文化在世界范围内产生更大的影响。

自然，作为一名武术"圈外"人士，我亲身考察、调研武术状况的时间非常有限，能够直接获取的资料始终只占本书所涉内容的一小部分，大部分资料仍然需要参考、引用各种文献，因此在本书撰写过程中引用了大量学者、研究者与武术传人等各界人士公开发表的多种资料，这些材料为本书的完成奠定了坚实基础，在此向他们表示诚挚的谢意。

在本书的调研及撰写过程中，也有不少人士提供了许多非常重要、很有价值的帮助：

我前往邯郸学院进行调研、资料搜集的过程中，该校马计斌、田金龙、马建华、李建设等诸位先生给予了大力支持，促使我的调研活动达到预期目标。

我当年指导过的硕士生、现就职于邯郸学院宣传部的马君积极帮助我联系前往邯郸调研事宜，介绍我与当地多位武林中人见面、交流，且留下了当时的许多图片资料，本书的多幅图片即由马君所拍摄。复旦大学新闻学院李缨博士曾参与本书多次调研活动，一并致谢。

我供职的郑州大学新闻与传播学院为本书出版提供了资助，最终催生本书"面世"，感谢单位及各位领导、老师的支持。

在写下这段文字时，我所在城市恰好进入雨季，望着窗外连绵的夏雨，只觉得自己的感激之情也随之连绵不绝，但不敢任其肆意蔓延开去，只能将千言万语汇成一句话：感谢大家。

然后，就此搁笔，期待下一次感激大家的机会到来。

庹继光

2019 年孟夏